LA

VIE DE ROTROU

MIEUX CONNUE

DOCUMENTS INÉDITS SUR LA SOCIÉTÉ POLIE DE SON TEMPS

ET

LA QUERELLE DU CID

PAR

Henri CHARDON

Conseiller général de la Sarthe, Vice-président de la Société historique du
Maine, ancien élève de l'École des Chartes, Officier d'Académie.

PARIS	LE MANS
ALPHONSE PICARD	PELLECHAT
Libraire de la Société de l'École	LIBRAIRE-ÉDITEUR
des Chartes, rue Bonaparte, 82.	Rue St-Jacques.

1884

LA

VIE DE ROTROU

MIEUX CONNUE

DOCUMENTS INÉDITS SUR LA SOCIÉTÉ POLIE DE SON TEMPS

ET

LA QUERELLE DU CID

OUVRAGES DU MÊME AUTEUR.

La Troupe du Roman Comique dévoilée et les Comédiens de campagne au XVII⁰ siècle, 1 vol. in-8⁰ raisin. . . . 4 fr.
Exemplaires sur papier vergé. . . . . 8 fr.

Les Vendéens dans la Sarthe. 3 vol. in-18. . . . . . 10 fr.

Les Noëls de Jean Daniel, dit maître Mitou, organiste de Saint-Maurice et chapelain de Saint-Pierre d'Angers (1520-1530), précédés d'une étude sur sa vie et ses poésies, in-8⁰, papier vergé, tiré à 50 exemplaires. . . . . 10 fr.

Les Noëls de Samson Bedouin, moine de l'abbaye de la Couture du Mans, de 1526 à 1563, précédés d'une étude sur les recueils de Noëls manceaux du XVI⁰ siècle. In-8⁰. . . . . 2 fr. 50

Amateurs d'art et Collectionneurs manceaux, les freres Fréart de Chantelou. In-8⁰. . . . . 3 fr.

Etudes historiques sur la sculpture dans le Maine, In-8⁰. . . . . 2 fr.

Le sépulcre de la cathédrale du Mans, et les iconoclastes. In-8⁰. . . . . 1 fr. 50

Une lettre inédite du duc de Saint-Simon. In-8⁰. . . . 1 fr.

Les débuts, au Mans, de Cureau de la Chambre, et ses relations de famille. In-8⁰. . . . . 2 fr.

Recueil de pièces inédites pour servir à l'histoire de la réforme dans le Maine, deux plaquettes, in-18. . . . . 6 fr.

Un maratiste peint par lui-même. In-8⁰, titre rouge et noir. . . . . 2 fr. 50

Les députés de la Sarthe à la Convention. In-8⁰. . . 2 fr. 50

Histoire de la reine Bérengère, femme de Richard-Cœur-de-Lion, et dame douairière du Mans. In-8⁰. . . . . 2 fr. 50

La fête de l'Être suprême au Mans, in-8⁰, papier vergé, tiré à 50 exemplaires, 1877. . . . . 2 fr.

Les artistes du Mans jusqu'à la Renaissance , 1878, in-8⁰. . . . . 2 fr.

Les Greban et les mystères dans le Maine, 1879, in-8⁰. 1 fr. 50

Rabelais , curé de Saint - Christophe - du - Jambet , 1879, in-8⁰. . . . . 1 fr. 50

Les protestants au Mans en 1572, pendant et après la Saint-Barthélemy, 1881, in-8⁰. . . . . 2 fr.

Le tombeau de Charles d'Anjou, comte du Maine, à la cathédrale du Mans et le sculpteur Francesco Laurana , 1882, in-8⁰. . . . . 1 fr.
Avec deux photographies du monument. . . . . 4 fr.

LA
VIE DE ROTROU

MIEUX CONNUE

DOCUMENTS INÉDITS SUR LA SOCIÉTÉ POLIE DE SON TEMPS

ET

LA QUERELLE DU CID

PAR

Henri CHARDON

Conseiller général de la Sarthe, Vice-président de la Société historique du
Maine, ancien élève de l'Ecole des Chartes, Officier d'Académie.

PARIS   LE MANS

Alphonse PICARD   PELLECHAT

Libraire de la Société de l'École   LIBRAIRE-ÉDITEUR

des Chartes, rue Bonaparte, 82.   Rue St-Jacques.

1884

*Tiré à 130 Exemplaires
dont 5 sur papier vergé.*

LA
VIE DE ROTROU
MIEUX CONNUE

CHAPITRE PREMIER.

Les biographes de Rotrou. — Les *desiderata* de son histoire. — Sa légende. — La vérité sur *le premier tome* et les parties obscures de sa vie. — Le roman de Rotrou. — Rotrou inconnu. — Sa famille. Son père, marchand bourgeois à Dreux. Les six enfants de Rotrou. — La lettre de dom Liron à Leclerc, écrite de l'abbaye Saint-Vincent du Mans et le Supplément à la *Bibliothèque chartraine*. — Les premières pièces de Rotrou. — L'*Histoire amoureuse de Cléagénor et de Doristée.* — Les premiers protecteurs de Rotrou, Louis de Bourbon et sa mère Anne de Montafié, Mme la comtesse de Soissons. — Les *Œuvres poétiques* (1631), les stances à son ami et l'élégie à Caliste. — Les quatrains en tête de la *Généreuse Allemande.* — L'élégie à Scudéry, Rotrou et son horreur de la guerre. — Le Rotrou de Desrochers et celui de Caffieri. — Les quatrains dédiés à M. de La Charnays en tête des *Bocages* (1632).

Rotrou, depuis l'année dernière, a été l'objet de nombreux travaux, et cependant sa biographie reste encore à faire. Il n'y a pas longtemps qu'un membre de l'Académie française, un des principaux historiens de notre littérature, M. Saint-René Taillandier, disait de lui : « La date de sa naissance, la date et les circonstances sublimes de sa mort, quelques

traits de son caractère, voilà tout ce que nous en savons (1).»
Encore, bien que ce *stock* de renseignements biographiques
fut des plus légers, fallait-il peut-être en rabattre ; car pour
sa mort, comme pour son caractère, le roman s'était mêlé à
la réalité et risquait fort de la supplanter.

Et cependant Rotrou est une de nos gloires dramatiques, une grande figure de notre histoire littéraire, qui
appartient non-seulement à la ville de Dreux, mais à la
France tout entière. Elle mérite d'être replacée en pleine
lumière, comme l'ont été Molière et Corneille, sans parler
d'un bon nombre de *poetæ minores*, qui n'avaient pas droit
à un pareil honneur, mais dont les écrivains locaux ont fait
connaître la vie avec les détails les plus intimes, et parfois
les plus insignifiants.

Pour ce qui est de Rotrou, en mettant à part dom Liron,
qui occupe une place hors ligne comme historien le plus
exact du poëte, les écrivains locaux, tels que Lemenestrel,
Crétien, etc., n'ont pas fait autre chose qu'embarrasser sa
biographie d'erreurs et de légendes (2).

M. Merlet, dans son *Inventaire des Archives d'Eure-et-
Loir,* n'a cité que quelques uns des actes de l'état civil de
Dreux, se rapportant au poète et aux siens. Bien que critique des plus sûrs et des plus défiants, il a laissé, dans
la récente et courte notice consacrée par lui à Rotrou
dans sa curieuse *Bibliographie chartraine* (3), se glisser
un des documents apocryphes qui, grâce à l'aveugle
confiance de M. Chasles dans le faussaire Vrain-Lucas,

(1) Saint-René Taillandier, *Rotrou, sa vie, ses œuvres,* Lahure, 1865,
in-12, p. 12.

(2) V. Lemenestrel, *Jean Rotrou, dit le Grand.* Dreux, 1869, in-8° ;
Crétien, *Dreux ancien et moderne,* 1867, in-8°. On peut dire aussi la
même chose des *Documents historiques sur le comté et la ville de
Dreux,* par E. Lefèvre, Chartres 1859, des ouvrages de Mme Lemaître
(1850, in-8°), de Delaplane, de Vramant, etc.

(3) *Inventaire des Archives départementales d'Eure-et-Loir,* t. IV,
1877, p. 231 et suiv.; *Bibliographie chartraine,* Orléans, Herluison, 1882
in-8°, p. 379 et suiv.

sont venus un instant éblouir les yeux complaisants des écrivains de Chartres et de Dreux, et embellir ou plutôt défigurer la biographie de l'émule de Corneille.

Avant l'année dernière, les notices de MM. Guizot, Amb. Firmin-Didot, Jarry et Edouard Fournier étaient les seules œuvres récentes qui eussent prétendu apporter un peu plus de lumière dans la vie du poète (1) ; encore n'était-ce qu'accessoirement que la thèse de M. Jarry, si complète comme analyse littéraire, effleurait les détails biographiques.

L'année 1882 a vu paraître celles de MM. de Ronchaud, Léonce Person et Félix Hémon. L'étude de M. de Ronchaud qui précède l'édition des *Œuvres choisies de Rotrou*, parue chez Jouaust, est presque exclusivement littéraire ; en tous cas elle est si peu biographique, que ce n'est guère la peine d'en parler au point de vue de l'histoire de l'auteur de *Saint-Genest* (2). Quant à celle de M. Hémon, qui sert d'introduction au *Théâtre choisi* du même poète, publié en 1883 par Laplace et Sanchez, celle-là, bien que plus importante et supérieure à la première à tous les points de vue, bien qu'à la fois biographique et littéraire, ne donne pas tout ce que semble promettre la récompense dont elle a été honorée par l'Académie française. On voit trop qu'elle a été faite à l'aide des notices de Fournier et de M. Jarry, complétée ou expurgée à la dernière heure à l'aide des *Notes* de M. Person. Elle n'a pas été écrite avec les documents de première main

(1) V. Guizot, *Corneille et son temps*, Didier, in-12, pp. 362-405. Firmin Didot, *Nouvelle Biographie générale*, article *Rotrou*, 1863, mais la notice de l'auteur avait été publiée dès 1844 dans d'autres recueils. M. Jarry, *Essai sur les œuvres dramatiques de Jean Rotrou*, 1868, in-8°. Edouard Fournier, *Le théâtre français au XVIe et au XVIIe siècle*, Laplace et Sanchez, in-4°, p. 494. Il reste à citer, à côté de ces différents travaux, l'excellent discours prononcé par M. Edouard Thierry à l'inauguration de la statue du poète, le 30 juin 1867, et qui a droit à une mention spéciale parmi les notices sans nombre consacrées à Rotrou.

(2) Elle a été publiée d'abord dans la *Nouvelle Revue* du 1er juin 1882, pp. 628 à 659.

fournis par les éditions originales de Rotrou ; les erreurs
commises par les précédents biographes y sont reproduites
en trop grand nombre et trop à la légère. En un mot on se
plaît à rendre justice à la finesse du critique littéraire, mais
on se prend à regretter que l'érudition du biographe soit
bien souvent en défaut. Seules les *Notes critiques et biographiques* de M. Person nous offrent un travail neuf, original,
personnel, et augmentent la somme de nos connaissances
sur Rotrou, ou du moins aident à dégager son histoire des
détails romanesques qui étaient venus en altérer la vérité (1).

M. Person, loin de chercher comme M. Hémon à donner
une vie complète de Rotrou, s'est borné à porter plus de
lumières sur certains points de son existence.

A côté de ses précieuses notes, il reste donc beaucoup à savoir pour connaître l'histoire du poète dans son
ensemble ; il reste même beaucoup à faire avant qu'on
puisse écrire sa vie réelle, entièrement délivrée des récits
légendaires qui l'embarrassent encore, en dépit du premier travail d'élimination entrepris par M. Person.

Ayant voulu pour mon propre compte pénétrer plus avant
dans quelques coins obscurs de la vie du poète, je viens
faire participer au résultat de mes recherches et de mes découvertes ceux qui sont curieux comme moi et veulent

(1) Je ne citerai, chemin faisant, les *Notes critiques et biographiques
sur Rotrou,* de M. Person, que d'après la seconde édition parue dans
l'appendice de l'*Histoire de Venceslas de Rotrou,* Paris, Cerf, 1882.
Il faut aussi rappeler, en fait d'autres travaux sur Rotrou, écrits à partir
de 1882, le chapitre qui le concerne dans le *Romantisme des classiques*
de M. E. Deschanel, Calmann-Lévy, 1883, in-12, pp. 261 à 287, et les
principaux articles critiques dont les notices sur Rotrou ont été l'objet.
Voir entre autres ceux de M. Tamizey de Larroque, *Revue des questions
historiques,* 1er juillet 1882, p. 342, de M. Marty-Laveaux, *Revue critique
d'histoire et de littérature,* 3 juillet 1882, et les autres articles de la
même Revue, 14 août 1882, 22 janvier 1883 (T. de L.), 12 février et
12 mars ; celui de M. Hémon, *Revue politique et littéraire* du 15 juillet
1882 ; de M. Louis Moland dans le *Français* des 17 juillet, 11 septembre
1882, 15 janvier 1883, etc., etc.

autre chose que des récits de convention et de l'*à peu près* en histoire littéraire.

Ce n'est donc pas une biographie complète de Rotrou qu'on doit s'attendre à trouver ici. Tout en suivant la trame de sa vie, et en ayant grand soin de mettre des dates certaines et de l'ordre dans le récit de chacune de ses principales actions, ce qu'on a, trop souvent, omis de faire jusqu'ici, je me suis proposé avant tout d'étudier les particularités les moins connues de cette courte et obscure existence, me donnant bien garde de préférer la route battue aux découvertes du sentier.

La famille de Rotrou, Rotrou auteur de la troupe de l'hôtel de Bourgogne, ses protecteurs, et parmi eux spécialement la comtesse de Soissons, Anne de Montafié, le cardinal de Richelieu et le comte de Belin ; son séjour dans le Maine, son rôle dans la querelle du Cid, et enfin ses relations avec l'hôtel de Rambouillet, tels sont surtout les points de la vie de *Rotrou inconnu*, sur lesquels j'ai porté mes investigations en curieux et non en rhéteur. Je ne me suis pas refusé de faire, en chemin, une ou plusieurs excursions à travers l'histoire du théâtre contemporain dont on a trop isolé Rotrou, alors qu'il fallait le montrer dans son cadre naturel, c'est-à-dire au milieu des auteurs dramatiques de son temps.

J'ai rapporté de cette enquête plus d'une pièce de vers inédite du jeune poète. Au lieu de continuer à écrire le roman de Rotrou, j'ai voulu autant que possible arriver à sa vie réelle. Peut-être sur quelques points se prendra-t-on à regretter la légende, et m'en voudra-t-on de venir jeter le trouble dans de vieilles *croyances littéraires*, prêtant à de magnifiques lieux communs ; mais j'ai le souci de la vérité avant tout, et la haine du convenu. Que ceux qui ne craignent pas d'être étonnés, désorientés même, veuillent donc bien prendre la peine de me suivre jusqu'au bout de cette étude. Je ne la pousserai pas au delà *du premier tome* de la vie de Rotrou. Lorsque le poète se fixe à Dreux et achète l'office de lieutenant particulier au milieu de l'année 1639, pour se marier bientôt après, sa vie de jeunesse est close à jamais.

Désormais, dans sa double existence de poète et de magistrat, il n'y a plus ni troubles, ni incertitude, ni obscurité. Bien qu'il s'agisse de la période des chefs-d'œuvre dramatiques de l'auteur de *Saint-Genest*, entré dans sa pleine maturité, le magistrat prime désormais le poète et lui communique le calme et la grave sérénité de son nouvel état. Les dernières années de sa vie sitôt brisée sont comme le soir d'un beau jour, en attendant qu'un noble dévouement vienne couronner sa dernière heure par une mort héroïque.

Je ne m'arrêterai pas à parler longuement de la famille de Rotrou. Cependant, bien que les dictionnaires de noblesse et les écrivains locaux aient donné sur elle d'assez nombreux renseignements, il reste encore beaucoup à savoir sur son compte. Les documents connus ont plutôt trait aux collatéraux de Rotrou, qu'à son père, à ses descendants, à ses sœurs, etc. Les extraits des registres de l'état civil de Dreux donnés par M. Merlet, dans l'*Inventaire des Archives départementales d'Eure-et-Loir*, fournissent seuls des documents bien authentiques, mais ne contiennent rien de relatif à son père, à la naissance et à la vie de ses sœurs, à son frère Pierre, dont l'existence est heureusement mieux connue; enfin ils n'indiquent que la naissance de quatre enfants du poète (1).

Chose étonnante ! on n'a pas même jusqu'ici le nombre exact des enfants nés du mariage de Rotrou avec Marguerite Camus, fille de noble homme Jehan Camus, conseiller du roi et élu en l'élection de Mantes et d'honorable femme dame

(1) T. IV, p. 231 et suiv.

Françoise Apoil (1). Pendant longtemps on n'a connu que la naissance de trois de ses enfants.

Vint M. Merlet qui, dans son *Inventaire*, releva celle d'un quatrième enfant, que M. Person s'empressa de citer d'après lui. Les critiques les mieux informés reprochèrent dès lors à MM. de Ronchaud et Hémon d'en être restés au nombre trois, nonobstant la nouvelle découverte.

Eh bien ! Rotrou ne fut pas simplement père de quatre enfants ; je le dis tout de suite, il en eut six bien comptés :

Jean-Baptiste, né le 8 août 1641.

Françoise-Marie, née le 22 juin 1643.

Jean, né le 24 décembre 1644 (2).

Elisabeth, née le 23 septembre 1646.

Claude, né le 15 décembre 1647.

Marguerite, née le 17 décembre 1648.

Il est surprenant que les écrivains locaux, qui ont exploré les registres de baptêmes de Saint-Pierre de Dreux, n'aient pas poussé l'intérêt pour Rotrou jusqu'à y faire des recherches plus complètes de 1641 à 1650. En ne citant que quatre enfants de Rotrou, nés avant 1648, ils auraient dû même être mis sur la trace de leur erreur par Jal. Ce dernier, d'après des renseignements venus de la famille, indiquait en effet, au 17 *septembre* 1648, la naissance d'une fille, Marguerite, morte religieuse, et dont le nom avait été précisément conservé par ceux-là même, qui, naguère, ne donnaient à Rotrou que trois enfants (3).

Ce qui avait fait attribuer traditionnellement ces trois en-

(1) Les noms et qualités des parents de la femme de Rotrou sont ici donnés pour la première fois.

(2) La date attribuée par les traditions de famille à la mort de Jean est exacte : On lit dans les Registres de l'état civil de la paroisse de Chêne-Chenu : « L'an 1706, le vendredy 11e jour du mois de novembre, fut inhumé à Dreux maistre Jean Rotrou, prêtre, curé de la paroisse de Chesnes. » *Inventaire des archives d'Eure-et-Loir*, t. IV, p. 179.

(3) V. Jal, *Dictionnaire critique*, p. 1087. Jal a seulement confondu septembre avec décembre, mois réel de la naissance de Marguerite.

fants au poëte, c'est que trois seulement avaient vécu. Jean-Baptiste décéda dès le 22 novembre 1641, trois mois et demi après sa naissance. Françoise-Marie et Claude ne vécurent pour ainsi dire pas. La première décéda à six semaines, le second au bout de quatre jours.

Leurs actes de naissance ne sont donc curieux à relater qu'au point de vue des personnes qui y figurent, et des relations de famille ou d'amitié de l'auteur de *Venceslas*.

Voici, pour ne plus avoir à y revenir, les deux actes de baptême de la paroisse Saint-Pierre de Dreux, non reproduits par M. Merlet et restés inédits jusqu'à ce jour (1). Ils concernent le premier et le dernier enfant de Rotrou.

« Du lundi 8 août 1641 :

Jehan Baptiste, fils de noble homme Jehan Rotrou, conseiller du roy, lieutenant particulier et civil et criminel du comté et baillage de Dreux, et de damoiselle Marguerite Camus ses père et mère, tenu sur les saints fonts du baptême par noble homme Me Jehan Camus, conseiller du roy et eslu en l'élection de Mantes, lequel a donné le nom, et par dame Elisabeth Facheu, *veuve* de feu honorable homme Jehan Rotrou, vivant bourgeois de Dreux, baptisé par moi soussigné vicaire, avec les parrain et marraine. Signé Camus, Elisabeth ·Facheu, Allain *(vicaire)*. —

Du 17 *décembre* 1648, Margueritte, fille de Me Jean Rotrou, seigneur de Toisy, conseiller du roy, lieutenant, etc. ; son parrain, noble homme Me Pierre Corbonnois, conseiller du roy, lieutenant particulier en l'eslection du dit Dreux, et la marraine damoiselle Barbe Rotrou, fille de honorable homme Jean Rotrou, *en son vivant marchand bourgeois* au dit Dreux, qui lui a imposé son nom. A été baptisée par moi, prêtre vicaire soussigné. La marraine n'a pu signer. — Corbonnais, Chales *(vicaire)*. »

(1) Voir les quatre autres dans l'*Inventaire des Archives d'Eure-et-Loir*, pp. 234 et 235. Je dois la copie de ceux-ci à l'obligeance de M. le secrétaire de la mairie de Dreux.

Ces deux actes font voir que le père de Rotrou était mort dès 1641, puisque sa femme Elisabeth Facheu (1), était veuve alors, et de plus qu'il devait être en son vivant marchand bourgeois à Dreux. Car Barbe Rotrou, la marraine de 1648, n'est autre, sans aucun doute qu'une des sœurs du poète et non sa tante (2). Si Rotrou a des droits authentiques à la qualification de noble homme qu'il a reçue bien souvent, c'est donc seulement en vertu de sa qualité de gentilhomme ordinaire du cardinal de Richelieu. La Chesnaye-Desbois, du reste, parlant de la branche des Rotrou à laquelle il appartenait, dit que la noblesse de son frère Pierre ne paraît bien certaine qu'à partir du 19 mars 1682, date à laquelle il fut reçu « conseiller secrétaire du roi, maison, couronne de France et de ses finances, » mais que l'ancienneté de sa famille est recommandable (3).

Il est regrettable que les écrivains locaux n'aient pas rassemblé, interprété, et fondu dans un ensemble harmonieux tous ces documents généalogiques, et qu'on ait tardé si longtemps à savoir ce que je viens de révéler, d'autant plus que la plupart des renseignements sur le poète proviennent de diverses communications libéralement faites par la famille de son frère à La Chesnaye-Desbois, comme aux écrivains qui se sont successivement occupés d'écrire son histoire.

(1) La mère de Rotrou, Elisabeth Facheu, doit être fille d'honorable homme maistre Jacques Facheu, grenetier au magasin à sel de Chartres.

(2) Il en est probablement de même de Marie Rotrou, veuve d'honorable homme Nicolas Delacour, vivant bourgeois de Dreux, marraine du fils né en 1647. Cependant, il y a à la même époque deux autres Marie Rotrou, l'une mariée à honorable homme Laurent Maufrais, marchand bourgeois de Dreux, et mère d'un fils dont le baptême, le 5 octobre 1637, fut honoré d'un haut parrainage; l'autre, veuve de noble homme Nicolas de la Corée, dont une fille se marie le 37 août 1653. — Comme autres parents *paternels* de Rotrou, on ne voit figurer au baptême de ses enfants (en 1647), que Me Claude Rotrou, maire de Dreux, fils de Germain, oncle et parrain du poète.

(3) La Chesnaye-Desbois, *Dictionnaire de la Noblesse*, éd. de 1872, in-4º, t. 17, pp. 743-750.

C'est Pierre Rotrou lui-même qui avait écrit le mémoire communiqué à dom Liron, ainsi qu'on va le voir bientôt. Titon du Tillet, quelques années plus tard, dit tenir ce qu'il rapporte « de M. de Rotrou, aujourd'hui président et ancien lieutenant général du bailliage de Dreux, parent de notre poète et de son gendre M. Julienne, aujourd'hui lieutenant général de Dreux (1). Moréri paraît également tenir ses documents d'autres membres de la famille (2).

Cette obligeance des collatéraux de Rotrou se continue pendant tout le dix-huitième siècle. C'est un d'entre eux, M. de Rotrou, auditeur des Comptes, arrière-petit-neveu du poète, qui communique à Caffieri, non-seulement le portrait dont il s'est inspiré pour son splendide buste mais la notice généalogique donnée par le célèbre sculpteur à la Comédie-Française, et dont un abrégé fut inséré dans le livret du salon de l'année 1783 (3).

De même pendant le cours de ce siècle, ainsi qu'on peut le voir par le *Dictionnaire* de Jal et les *Notes* de M. Person, sans parler de la notice de Lemenestrel, etc.; les différents membres de la famille se sont empressés de communiquer des documents de toute sorte à ceux qui s'intéressaient à leur illustre parent (4).

La meilleure notice consacrée à Rotrou, n'en reste pas moins celle que le savant bénédictin dom Liron emprunta à la première communication, qui lui fut faite par la famille, du mémoire rédigé par Pierre Rotrou, frère du poète. C'est du Mans que dom Liron fit connaître pour la pre-

(1) *Parnasse français*, 1732, in-f°, p. 235.

(2) *Dictionnaire* de Moréri, t. IX, édit. de 1759, p. 381.

(3) Voir M. Guiffrey, les *Caffieri*, Morgand, 1877, grand in-8°, pp. 337-360, et Jal, article *Rotrou*. Je parlerai plus tard de l'iconographie de Rotrou.

(4) Voir aussi les notes de la nouvelle édition (Dreux, 1879, in-12), de l'*Abrégé historique des antiquités de la ville et du comté de Dreux*, par le président Eustache de Rotrou, lieutenant au bailliage de Dreux. Le président Rotrou a vécu de 1656 à 1738.

mière fois ces renseignements, dans une lettre datée de
l'abbaye Saint-Vincent, 11 avril 1726, et adressée à Laurent-
Josse Leclerc.

Dom Liron était en correspondance depuis assez longtemps déjà avec Leclerc, au sujet du supplément et des amé-
liorations à donner à sa *Bibliothèque chartraine* (1719, in-4°).
Le 21 novembre 1720, il lui écrivait de l'abbaye de Saint-
Vincent du Mans, en le remerciant de ses renseignements
au sujet de cet ouvrage : « Je vis bien qu'il y manquoit
beaucoup de choses. D'ailleurs on avoit oublié ou perdu
quelques articles comme ceux de Jean Rotrou, de M. Duhan,
etc..... Avec le temps j'ai fait un second volume presque
aussi étendu que le premier. »

Le 11 avril 1726, dans une longue lettre restée inédite, il
adressa pour la première fois, à son correspondant, les documents sur Rotrou, qui devaient être imprimés huit ans plus
tard dans ses *Singularités historiques*, et dont Leclerc auparavant inséra les principaux extraits en tête du dictionnaire
de Richelet (1).

Je me borne à donner ici le commencement et la fin de
cette lettre ; pour le reste elle n'est que la reproduction
littérale de la notice qui se trouve à la fois imprimée dans
les *Singularités*, et manuscrite dans le supplément à la
Bibliothèque chartraine du docte bénédictin, qu'on peut
consulter tant aux manuscrits de la Bibliothèque nationale,
qu'à la Bibliothèque d'Orléans (2).

« Monsieur, vous avez bien raison de reconnoître que
nous nous écrivons bien rarement. L'éloignement des lieux
en est cause. D'ailleurs je ne sçaurois vous apprendre rien
de nouveau, car outre que je ne suis point dans une ville où

(1) V. *Singularités historiques et littéraires de dom Liron*, 1734, in-12,
t. I, pp. 328 à 338 et les notices de Leclerc en tête du 1er volume du
Dictionnaire de Richelet, 1728, in-f°, article *Rotrou*.

(2) Voir les pp. 252 à 280 du manuscrit du supplément de la *Bibliothèque chartraine*, à la Bibliothèque nationale.

je puisse rien publier, je scay mesme bien peu ce qui se passe. Vous desirez que je vous marque ce que je scay des Rotrou. J'ai compris que vous me demandiez leurs titres et je vous les envoie tels qu'ils sont dans la Bibliothèque de Chartres....

La suite, je le répète, n'est autre chose que la notice de dom Liron (1) ; puis, la lettre continue de la sorte :

« M. Rotrou, frère de Jean, secrétaire du roi, a écrit un mémoire sur la naissance, la vie et la conduite de son frère, pour lequel il avoit une grande affection. Il le dressa pour M. de Sanlec qui travailloit à faire l'histoire des poètes illustres de France. Ce mémoire m'a été communiqué et je m'en suis servi (2). Il ne me paroit pas néanmoins assez exact. Il y a des faits que je ne voudrois pas garantir et je n'y trouve pas les raisons qui portèrent ce fameux poète à quitter Paris pour se retirer à Dreux (3).

Si vous trouvez quelques pièces de Rotrou qui me soient inconnues, je vous prie de m'en faire part...

(1) Ce qu'ont ignoré Edouard Fournier et M. Hémon, qui se borne à répéter l'allégation de son devancier, au sujet de M. de Breda, sous qui Rotrou étudia la philosophie, à Paris.

(2) Il y a une notice consacrée à ce frère de Rotrou dans le supplément à la *Bibliothèque chartraine* (p. 287 du ms. de Paris). Je ne trouve pas à y relever autre chose d'intéressant que cette mention relative à la lettre écrite au poète par son frère, lors de la peste de Dreux: « Il le prioit dans sa lettre de se retirer à Paris ou dans une maison qu'il avoit à dix lieues de Dreux, où l'air est très-sain.» Sur Pierre de Rotrou, V. La Chesnaye-Desbois, t. 17, p. 746. Jal nous apprend que bien peu de temps après la mort du poète, Jean-Baptiste-René, fils de M. Pierre de Rotrou, conseiller et maître d'hôtel du roi, était tenu, le 7 septembre 1650, sur les fonts de Saint-Sulpice, par dame Renée du Bec, veuve du maréchal de Guébriant. On sait que Pierre avait accompagné la maréchale en Pologne, lors du mariage de Marie de Gonzague; ce sont donc ses relations avec les Guébriant, qui ont amené son frère Jean à dédier *Antigone* à M. de Guébriant en 1639, et sans doute *Amélie* dès 1638 à la princesse Marie.

(3) Sur ce dernier point, dom Liron aurait pu sans aucune peine deviner que c'était l'achat de l'office de lieutenant particulier qui avait déterminé le retour de Rotrou à Dreux, en 1639.

Je suis toujours avec une parfaite estime, et un véritable respect, Monsieur, votre très-humble et très-obéissant serviteur,

F. Jean LIRON, M. B.

A Saint-Vincent, le 11 d'avril 1726 (1) ».

En dehors de la notice de dom Liron, ainsi que l'a fort bien dit M. Person, il n'y a rien d'un peu certain sur Rotrou, et lui-même, on l'a vu, ne croyait que sous bénéfice d'inventaire, à la complète exactitude de tous les détails qui lui avaient été communiqués. Ce qui paraît le plus judicieux, c'est donc de faire, autant que possible, table rase de tout ce qui a été écrit sur Rotrou, en dehors des documents authentiques le concernant, et de tâcher ensuite, à l'aide des dédicaces et des avant-propos de ses pièces de théâtre, à l'aide des vers, pour la plupart inédits, qu'il a adressés aux poètes ses contemporains, ou qui lui ont été dédiés par eux, à l'aide encore des lettres des auteurs du temps, de rassembler les éléments d'une biographie vraie et définitive de l'émule de Corneille. Pour ma part j'apporte à cette œuvre les matériaux que je connais. Je serais heureux

(1) « A M. Leclerc, directeur de Saint-Irénée à Lyon. »
A la fin de la lettre de dom Liron, se lit ce passage intéressant pour l'histoire du Maine : « Vers la fin de l'année dernière, je commençai à mettre au net, ou pour mieux dire à composer la *Bibliothèque des auteurs du Maine ;* j'espère achever, Dieu aidant, à la Saint-Jean..... Mais je ne suis pas à Lyon, ni dans un autre lieu où je puisse rien publier; ainsi tout demeure, estant d'ailleurs très-indifférent : tâchez d'avoir un libraire à vous et je vous aideray à l'occuper. »
La correspondance de dom Liron, contenue dans divers manuscrits de la Bibliothèque nationale, de l'un desquels j'ai extrait cette lettre, est des plus intéressante. M. L. Bertrand n'a publié que trop peu de ses curieuses lettres. Je serai heureux de pouvoir faire profiter un jour les curieux de la copie de sa correspondance, ainsi que des matériaux qu'il avait rassemblés pour sa *Bibliothèque des auteurs du Maine,* dont il n'a publié que le *Catalogue* et quelques autres pièces dans l'*Almanach du Maine* de 1728, ainsi que diverses notices insérées dans les *Singularités.*

que celui qui écrira la biographie dont je parle, et qui devrait trouver sa place en tête d'une édition de Rotrou dans la collection des *Grands écrivains de France*, put dire un jour : c'est du Mans qu'au dix-neuvième siècle, comme au dix-huitième, sont parvenus les renseignements les plus vrais comme les plus complets sur la vie de Jean Rotrou.

Bien que ce soit dès 1628, paraît-il, que se produit la première œuvre dramatique de Rotrou, l'*Hypocondriaque*, alors qu'il n'a pas encore vingt ans et qu'il ne doit guère faire que sortir des bancs de l'école, on ne sait à vrai dire rien de sa vie avant 1631, époque à laquelle il fait imprimer cette tragi-comédie avec une dédicace au comte de Soissons.

De 1628 à la fin de 1631 il fit jouer bien d'autres pièces, la *Bague de l'Oubli*, *Cléagénor et Doristée*, la *Diane*, les *Occasions perdues*, l'*Heureuse Constance* pour ne parler, parmi ses œuvres antérieures à 1632, que de celles qu'il a jugées dignes de l'impression et qui soient venues à notre connaissance. Toutefois, l'époque précise de la représentation de ces pièces n'est rien moins que certaine. La plupart des auteurs ont suivi les dates données par les frères Parfait (1) ; je ne saurais pour ma part garantir que leur classement soit exact, et que chaque œuvre ait été jouée aux dates et dans l'ordre indiqués par ces historiographes les plus autorisés de notre théâtre (2). Leur catalogue n'est pas conforme d'ailleurs au classement donné par de Mouhy dans son Journal manuscrit du Théâtre français. D'accord avec eux quant à la date de la *Doristée*, il dit à propos de la *Bague de l'Oubli* qu'elle ne fut représentée par les comé-

---

(1) *Histoire du théâtre français*, 1765, t. IV, p. 140.

(2) Il y a des erreurs manifestes dans leurs dates. C'est ainsi qu'ils rapportent à 1639 la tragédie de *Crisante* qui date au moins de 1636, puisque le 17 janvier 1637 elle est comprise dans le contrat de vente passé par le poète avec le libraire Sommaville, ainsi que la *Florimonde*, dont ils placent bien à tort la représentation en 1649.

diens du Roi qu'en 1631. D'après lui néanmoins, elle était en état d'être mise au théâtre depuis trois ans, et il y a apparence qu'elle dut être jouée en société dès 1628 ; une brillante réception l'accueillit en 1631, et le roi honora de sa présence la troisième représentation, ce qui contribua au succès de la pièce. Il range la représentation de la *Diane* dans l'année 1632, reporte celle des *Occasions perdues* à 1633, et retarde l'apparition de l'*Heureuse Constance* jusqu'à 1634. Je me hâte de dire que ce classement de toutes les pièces de Rotrou, par de Mouhy, me semble encore plus défectueux que celui des frères Parfait (1). Il faut donc s'en tenir à des probabilités pour les dates des représentations, tandis que celles des impressions peuvent être données dans un ordre plus sûr et plus rigoureux qu'on ne l'a fait jusqu'à présent.

La plupart de ces premières pièces du jeune auteur, étaient inspirées par le théâtre espagnol (2). A l'exemple d'Alexandre Hardy, qui n'avait fait qu'entrer plus largement dans la voie qu'avait entr'ouverte la *Bradamante* de Robert Garnier, Rotrou montrait par ses « tragi-comédies » qu'il avait l'instinct des besoins du théâtre de son temps. Sa poétique consistait surtout à plaire à un nombreux public, au lieu d'être une pâle imitation des pièces antiques de Sophocle et de Senèque, à l'usage unique des lettrés et des savants des Universités.

Ce n'est qu'à partir des *Ménechmes* et d'*Hercule mourant* qu'il commença à faire des emprunts à l'antiquité. Il prou-

---

(1) Voir aux manuscrits de la Bibliothèque nationale le tome Ier du Journal du chevalier de Mouhy, pp. 535, 556, 577, 579, 580 v°, 612 v°, et tome II passim. — Ce qui prouve les erreurs sans nombre commises par de Mouhy, c'est que l'*Amélie*, l'*Heureux Naufrage*, l'*Agésilan*, les *Deux Pucelles*, l'*Innocente infidélité*, les *Sosies*, comprises dans les contrats de vente du 11 mars 1636 et 17 janvier 1637, sont toutes reportées par de Mouhy à des dates postérieures à chacun des traités qui les concernent.

(2) Sur les imitations des Espagnols par Rotrou, voir M. Person, *Histoire du véritable Saint-Genest,* p. 11 à 16, et M. Jarry, p. 68.

vait de la sorte qu'il avait su tout d'abord secouer le souvenir du théâtre de collège. Il avait osé être de son époque,
reproduire les passions et les mœurs de la vie, ou plutôt
des romans de son temps, au lieu de ne faire que regarder
derrière lui, et de rester emprisonné dans le vieux moule
dans lequel avaient été façonnées, depuis Jodelle, la plupart
des œuvres dramatiques, froidement copiées sur les tragédies nées à Rome ou sous le ciel de la Grèce.

L'emprunt qu'il fait à Lope de Vega de *la Bague de
l'Oubli*, qui n'est en effet qu'une *adaptation* de la *Sortija
del Olvido*, est formellement avoué par lui. Il ne dit mot
de ses autres emprunts littéraires ; ils devaient cependant être
nombreux, comme ceux de Hardy et de tous les poètes de ce
temps, qui se souciait plus du mérite de la mise en œuvre
d'une pièce de théâtre que de l'originalité de l'auteur et de
l'invention dramatique.

Au reste il fallait bien vivre d'emprunts, pour satisfaire
au mode de composition hâtive, mis à la mode en Espagne
par Lope et ses contemporains, et en France par Hardy,
dont Rotrou était encore l'imitateur sur ce point (1).

En 1634, lorsqu'il publia *Cléagénor et Doristée*, la seconde
des pièces qu'il ait fait imprimer (2), il dit que « cette
cadette de trente sœurs fera envie aux autres de la suivre. »
Donc, il était déjà l'auteur d'une trentaine de pièces dès
cette époque. Avoir mis au jour trente œuvres dramatiques
à vingt-cinq ans, c'est déjà bien précoce ! Aussi ne faut-il
pas reporter les dires du poète à 1630, ainsi que l'ont fait
M. Edouard Thierry, et après lui M. Hémon. Leur étonnement se comprenait à bon droit, alors qu'il s'agissait d'un
enfantement si prématuré, de la part d'un auteur de vingt

(1) Voir Ticknor, *Histoire de littérature espagnole*, traduction
Magnabal, Hachette, in-8°, t. II, p. 248 et suiv., 462, etc.

(2) Ainsi qu'on le verra, l'édition de *Cléagenor* (avouée par le poète,
c'est-à-dire la seconde), bien que datée de 1635, a été imprimée
en 1634.

ans ; il n'a plus autant raison d'être, lorsqu'on rapporte l'*Avis* de Rotrou *au lecteur* à sa date réelle, et qu'on se rappelle qu'à cette époque, Lope de Vega et Hardy confectionnaient l'un, plus de deux mille pièces de théâtre, d'après Montalvan, l'autre, de six à huit cents aux dires de Scudéry, pendant une seule vie d'homme !

Des trente pièces que Rotrou dit avoir fait jouer avant 1635, il nous en reste à peine la moitié. Bon nombre, à l'exemple des *Occasions perdues*, de l'*Heureuse Constance*, etc., devaient n'être que des imitations du théâtre espagnol, habillées à la française, mais trop peu déguisées pour ne pas laisser voir leur pays d'origine, et ne pas être reconnues *Cosas de Espana*.

Toutefois, Rotrou n'allait pas toujours emprunter au delà des Pyrénées, et savait à l'occasion prendre son bien en France. Parmi ses pièces si romanesques, on a remarqué tout spécialement que *Cléagénor et Doristée* n'était autre chose d'un bout à l'autre qu'un véritable roman d'aventures (1). Rien d'étonnant à cela.

Rotrou a dû s'inspirer pour sa tragi-comédie, d'un roman paru en France dix ans plus tôt environ, et qui, resté inconnu de tous ses biographes ou de ses critiques, n'a pas même été cité par Brunet, dans le *Manuel du Libraire.*

Je veux parler de l'« *Histoire amoureuse de Cléagenor et de Doristée, contenant leurs diverses fortunes, avec plusieurs autres estranges adventures arrivées de notre temps,* disposée en quatre livres. A Paris, chez Toussaincts du Bray, rue Saint-Jacques, aux espics mœurs et en sa boutique au

---

(1) V. M. Hémon, *Revue politique et littéraire* du 15 juillet 1882. Sur le caractère romanesque des pièces de Rotrou, sur ses tragi-comédies, « filles du roman » voir encore M. Hémon, *Rotrou et son œuvre,* en tête du *Théâtre choisi,* p. 41 et suiv. M. Jarry, *Rotrou romanesque* ou le *Romanesque dans Rotrou.* M. Person, *Notes* à l'appendice de l'*Histoire du Venceslas,* p. 116, le *Romanesque des pièces de Rotrou dans ses rapports avec l'histoire.* M. Deschanel, le *Romantisme des classiqués,* p. 262. Raynouard, *Journal des savants,* 1822, p. 75 et suiv.

Palais en la Galerie des Prisonniers, MDCXXI, 460 p. in-8°
(avec privilège du roi, du 27 novembre 1620) (1). » De même
que beaucoup de contemporains ne faisaient autre chose,
sur le théâtre, que de mettre en scène des épisodes de
l'*Amadis*, de l'*Astrée*, ou des romans de d'Audiguier et de
Barclay, Rotrou me paraît s'être inspiré de cette *Histoire*, dont
sa tragi-comédie a fait oublier jusqu'au titre. Il dût profiter à
la fois de la vogue du roman et de l'*imbroglio* de ses
bizarres aventures, pour piquer l'intérêt des spectateurs, qui
soupiraient après des intrigues aussi romanesques qu'invrai-
semblables.

C'est là une intéressante question d'origine sur laquelle je
me propose d'ailleurs de revenir, quand plus loin je reparlerai avec plus de détails de *Cléagénor et Doristée*.

Parmi les premières œuvres du poète, la *Bague de l'Oubli*
qui plut au roi, les *Occasions perdues*, qui obtinrent les
suffrages de Richelieu, paraissent surtout avoir contribué à
sa fortune. L'*Heureuse Constance* fut assez heureuse pour
être goûtée d'Anne d'Autriche. Aussi lorsque le poète la fit

(1) Ce roman lui-même s'est inspiré de ceux du pays de *Tra los
montes*, qui avait vu naître la *Célestine* et aussi la *Diane* de Monte-
mayor. En tête du livre est une curieuse épître à Doristée : « Belle
Doristée, ceux qui sont délivrés d'une effroyable tempeste, se voyant
en un port assuré, exempts de naufrage, reçoivent un extrême conten-
tement dans le souvenir des périls passez ; vous aussi qui estes arrivée
au port asseuré et à l'abri des orages, dont la fortune vous tourmentoit
sur les ondes incertaines de la mer d'amour, je croys que vous serez
très-contente de repasser en vostre mémoire le souvenir de vos peines,
et qu'en les considérant, les plaisirs dont vous jouissez maintenant
avec votre fidelle Cléagenor, vous sembleront plus doux.... Que vostre
divine beauté, dont les charmes ont asservy tant d'âmes, vous deffende
contre les injures de l'envie.... et de la médisance, afin qu'elle puisse
seurement publier par tous les endroits de la terre les beautés et les
mérites dont le ciel vous a richement pourveue. » Dans l'*Avis au lecteur*,
l'auteur écrit : « Ma peine seroit infructueuse, si je me proposois de
suivre la trace des divins esprits qui fleurissent en France. » Quel
est donc ce romancier, émule de Gomberville, qui n'a pas voulu faire
connaître son nom ?

imprimer, à la fin de 1635 (1), eut-il soin de dire que, lorsqu'elle avait paru au Louvre et à Saint-Germain, la reine l'avait complimenté sur sa Rosélie (c'est l'héroïne de la pièce). « Aussi, lui dit-il en lui dédiant sa tragi-comédie, n'a-t-elle voulu consulter ny l'Académie, ni les esprits forts (2). Après l'honneur de votre approbation, elle se montre sans contrainte, et pour faire taire les envieux elle ne dira qu'un mot : je plais à la plus grande reine du monde. »

Pour réussir alors dans le monde des lettres et voir augmenter le maigre profit que rapportaient les pièces de théâtre, à une époque où les droits d'auteur étaient encore à naître, il fallait se ménager un puissant protecteur et s'attacher à sa fortune.

Le premier protecteur auquel paraît s'être attaché Rotrou à ses débuts en 1631, alors qu'il était encore inconnu, fut le comte de Soissons, fils de Charles de Bourbon, et d'Anne de Montafié, la célèbre châtelaine de Bonnétable. Louis de Bourbon était seigneur de Dreux, dont le jeune poète était originaire (3). Les Rotrou avaient soutenu à Dreux, au prix de leur vie, pendant les guerres de la Ligue, la cause du roi et du comte de Soissons, père de Louis de Bourbon.

Ce fut autant de motifs pour que le jeune auteur de vingt ans lui dédiât sa première pièce l'*Hypocondriaque*, lorsqu'il la fit imprimer en 1631 (4). Il déclare dans sa dédicace à Monseigneur le comte de Soissons, dont il célèbre les louanges, que sa tragédie souhaite de bien vivre dans son

(1) Le privilège de l'*Heureuse Constance* est du 27 novembre 1635 et l'achevé d'imprimer du 6 décembre, bien qu'elle n'ait paru chez Quinet qu'avec la date de 1636.

(2) On voit que l'idée de consulter l'Académie naissante était dans l'air, avant que Richelieu se soit avisé de lui demander son avis sur le compte du Cid.

(3) Voir entre autres l'*Abrégé historique des Antiquités de Dreux*, par le président de Rotrou, p. 72, et les *Comtes de Soissons*, par M. Ed. de Barthélemy, Société académique de Saint-Quentin, 3e série, t. XIV.

(4) Paris, Toussaints du Bray, 1631, in-8º. Les lettres de privilège sont datées du 8 mars 1631.

hôtel, et il ajoute : « J'espère que vous excuserez l'affection d'un de vos plus humbles sujets qui vous la présente, et qui n'a pas trouvé jusqu'ici d'autre moyen de vous tesmoigner son inclination particulière au service de votre Grandeur et l'extresme désir qu'il a d'estre estimé de vous. » Le seul commandement du Comte, et non pas la vanité de l'impression, l'ont porté, dit-il, à faire voir le jour à cette œuvre de sa première jeunesse ; il espère que le temps et l'accueil du prince le rendront une autre fois plus éloquent. Aux dires de dom Liron, le comte de Soissons « honoroit Rotrou de sa bienveillance et l'obligeoit souvent à travailler à de petits ouvrages en vers, où le poète réussissoit assez heureusement, et il les retenoit pour en faire l'usage qu'il lui plaisoit (1). » Mais l'aventureuse vie du comte de Soissons ne lui laissait guère le loisir d'accorder un long appui aux gens de lettres ses protégés ; il les laissait le mieux du monde en plein embarras, comme en fit l'expérience son favori, le singulier abbé de la Couture, Croisilles, l'auteur des *Héroïdes* ou *Epîtres amoureuses*, et de la *Chasteté invincible* (2).

Rotrou devait trouver un appui plus certain et plus durable à la fois auprès de la mère de Louis de Bourbon, auprès de Madame la comtesse, grâce à laquelle surtout, ainsi que je l'ai dit ailleurs, l'hôtel de Soissons à Paris, comme le château de Bonnétable dans le Maine, étaient hospitaliers aux beaux esprits, à l'exemple de l'hôtel de Rambouillet (3).

Aussi, lui dit-il, en 1635, en lui adressant la dédicace des *Occasions perdues* (4) : « Outre que j'ai pris avec la nais-

(1) *Singularités historiques*, t. I, p. 329.

(2) Les lettres de Chapelain contiennent de nombreux détails sur la triste aventure de l'ancien protégé du comte de Soissons, devenu celui de Mademoiselle Paulet.

(3) Voir *La Troupe du roman-comique dévoilée*. Paris, Champion, 1876. in-8°, p. 160 et suiv.

(4) *Les Occasions perdues*. Quinet, 1636, in-4°. L'achevé d'imprimer est du 17 juillet 1635.

sance l'honneur d'estre votre créature, celuy que vous m'avez faict de me voir si souvent de l'œil dont vous voyez les choses qui ne vous déplaisent pas, et l'estime que toute votre maison vous a vu faire de mes ouvrages, me rendent si justement vostre obligé et si passionnément votre serviteur, que votre nom est le plus agréable entretien de ma mémoire. »

C'est surtout en dédiant la comédie des *Deux Pucelles*, en 1639 (1), à la petite fille de la comtesse, à Mademoiselle de Longueville, la future duchesse de Nemours, que Rotrou exprime sa reconnaissance envers les seigneurs de Dreux : « Il est impossible qu'estant très-humble sujet comme je suis de la maison de Soissons, et qu'ayant particulièrement admiré en cette illustre famille toutes les vertus et tous les mérites qu'on peut souhaiter en de grands princes et que de grandes princesses peuvent posséder, il est impossible... que je n'aye découvert la nouvelle étoile dont les rayons sont déjà si brillants à douze ans. » L'éloge de la fille le conduit naturellement au pompeux éloge de Madame la comtesse sa grand'mère « la plus grande merveille de notre siècle, qu'on ne peut avoir l'honneur de voir sans juger que l'intention de la nature estoit d'en faire une reine, et que la seule envie de la fortune lui a desnié cette qualité. C'est d'elle que nous estoit née cette sage et pieuse duchesse que le ciel lui a laissée en vous, quand il lui a pleu d'en disposer. » La duchesse de Longueville avait été trop tôt ravie au monde, dès le 9 septembre 1637, pour que Rotrou pût, sans doute, lui dédier quelqu'une de ses pièces, à l'exemple de du Ryer qui, en 1636, lui adressait la tragi-comédie de *Lisandre et Caliste*, ou de Scudéry qui, en 1636 lui envoyait la dédicace d'*Orante*. « J'ose vous prier, écrivait-il à la fin de sa dédicace à Mademoiselle de Longueville, de souffrir que votre nom serve à la recommandation de cet ouvrage où je m'asseure que vous

(1) L'achevé d'imprimer est du 30 mars 1639.

vous divertirez aussi agréablement qu'en ceux que vous
avez eu la bonté de m'entendre lire dans le cabinet de
Madame la comtesse, votre mère, où votre attention m'a
fait juger du plaisir que vous y preniez. »

C'est aussi dans le cabinet de la comtesse de Soissons que
Rotrou avait dû connaître Mademoiselle de Vertus, à qui il
dédiait la même année (1639) *Laure persécutée*, en faisant
son éloge ainsi que celui de sa sœur, la duchesse de Montbazon, « toutes deux la gloire de leur sexe, la confusion du
nôtre et l'admiration de tous les deux (1). »

La vieille comtesse de Soissons devait s'éteindre le 17 juin
1644, et sa mort priva Rotrou d'un sympathique accueil, qui
lui était acquis depuis bientôt quinze ans (2).

Ce qui fait mieux connaître Rotrou à la date de 1631 que
la dédicace de l'*Hypocondriaque*, ce sont ses *Œuvres
poétiques*, parues la même année, et chez le même libraire
que sa tragi-comédie, et sans aucun doute dans le même
volume, mais avec une pagination spéciale (3). C'était l'usage
alors, parmi tous les auteurs dramatiques, de placer à la suite
de leurs pièces de théâtre quelques poésies diverses, sous
le titre d'*Œuvres poétiques*. Mairet, du Ryer, Pichou,

(1) Sur Mademoiselle de Vertus, Catherine-Françoise de Bretagne,
qui faisait alors partie de la maison de la comtesse de Soissons, voir
Tallemant, édition Paulin Paris, in-8, t. I, p. 222.

(2) Est-ce la peine de relever l'erreur commise, à propos de la comtesse de Soissons, par M. Jarry (p. 53), copié par M. Hémon (p. 7)? Tous
les deux appellent Anne de Montafié, morte en 1644, *une future fron-
deuse!* C'est dire aussi que M. Didot s'est également trompé en
écrivant que Rotrou accompagnait Madame la comtesse à Bourbon,
en 1647, pendant l'impression de sa tragédie de *Saint-Genest*. —
L'*Inventaire des archives départementales d'Eure-et-Loir*, permet de
constater assez souvent la présence à Dreux de la comtesse et de sa
famille depuis 1611, p. 231 et suiv.

(3) *Œuvres poétiques du sieur Rotrou*. A Paris, chez Toussaints du
Bray, 1631, in-8°, 24 p. Le titre courant porte : *Autres Œuvres*. — Son
autre recueil paru en 1635 chez Targa, à la suite de la *Diane*. *Autres
œuvres du mesme Autheur*, continue au contraire la pagination de la
Diane, et va de la page 131 à la p. 163.

Maréchal, Scudéry, se sont donné garde d'y manquer et l'on sait que Corneille lui-même, en 1632, en publiant chez Targa son *Clitandre*, le premier ouvrage qu'il ait fait imprimer, y a joint ses *Meslanges poétiques*.

Le petit recueil de Rotrou se compose de cinq pièces de vers seulement :

Les pensées du Religieux à Tirsis, p. 3 à 7.

Sonnet sur la *Filis* du feu sieur Pichou, son amy, p. 8.

A son ami M., Stances, p. 9 à 16.

A Mademoiselle C(aliste), élégie, p. 17 à 20.

Plainte d'un seigneur amoureux prest à se donner la mort dans un désert, stances, p. 21 à 24.

De ces vers, les seuls qui présentent de l'intérêt pour la biographie de Rotrou, ce sont les Stances à son ami et l'Elégie à Caliste.

Les stances sont particulièrement curieuses, et elles ont été principalement remarquées. Malheureusement plus d'un biographe, à la suite de M. Didot qui les a le plus longuement citées, a omis de dire qu'elles se reportaient à la jeunesse du poète et à ses débuts en 1631. On s'expliquerait mieux ces vers si, à l'exemple de ceux de Corneille traduisant l'*Imitation*, ils avaient été écrits, comme l'a cru M. de Ronchaud, dans la seconde période de la vie de Rotrou, dans l'atmosphère calme et sereine de son existence de magistrat. Emanés d'un jeune homme qui vient de sortir de sa vingtième année, ils sont faits pour étonner. C'est *la Confession d'un enfant du siècle* ; mais il ne faut pas l'oublier, ce siècle est le dix-septième, dont le premier tiers fut précisément marqué d'un si vif mouvement de ferveur toute chrétienne. Le poète pris de remords au souvenir des grossiers plaisirs de sa jeunesse, s'accuse amèrement de son passé auprès d'un ami, qui a été le compagnon de ses folies. Ses vers respirent un repentir véritable, un retour ému à la piété. Ils exhalent comme une précoce désillusion, une mélancolie prématurée de la part d'un jeune homme déjà

pris du dégoût de la cour et des courtisans, soupirant après
l'indépendance et la solitude des déserts au sortir du Louvre
et de Vincennes, et se sentant déjà le cœur trop froid pour
aimer, malgré « son âme si sensible à l'amour. »

Rotrou a été sincère, j'aime à le croire, en écrivant ces
pathétiques aveux, mais ce repentir a-t-il été durable ? S'il l'a
été, il faudrait donc reporter tout à fait à sa première jeunesse les années troublées et les défaillances qu'on a
jusqu'ici mises sur son compte d'après la légende ; ainsi
dès 1631, c'est-à-dire dès vingt et un ans à peu près, il aurait dit adieu à ce qu'il appelle d'un ton si contrit « les
jours criminels et les sales voluptés » de son adolescence (1).
Mais cette haine de la cour, cette froideur si précoce, tout
cela ne m'a pas l'air bien sérieux, et me semble plutôt une
simple boutade, l'écho d'un désespoir d'un jour, au lendemain d'un mécompte au Louvre ou en amour.

Si l'ami, si le cher Euryale, à qui s'adressent ces vers, et
qui s'était éloigné de Paris pour revoir Dreux, était Antoine
Godeau, comme on se prend à le supposer pour un
instant (2), force serait de reconnaître que Godeau, qui lui
aussi avait « ressenti les amoureuses peines », qui avait
connu

> Les ruses, les appas de ces fières maîtresses,
> Qui mettent leur plaisir à causer leurs tristesses,

a su briser plus nettement que Rotrou avec son passé et rompre à jamais « les chaînes » qu'il avait longtemps partagées
avec son ami. Mais il faut avouer bien haut que les vers de
Rotrou sont d'un ton bien autrement ému et vrai que ceux
du futur évêque de Grasse, et que l'auteur de *Saint-Genest*

---

(1) Voir dans M. Jarry, p. 20, les réserves qu'il fait sur la portée des
termes employés par Rotrou dans cette page de ses jeunes confessions.

(2) Toutefois, il faut dire que Rotrou les adresse à son ami M...?

laisse bien loin derrière lui, dans ses stances, l'auteur des *Eglogues spirituelles*.

Voici les adieux de Godeau à son passé :

« On ne me verra plus à l'ombre des buissons,
Pour contenter Philis inventer des chansons.
Je ne vanteray plus ni ses yeux ni sa bouche,
Dieu seul voit mes sens, ce seul objet me touche,
Et je veux désormais que ce noble vainqueur
Soit maître de ma vie, comme il l'est de mon cœur (1).

Qu'on les compare avec quelques unes des stances de Rotrou et qu'on juge :

.... Que le souvenir de ces jours criminels,
En l'état où je suis m'offense la mémoire !
Que le ciel me devoit de tourmens éternels
        Quand il me vit l'âme si noire.

Mon Dieu que ta bonté rend mon esprit confus !
        Qu'avec raison je t'adore,
        Et combien l'enfer en dévore
Qui sont meilleurs que je ne fus !

Les rayons de ta grâce ont éclairé mes sens,
Le monde et ses plaisirs me semblent moins qu'un verre ;
Je pousse encor des vœux, mais des vœux innocents,
        Qui montent plus haut que la terre....

Corneille et Racine ont-ils jamais rien écrit de plus beau ?
Dans les *Pensées du religieux à Tirsis*, on trouve encore
de magnifiques vers, empreints de sentiments aussi chré-

(1) V. Godeau, *Œuvres chrétiennes*, 1639, in-12, t. II, pp. 94 et 98.

tiens, mais il n'y a rien à en tirer pour la biographie de Rotrou.

Il n'en est pas de même de l'élégie à Caliste :

> Epargne un peu le pas de tes valets,
> Tresve de complimens, j'ay trop veu de poulets... (1).

Ces vers nous montrent un Rotrou répondant mieux à l'idée qu'on se fait de sa vie à cette époque, sans toutefois qu'il en résulte le moins du monde un Rotrou courant les tavernes et les brelans.

Caliste avait dédaigné Rotrou inconnu ; Rotrou désormais célèbre la dédaigne à son tour, et prend le ton de la satire pour exercer à son égard de justes représailles. La belle capricieuse avait maintes fois refusé les vœux du poëte. Rotrou lui reproche son âme glacée en des termes qui font songer au vieux Corneille, se plaignant des dédains de Mademoiselle du Parc :

> Quand tu m'auroys aymé, ton choix eut été juste.
> Ovide le fut bien de la fille d'Auguste.

Il se permet à son tour les caprices et la fierté,

> Aujourd'hui que la cour parle de *ses* ouvrages.

Enfin il aime ailleurs :

> Perside qui m'a pris me scait bien retenir.

Ce n'est plus le ton des stances. Il célèbre ses amours

(1) Dans les *Occasions perdues*, le poëte fait également dire par Isabelle :

> « Je n'épargnerai point les pas de cent valets
> Et mille cœurs navrés empliront mes poulets. »

avec Perside, qui lui permet tout, lorsqu'il a bien su dépeindre ses charmes ; il noie le souvenir de Caliste dans le
sein de sa nouvelle amie. C'était peut être s'exposer à de
nouveaux repentirs, mais en tous cas c'est une révélation,
bien prise sur le vif, et assez piquante de la vie réelle du
poète, sur laquelle nous avons fort peu de renseignements
de ce genre !

L'élégie à Caliste, de même que les stances, montrent que
Rotrou était déjà en passe de devenir célèbre. La cour parlait de ses ouvrages, les seigneurs le faisaient monter dans
leurs carosses ; il hantait le Louvre et Vincennes. Les
rimeurs l'obsédaient de leurs importunes visites ; il s'entretenait avec les plus beaux esprits, et était fier de la gloire
que tous ses amis avaient donnée à ses écrits.

La preuve de sa jeune célébrité parmi les poètes contemporains, on la trouve dans les vers qu'il a placés en tête de
plus d'une pièce de théâtre de ses rivaux d'alors. Ces vers
pour la plupart n'ont pas été recueillis ; ils montrent cependant ses relations poétiques et l'estime qu'on faisait déjà de
son nom et de sa notoriété, puisqu'ils pouvaient servir à
recommander auprès du public les œuvres des poètes
abordant la scène pour la première fois, ou qui même
étaient familiers avec elle.

Je m'étonne que le sonnet de Rotrou sur la *Filis* du sieur
Pichou son ami, qui figure parmi les Œuvres poétiques,
ne se trouve pas aussi en tête de la *Filis*, parue précisément chez Targa cette même année 1631 (1).

En tête de la *Généreuse Allemande* de Maréchal, j'ai découvert en revanche des vers de Rotrou complétement iné-

(1) *La Filis de Scire*, de Pichou, Targa 1631. Le privilège est du
8 mars, et l'achevé d'imprimer du 30 avril. Cette pièce, imprimée après
l'assassinat du poète, et accompagnée d'une préface par le sieur Isnard,
n'est précédée de vers d'aucun poète. En tête de *La Filis* de du Cros,
parue l'année précédente (1630), on lit au contraire deux pièces de vers
de Maynard et de Mairet.

dits, et qui sont antérieurs même à 1631 ; l'achevé d'imprimer de cette tragi-comédie étant du 10 janvier 1631, il en résulte donc qu'ils ont été composés au plus tard en 1630 (1). Ils figurent à la place d'honneur, c'est-à-dire tout à fait en tête du livre, avant ceux de du Ryer, Le Brun, et de M. B. (2).

Les voici :

A M. Maréchal, sur le sujet de sa *Généreuse Allemande*.

STANCES

Voyant à ta Camille un si noble courage,
La flamme aux yeux et le fer à la main,
 Qui scauroit hors de ton ouvrage
Si c'est une Allemande ou si c'est le Romain ?

Son Aristandre y tient un si haut rang de gloire
 Et tu le faits l'objet de tant d'amour,
 Que j'aurois douté de l'histoire,
Si les moins curieux l'ignoroient à la cour.

(1) La *Généreuse Allemande*, de Maréchal, P. Rocolet, 1631, in-8°. Cette pièce est suivie p. 179 à 282, des autres œuvres poétiques du sieur de Maréchal, portant la date de 1630. Nous parlerons plus loin des vers de Rotrou, qui précèdent la *Sœur valeureuse* du même poète.

(2) J'ai inutilement cherché des vers de Rotrou en tête de *toutes* les tragédies de du Ryer : elles n'en contiennent aucun. Les deux journées de l'*Argenis* (1630 et 1631) ont seules des vers liminaires, signés de Colletet, Pichou, Auvray, Bonnet, Poncet, Villeneuve, de Rayssiguier, Voille, des Bruyères, Anceaume. — Quel dommage que ceux qui ont dressé des catalogues de nos pièces de théâtre, tels que les frères Parfait, le bibliothécaire du duc de La Vallière, M. Paul Lacroix, dans son *Catalogue de la Bibliothèque dramatique de M. de Soleinne*, etc., etc., n'aient pas pris la peine d'indiquer les noms des poètes qui ont *orné* de leurs vers les pièces de leurs confrères ! Quel travail épargné aux chercheurs ! Que d'exhumations ne seraient plus à faire aujourd'hui ! Rien que pour s'assurer de l'existence possible de vers de Rotrou, en tête des œuvres dramatiques de 1628 à 1650, il faudrait consulter près de deux cents pièces de théâtre !

Quelques si noirs cachots où tu le fasses vivre,
    La pureté des traits que nous lisons
    En ces beaux endroits de ton livre,
Nous fait voir des appas dans l'horreur des prisons.

Mais lorsque tu lui rends ton plus pieux office,
L'amour produit des effects si puissans
    Et ton stile a tant d'artifice
Qu'en le tirant des fers tu captives nos sens.

DE ROTROU.

D'autres vers de Rotrou, heureusement plus intéressants, se lisent en tête du *Ligdamon et Lydias* de Scudéry, achevé d'imprimer le 18 septembre 1631. Ils nous révèlent les sentiments intimes et le caractère du poète, et sont le premier indice de ses relations avec l'auteur de l'*Amant libéral*, relations sur lesquelles nous aurons à revenir plus d'une fois. Là encore ce sont les vers de Rotrou qui sont placés au premier rang ; après les siens viennent ceux de Scarron, *Hardy, Corneille,* de la Crette, Bellenger, du Ryer, Guérente, Belleville, de Chandeville, etc. (1). Cette pièce, que Rotrou intitule *Elégie,* comme celle qu'il devait, trente mois plus tard environ, adresser à Corneille pour en parer sa *Veuve,* le poète l'a reproduite lui-même dans son second recueil d'*Autres Œuvres poétiques,* paru à la suite de la *Diane,* dont l'achevé d'imprimer est du 25 janvier 1635. Raynouard seul en a cité de bien courts extraits dans l'intéressant compte-rendu fait par lui de l'édition de Rotrou de 1820, qui malheureusement ne contient ni les deux

---

(1) V. *Ligdamon et Lydias.* Targa. 1631, in-8°. On ne trouve pas de vers de Rotrou précédant le *Trompeur puny,* la seconde pièce de Scudéry (1633, achevée d'imprimer le 4 janvier). Il y en a de du Ryer, Mairet, d'Inville, Boisrobert, Corneille, d'Autheuil, Guérente, Mondory, de Coste, de Saint-Firmin. *Aucune* des autres pièces de Scudéry n'a de vers liminaires.

recueils d'œuvres poétiques, ni les dédicaces, ni les préfaces des pièces de théâtre (1). En la rapprochant de l'Elégie adressée à Corneille, on voit comment Rotrou savait louer ses deux émules, alors amis et destinés à bientôt devenir, pour un temps, deux rivaux, ou plutôt deux ennemis acharnés. Voici quelques principaux passages de cette Elégie bien difficile à rencontrer, car le *Ligmadon* de Scudéry et les *Œuvres poétiques* de Rotrou sont rarissimes.

A M. de Scudéry.

ÉLÉGIE

> Je crains de Scudéry que la muse s'irrite,
> De me treuver si lent à louer ton mérite.
> Mais crois que ma paresse est un de ses effets.
> Je parle rarement des hommes si parfaits :
> Avec quelques appas que leur gloire m'attire,
> Je ne dy rien du tout quand je voy tant à dire ;
> J'ay de l'ambition quand je traite un sujet.
> Je tâche que mes vers surpassent leur objet,
> M'efforçant de prouver que quelque dame est belle
> C'est pour faire estimer ma muse plutôt qu'elle,
> Je ne mets en un corps quelque charme nouveau
> Qu'afin que mon esprit en paroisse plus beau.
> Quelque ravissant que je peigne un visage,
> J'ay dessin que mes vers ravissent davantage.
> *La gloire me transporte, elle est mon seul aymant,*
> Je débite mes vers à ce prix seulement.

Rotrou parlera de même de son ardeur pour « *la Gloire* » dans son élégie à Corneille, assez connue pour que je me dispense de la citer ici. Il loue dès lors Scudéry absolument

(1) Voir l'article de Raynouard dans le *Journal des Savants,* de 1821, pp. 328-335.

avec la même courtoisie qu'il montrera à l'égard de l'auteur de la *Veuve* :

> Quant j'entends de tes vers, quand j'y voy tant de grâce,
> Mon esprit est confus et ma veine se glace.
> Ma muse est en désordre et prisant leur douceur
> Se plaint de n'estre pas si belle que sa sœur.

Et pourtant en lui adressant ses éloges avec une exquise délicatesse, ainsi que le montrent encore les vers reproduits par Raynouard, Rotrou conseille à son ami de se donner bien garde d'imiter les poètes qui prodiguent des louanges outrées, et dont il l'invite à se défier. Il ne veut aussi louer que le poète en lui et non pas le guerrier. Les derniers vers inédits où il le déclare, sont assez curieux, et ne répondent guère, il faut bien le reconnaître, au Rotrou idéal « type de cavalier accompli, » dont on se monte la tête au foyer de la Comédie-Française, en contemplant le chef-d'œuvre de Caffieri.

> Prouver comment ta main scait user d'une espée,
> En combien de dangers elle s'est occupée,
> Dessus combien de fronts elle a mis de l'effroy,
> En combien de hasards elle a servy le Roy,
> C'est où je suis muet, je pâlis, je frisonne,
> Je redoute la guerre et ce seul mot m'estonne.
> J'ayme bien que le fer serve dans les guérets
> Et ne perce autre sein que celui de Cérès.
> Mais si j'entends les coups dont un guerrier se vante,
> A l'ouyr seulement mon esprit s'épouvante,
> J'ay du myrthe pour toy, je n'ay point de laurier,
> Je t'estime en poète et non pas en guerrier.
> J'ay douté jusqu'icy que dans toute la terre
> Un mesme homme pust faire et des vers et la guerre,
> Qu'il pust mettre en usage et la plume et l'acier,
> Rougir un champ de gloire et noircir du papier.

> Ce discours seulement intimide ma muse,
> Je cherche encor des vers, mais elle m'en refuse.
> De Scudéry, permets à cet esprit confus
> D'admirer ton mérite et de ne parler plus.

Ces quelques vers pourront peut-être, je le crains, refroidir la verve de ceux qui, dans leurs tableaux, entièrement faits *de chic*, comme on dit dans les ateliers, se plaisent à opposer le portrait d'un Rotrou gentilhomme à celui d'un Corneille bourgeois. On éprouve du reste une déception analogue quand on regarde le *Rotrou* de Desrochers, après avoir admiré la tête que lui a créée Caffieri (1)! En 1631, il est vrai, le futur auteur de *Venceslas* n'avait encore que vingt-deux ans; il put changer d'allures au palais Cardinal, et voir diminuer son horreur des armes et de la guerre.

J'ai fini de faire connaître, ce que je sais des vers et des relations poétiques de Rotrou en cette année 1631 (2).

Pour l'année suivante, je n'ai à citer de lui, comme épître liminaire, que celle qui se lit à côté des vers de Colletet et du Ryer, en tête de la pastorale du sieur de la Charnays,

---

(1) Le buste de Rotrou, par Caffieri, a été magnifiquement reproduit dans la gravure à l'eau-forte de Maurice Leloir. Le Rotrou magistrat, de la gravure de Desrochers, vient d'être gravé à nouveau par Lalauze, en tête de l'édition du *Théatre* donnée par Jouaust. Tous les portraits gravés du poète Rotrou dérivent des deux types de Desrochers et de Caffieri ; j'en parlerai à la fin de cette étude.

(2) Peut-être faut-il y ajouter les vers suivants, signés R., qu'on lit en tête de la tragi-comédie des *Travaux d'Ulysse*, de Durval, Ménard, 1631, in-8° :

ÉPIGRAMME

> Esprit dont la féconde veine
> Représente dessus la Seine
> Les mœurs des princes et des roys,
> Ne crains plus que le temps démolisse
> Le théâtre de ton Ulysse
> Tant que l'on parlera françois.

R.

les Bocages, représentée sur le théâtre de l'hôtel de Bourgogne et parue chez Toussaincts du Bray en 1632, in-8. (Le privilège est du 15 mai).

Voici ces vers inédits :

A M. de la Charnays, sur ses *Bocages*.

Il n'est point de style si doux,
Que celui de ta comédie.
Père de si beaux vers (il faut que je le die),
J'ay veu tes enfans à genoux.

Rien n'est forcé dans tes écrits,
Leur éloquence est naturelle
Et la naïveté rend ta muse si belle
Qu'elle charme tous les esprits.

On ne treuve rien que rosiers
Aux bocages que tu nous donnes,
Et si nous te voulons faire assez de couronnes,
Il en faut un tout de lauriers.

ROTROU.

Je laisse à d'autres chercheurs établis à Paris, et non fixés au fond de la province, où ces recherches sont presque impossibles, le soin de pousser plus loin, à cette date, cette chasse des vers de Rotrou à travers les pièces de théâtre du temps, aussi inexplorées et aussi inabordables que les broussailles d'une forêt vierge, et j'arrive tout de suite à un épisode assez obscur de sa vie.

CHAPITRE DEUXIÈME.

Rotrou poète de la troupe des comédiens de l'hôtel de Bourgogne. — La lettre de Chapelain à Godeau. — La vérité sur Rotrou, poète à gages. — Bellerose Mécène. — L'origine possible de la légende de Rotrou joueur. — La *Célimène*, l'*Amaryllis* et la *Florante*. — Godeau a-t-il protégé Rotrou ? — Les lettres à Belinde. Belinde n'est pas la sœur de Rotrou. — La véritable Belinde. — Les relations de Rotrou et de Godeau. — La liberté recouvrée. — L'élégie à Corneille. La modestie de Rotrou et la fierté de l'auteur de la *Veuve*. — Les origines et la date des premières attaches du poète au cardinal. — L'*Ode* à Richelieu. — L'impression de la *Bague de l'Oubli*, de la *Doristée*, de *Diane* (1634). — Le frère de Rotrou. — Le second recueil d'*Œuvres poétiques*. — Les vers liminaires de la *Sœur Valeureuse*.

Les éloges donnés par Rotrou au comte de Soissons, dans sa dédicace de l'*Hypocondriaque*, en 1631, ne lui avaient guère valu qu'un semblant de protection bien éphémère ; ce prince ne lui avait pas accordé dans son hôtel l'hospitalité que le poète aurait été heureux d'y trouver pour lui-même, comme pour sa tragédie.

Ce qui le montre bien clairement, c'est à la fois le nouveau patron, par qui nous le voyons chaperonné à la fin de 1632, et le nouveau genre de vie qu'il paraît alors avoir embrassé depuis quelque temps.

Ses parents, sans doute, à l'exemple d'anciens membres de leur famille, l'avaient destiné à un office de magistrature ; le voyant, contre leur gré faire métier de poète, ils avaient dû le laisser livré à ses seules ressources, et le jeune auteur pressé par le besoin, s'était vu réduit à faire pour vivre, ce qu'il avait fait par goût tout d'abord. Toujours est-il que, soit qu'il obéit à une dure nécessité, ou simplement à la passion irrésistible qu'il avait ressentie pour le théâtre, et peut-être aussi pour les coulisses et les beaux yeux de celles qu'on pouvait y voir de plus près lancer leurs œillades, Rotrou est devenu en 1632, fournisseur attitré d'une troupe de comédiens.

C'est un passage d'une lettre écrite par Chapelain à son jeune ami Godeau le 30 octobre 1632 (1), qui nous révèle cette face nouvelle de l'existence de Rotrou. Les termes auraient gagné à être plus clairs, mais ils suffisent pour laisser entrevoir ce qu'on peut, jusqu'à un certain point, appeler la période de vie de bohème du jeune poète dramatique : « Le comte de Fiesque m'a amené Rotrou et son Mécène. Je suis marri qu'un garçon de si beau naturel ait pris une servitude si honteuse, et il ne tiendra pas à moy que nous ne l'affranchissions bientôt. Il a employé vostre nom, outre l'authorité de son Introducteur pour se rendre considérable, dit-il, auprès de ma personne. Mandés moy si vous prenés part dans l'assistance et les offices qu'il attend de moy et à quoi je me suis résolu (2). »

Voilà, comme l'a fait remarquer il y a longtemps M. Guizot, le premier renseignement biographique que les contemporains de Rotrou nous aient fourni sur son compte.

Il est présenté à Paris au prince de la critique, à Chapelain, par le comte de Fiesque (Charles-Léon), grand seigneur, bien vu des gens de lettres, les fréquentant, ayant le goût du théâtre, et qui plus est tout puissant auprès des comédiens. Le comte de Fiesque ne présente pas Rotrou seul à Chapelain ; il le présente accompagné de son *Mécène*. Quel est ce Mécène, et quelle est « la servitude si honteuse » qui résulte pour ce jeune poète du patronage de ce singulier Mécènas ?

M. Guizot a présumé le premier, avec beaucoup de

____

(1) *Lettres de Jean Chapelain*, publiées par M. Tamizey de Larroque, 1880, in-4°, p. 6.

(2) La première phrase de cette lettre avait été seule donnée par Camusat en 1726 (*Mélanges de littérature*, p. 4). La citation entière a été reproduite sans commentaires par M. Person, seulement dans la 2ᵉ édition de ses *Notes critiques*, à l'appendice de son *Histoire du Venceslas*, p. 134. M. Hémon ne sait pas qu'il s'agit d'une lettre à Godeau, et non au comte de Fiesque. Voir l'édition du *Théâtre choisi de Rotrou*, p. 12 et 13.

justesse, que Rotrou avait dû prendre quelque engagement dans une troupe de comédiens, en qualité d'auteur, selon l'exemple d'Alexandre Hardy. Cette conjecture adoptée par la presque unanimité des auteurs qui ont parlé de la jeunesse de l'émule de Corneille est, on l'a dit, devenue certitude, et ne peut plus guère faire l'objet de réserves ou de doutes à l'heure qu'il est (1).

Oui, Rotrou s'est attaché à une troupe de comédiens, pour qui seuls il s'est engagé à écrire ses pièces ; il est ainsi devenu « poète à gages, » comme l'écrivait crûment, quelque temps plus tard, le poète Gaillard dans *La fameuse Monomachie de Gaillard et Bracquemard*, imprimée en 1634, et comme achève de le démontrer un autre passage d'une lettre de Chapelain, du 17 février 1633, que nous aurons bientôt l'occasion de citer (2).

Faut-il verser des torrents de larmes et gémir sur le sort amer et douloureux du jeune auteur, faut-il s'épandre en phrases indignées sur l'aliénation qu'il a faite entre les mains des comédiens de sa liberté et de sa dignité d'homme? Sans doute, le travail libre et au gré de l'inspiration est plus digne du poète et seul fécond en grandes œuvres. Mais qu'on se reporte aux usages d'une époque où il était presque de règle que chaque troupe d'acteurs eut son poète, son auteur dramatique, qui travaillait spécialement pour elle et était tenu de lui réserver la jouissance exclusive de ses œuvres, en s'interdisant de les faire tomber dans le domaine public au

(1) V. Guizot, *Corneille et son temps*, p. 366 ; M. Jarry, *Essai sur les Œuvres dramatiques de Rotrou*, p. 11 ; M. Edouard Thierry, p. 122, dans le *Jean Rotrou* de Lemenestrel ; Ed. Fournier, le *Théâtre français au XVIᵉ et au XVIIᵉ siècle*, p. 494 ; M. Hémon, *Rotrou, Théâtre choisi*, p. 13 ; M. Tamizey de Larroque, *Lettres de Chapelain*, p. 6, note 5, etc.

(2) Le poète des comédiens devait les fournir de pièces, moyennant un prix fixé à l'avance, pour chacune d'elles, et qui était des plus minces aux dires de la Beaupré, et d'après ce qu'on sait de l'histoire du théâtre du temps; ou bien il avait droit à une des parts de la troupe, moyennant l'obligation de lui livrer un nombre de pièces déterminé par année.

moyen de l'impression ; l'on reconnaîtra alors que, s'il faut déplorer les conditions de production hâtive et nécessairement imparfaite auxquelles était soumis *le poète*, devenu simple manufacturier dramatique, s'il faut regretter ces marchés au point de vue de l'art et du génie de l'auteur, on reste cependant libre de croire que l'*homme* dans sa dignité, sinon dans son intelligence, n'a pas heureusement autant souffert qu'on s'est cru autorisé à le dire d'après nos habitudes modernes.

Sans doute, Chapelain lui-même regrette que le Rotrou ait pris une *servitude si honteuse*. Mais Chapelain que ses rentes, ses habitudes d'ordre et d'économie, ses pensions, ont mis dès le principe à l'abri du besoin, Chapelain qui n'a jamais eu à se plier aux exigences de la vie de théâtre ne dit-il pas de Corneille lui-même, à propos d'*Horace*, dans une lettre à Balzac du 9 mars 1640 : « Devant que d'être publié, il faut qu'il serve six mois de gaigne pain aux comédiens. Telles sont les conventions des *poètes mercenaires*, et tel est le destin des pièces vénales (1). » Corneille, traité par Chapelain de poète mercenaire, cela fait le pendant de la servitude de Rotrou. M. Marty-Laveaux a signalé l'injustice des accusations de Chapelain, à l'adresse de Corneille (2). On pourrait prouver de même qu'en qualifiant de *honteuse* la servitude à laquelle Rotrou s'était soumis, sa plume s'est écartée de la mesure qu'elle savait mieux garder la plupart du temps (3).

Mais, dira-t-on, Tristan, dans son *Page disgracié*, n'a-t-il pas dépeint les avanies d'un de ces poètes de comédiens, menacé par eux d'être berné, pour n'avoir pas voulu jouer à la boule, alors qu'il était en veine de faire des vers?

(1) *Lettres de Chapelain*, p. 583.

(2) *Œuvres de Corneille*, t. III, p. 250.

(3) Chapelain aurait mieux fait de laisser cette boutade soit au sieur Gaillard qui blâme Corneille de ce qu'« il vendait ses ouvrages, » soit à Scudéry, qui se vante, en effet, de ne pas être de ces poètes mercenaires, qui reçoivent de l'argent des comédiens et des libraires.

Oui certes, cette vie avait ses heures de déboires, et malgré le brillant mirage des choses du théâtre, mieux eut valu pour le poète s'appartenir et vivre en pleine liberté. Mais en définitive, Voiture (c'est tout dire) n'avait-il pas été berné, lui aussi, à l'hôtel de Rambouillet? et somme toute, le fardeau n'avait pas paru si lourd au patient du *Page disgracié*, au poète Hardy lui-même, alors dans la troupe de François Vautray et de Valleran-Lecomte; car il avait porté le joug pendant de longues années, durant la composition de six à huit cents pièces, sans paraître avoir cherché à s'y soustraire. Du moins lui aussi semble avoir su souffrir et se taire *sans murmurer*.

Au reste, je me propose d'esquisser ailleurs, à propos du poète de la troupe du *Roman-comique*, ce que fut dans ses diverses vicissitudes et en divers pays, la vie de ces poètes de comédiens, et des comédiens-poètes depuis Lope de Rueda (1), en passant par les plus illustres, Shaskespeare et Molière, jusqu'à leurs successeurs les plus humbles et les plus récents en France où nous avons vu la triste vie et la triste fin d'Albert Glatigny, en Angleterre où Dickens a peint un de leurs derniers rejetons dans quelques pages de *Nicolas Nickleby*.

J'ai hâte de revenir à Rotrou, qui lui aussi, et c'est là le point important à son endroit, ne semble pas avoir conservé trop mauvais souvenir de son passage dans la troupe comique dont il avait été le fournisseur, ni avoir gardé rancune aux comédiens.

Quand il est redevenu libre et qu'il peut dès lors exhaler le long arriéré de déboires et de révoltes qu'on suppose amassés dans son cœur, alors qu'à peine au lendemain de sa liberté reconquise, il doit encore se sentir tout meurtri du joug, on le voit au contraire, dans sa dédicace de

(1) Sur *l'auteur* des troupes de comédiens en Espagne, voir Ticknor, t. II, pp. 462, 97, 379, etc., et Germain de Lavigne, la *Comédie espagnole* de Lope de Rueda, Michaud, 1883.

Cléagénor et Doristée en 1634, dire que cette **tragi-comédie** « doit les principales parties de sa beauté à *ces incomparables acteurs qui fardent si agréablement les plus laides choses et qui ont mis la comédie à si haut point qu'elle est aujourd'hui le plus doux divertissement du plus sage roy du monde et du plus grand esprit de la terre.* »

Dans un des nombreux factums de la querelle du Cid, dont nous rechercherons le véritable auteur, et que d'aucuns ont attribué à Rotrou, on voit de même l'auteur faire l'éloge de Bellerose, et appeler ce fameux chef des comédiens de la troupe de l'hôtel de Bourgogne « cet excellent et agréable trompeur (1). »

Or, Bellerose était très-vraisemblablement le *Mécène* présenté à Chapelain en même temps que Rotrou, le Mécène qui tenait le poète en « honteuse servitude. » Ce qui autorise à le croire, c'est que les pièces de Rotrou paraissent avoir été jouées à l'hôtel de Bourgogne, et non au Marais. On le sait formellement pour quelques unes d'entre elles, et le chevalier de Mouhy indique dans son *Journal manuscrit du Théâtre-Français*, qu'il en fut de même pour toutes celles de ce temps, sauf pour la *Doristée*, qu'il dit avoir été représentée par les comédiens de la rue de la Harpe (2).

Bellerose était déjà le chef des acteurs de l'hôtel de Bourgogne, qui sont en effet dénommés à une époque assez voisine de celle-là par le nom de « bande des comédiens de Bellerose. » C'est donc à lui qu'on se prend à songer tout

---

(1) Voir l'*Incognu et véritable amy de Messieurs de Scudéry et Corneille*, in-8° de 7 p., 1637.

(2) Voir ce que j'ai dit des comédiens de la rue de la Harpe, dans la *Troupe du Roman comique dévoilée*, p. 67. De Mouhy (t. I, p. 531), prétend qu'en 1628 ils résolurent de ne plus jouer de pièces immorales, qui écartaient la bonne compagnie ; ils remirent donc à Claude Brueys ses pièces, qu'il porta aux Enfants sans souci. D'après lui (pp. 554 et 546), ils auraient joué, en 1630, le *Trompeur puni*, de Scudéry, et la *Doristée* de Rotrou. Il les montre encore (t. II, p. 708) représentant en 1636 la comédie d'*Alizon*, de Discret.

naturellement, comme au Mécène de Rotrou, à cette date d'octobre 1632 (1).

Hardy était mort il n'y avait pas bien longtemps. On voit encore de ses vers en tête du *Ligdamon* de Scudéry. Il fallait à la troupe un nouveau poète, pour le remplacer. Rien d'étonnant à ce qu'il ait eu pour successeur un auteur fécond à l'excès comme lui, ayant le vers facile, l'imagination prompte, familier lui aussi avec la littérature espagnole, cette mine inépuisable même pour les dramaturges forcés de produire au jour le jour ; un auteur enfin qui, grâce aux entraînements de la jeunesse, aux séductions de la vie de théâtre, compliqués sans doute de la nécessité de vivre, ne se refusât pas à se prêter à cet abandon de son intelligence et à ce travail hâtif et forcé au profit des comédiens.

De là l'engagement passé par Rotrou avec la troupe de l'hôtel de Bourgogne, bien différente des troupes des campagnes. Si donc il a mené pendant quelque temps à Paris une vie de bohême, dont les pages nous sont malheureusement restées inconnues, on peut être sûr qu'elles ne ressemblaient pas à l'existence du poète *Roquebrune* à travers les provinces, parmi les acteurs de la troupe qu'à immortalisée Scarron. De plus, il n'y a pas lieu de penser qu'il ait jamais monté sur les planches, ainsi que l'a cru M. Saint-René Taillandier qui est allé jusqu'à écrire : « A-t-il été comédien

(1) Bellerose, aux dires de Tallemant « estoit de certaines conversations spirituelles chez Giry et du Ryer, et faisoit des vers passablement : il ne manquoit point d'esprit et scavoit fort bien son monde. » *Historiettes*, 1858, in-8°, t. VII, p. 173. — Le 5 août 1632, les comédiens de Bellerose font, avec les confrères de la Passion, pour la jouissance de l'hôtel de Bourgogne, un bail de trois ans, qui fut renouvelé le 10 septembre 1635. Bien que la durée du contrat de société, entre eux et leur auteur, put ne pas cadrer avec le temps de leur bail, j'ai cru devoir signaler cette particularité. V. Soulié, *Recherches sur Molière*, p. 164. *La comédie des Comédiens*, de Gougenot, et bien d'autres documents font connaître la composition de la troupe de Bellerose à cette époque.

comme Molière et Shakspeare? Oui l'enfant prodigue, avant de revenir prendre sa place au foyer paternel, et continuer les vertus de ses ancêtres, a bien pu courir la province et improviser ses pièces en représentant celles des autres (1). »

Le souvenir de ce temps de la vie du poète dut cependant peser à sa famille ; peut-être est-ce pour colorer d'un motif spécieux ses rapports avec les comédiens, c'est-à-dire afin de pouvoir les présenter comme le résultat forcé d'une autre défaillance, admise celle-là par les mœurs de l'époque, que ses représentants ont toléré, favorisé même la légende de Rotrou joueur endurci et endetté? On voit en effet cette légende s'épanouir sans obstacles quatre-vingts ans seule-ment après sa mort, à partir de 1731, dans des ouvrages s'inspirant même, comme le *Parnasse* de Titon de Tillet, de renseignements de famille (2).

On ne sait pas autre chose des rapports de Rotrou avec les comédiens. Cependant les actrices semblent l'avoir regardé d'un œil assez tendre, à en juger par le quatrain louangeur que lui décochait sa voisine Madeleine Béjart, qui habitait au Marais, impasse Thorigny, alors qu'il demeurait tout auprès rue Saint-François. Madeleine, sans doute encore inconnue du comte de Modène, n'avait à cette époque que dix-huit ans et était actrice au théâtre du Marais. Les vers qu'elle adressait au poète, se lisent en tête de l'*Hercule mourant*, dont l'achevé d'imprimer est du 28 mai 1636 :

> Ton Hercule mourant va te rendre immortel :
> Au ciel, comme en la terre, il publiera ta gloire,
> Et laissant ici-bas un temple à sa mémoire,
> Son bûcher servira pour te faire un autel.

(1) *Rotrou, sa vie, ses œuvres*, p. II.

(2) Sur la passion de Rotrou pour le jeu, voir Niceron, *Mémoires pour servir à l'histoire des hommes illustres*, t. XVI, p. 89 à 97, Titon du Tillet, *Parnasse français*, 1732, p. 235 ; Lambert, *Histoire littéraire du siècle de Louis XIV*, 1751, in-4°, tome II, p. 302, etc., et M. Person, *Venceslas*, p. 113.

Par la confession de Rotrou, écrite dans ses stances de 1631, on peut lui supposer d'ailleurs de nombreux péchés de jeunesse et une âme assez « sensible à l'amour. » Corneille a bien dit :

> J'ai fait autrefois de la bête,
> J'avois des Philis à la tête (1).

Mais jamais les aveux de ses amours de jeunesse à l'adresse de Marie Courant ou de Mademoiselle Milet, sans parler de ses soupirs plus tardifs pour Mademoiselle du Parc, n'ont arraché au traducteur de l'*Imitation* des cris de repentir faisant supposer, de sa part, une jeunesse aussi ardente que celle de Rotrou (2).

Les liens du poète avec les comédiens, en se prolongeant trop longtemps, auraient risqué de n'être sains ni pour son intelligence ni pour son cœur. Heureusement sa servitude ne tarda pas à prendre fin, grâce aux protecteurs qui s'employèrent pour l'en retirer, ainsi que de la gêne momentanée qui l'y avait réduit. Merci donc à ceux qui ont contribué de près ou de loin à sa délivrance, au comte de Fiesque, à Chapelain, au cardinal de Richelieu et surtout au comte de Belin.

Rotrou n'a pas oublié le comte de Fiesque, cet ami du théâtre et des comédiens, que Chapelain avait chargé de négocier auprès d'eux l'admission de la fameuse règle des vingt-quatre heures, et qui se trouvait dès lors l'introducteur né, auprès du grand critique, de Bellerose et du jeune poète de sa troupe. Il lui dédia au cours de l'année

(1) Epître à Monsieur D. L. T. *Œuvres de Corneille*, édition Marty-Laveaux, t. X, p. 26. Voir aussi la chanson du même volume p. 55.

(2) Je ne parle pas de la jolie dédicace de la *Belle Alphrède,* faite par Rotrou, à *sa chère Sylvie*, en 1639, ne connaissant pas hélas! le nom de cette mystérieuse amie du poète; l'achevé d'imprimer est du 27 janvier 1639, date peut-être un peu prématurée pour voir en elle, comme j'y ai songé, celle que Rotrou devait épouser en juillet 1640.

1634 sa comédie de *Diane*. Il suivait l'exemple de Richemont Banchereau, de Saumur, qui en 1632 lui avait adressé la dédicace des *Passions égarées*.

Le comte de Fiesque, dit le roman de *Cyrus*, dans lequel Madeleine de Scudéry, l'a dépeint sous le nom de Pisitrate « n'aime pas seulement les vers, il en fait aussi de fort jolis et de fort galants..... Il avoit aimé toutes les muses les unes après les autres depuis Melpomène jusqu'à Terpsichore (1). » Il figure en effet dans le *Ballet du château de Bisestre*, qui fut dansé le 7 mars 1632 et dont la *Gazette* du 12 donne la relation (2). Magnifique, généreux et libéral, il avait gardé les allures des grands seigneurs d'Italie; son nom se rencontre souvent dans la correspondance de Chapelain, qui lui reproche, comme Mademoiselle de Scudéry, sa paresse et son manque d'esprit de suite.

Ce défaut qui pouvait le réduire à n'être pour les gens de lettres qu'un protecteur d'un jour, devait l'empêcher de leur donner un patronage de longue durée. Néanmoins, avoir mis le jeune Rotrou en rapports avec Chapelain et l'avoir fait sortir de son isolement, c'était lui avoir rendu un signalé service, dont le poète lui garda un souvenir reconnaissant : « Vous scavez par quels et combien d'esprits ma pièce a été considérée chez ce grand homme, à qui vous avez justement donné tant d'éloges et voué tant d'amitié. Il vous souvient de l'approbation qu'elle y reçeut, et pas un de ces divins esprits qui la vouleurent entendre jusqu'à trois fois n'en fist un jugement contraire au vostre. »

Les frères Parfait ont écrit que « le grand homme » était Mairet (3) et l'on a cru à leur dire autant et plus qu'à une

(1) Voir sur le comte de Fiesque, Cousin, *La Société française au XVIIe siècle,* in-12, t. 1, p. 213 et suiv.; les notes des *Lettres de Balzac,* in-4º, publiées par M. Tamizey de Larroque, pp. 126 et 137, le *Segraisiana*, p. 160, etc.

(2) On la trouve dans les *Œuvres de Corneille,* édition des grands écrivains de France, t. X, p. 341.

(3) T. IV, p. 506; M. Hémon, p. 8 ; M. G. Bizos, *Etude sur Jean de Mairet,* 1877, in-8º, p. 143.

parole de l'Evangile. Il est probable au contraire que Mairet n'a rien à voir dans cet accueil sympathique que *Diane* eut la bonne fortune de rencontrer ; la lecture dont il s'agit dut être faite chez Chapelain, devant « les divins esprits, » du cénacle d'où devait sortir l'Académie française.

Son premier triomphe auprès de la critique, cette première victoire qui, pour les débutants est plus précieuse que toutes les autres, c'était le comte de Fiesque qui les avait ménagés à Rotrou ; mais celui à qui il fut surtout redevable de sa bonne fortune, ce fut Chapelain, dont l'appui contribua à sa renommée et par là même à son introduction auprès du cardinal de Richelieu.

Par la lettre du 30 octobre 1632, on voit tout de suite que Chapelain se sent pris d'intérêt pour le poète dévoyé et égaré parmi les comédiens. Il reconnaît à première vue en ce jeune homme de vingt-trois ans « un heureux naturel, » et se déclare résolu à lui prêter son assistance et ses bons offices ; il lui tint parole à cet égard, chose toujours rare de la part d'un grand critique.

Trois mois et demi après sa promesse, il écrivait à Balzac le 17 février 1633 : « La comédie dont je vous ay parlé n'est mienne que de l'invention et de la disposition. Le vers en est de Rotrou, ce qui est cause qu'on n'en peut avoir de copie pour ce que le poète *en gaigne son pain*. J'en ay bien gardé le plan sur le quel elle a esté exécutée, mais il seroit malaisé qu'il vous divertist plaisamment ; si vous le désirés voir toutefois, je vous en feray voir une coppie et vous l'envoyeray (1). »

En confirmant la promesse d'appui faite par Chapelain au jeune poète, cette lettre achève bien, ainsi que je l'ai dit, de prouver que Rotrou était attaché à une troupe de comédiens et qu'il ne pouvait ni livrer copie de ses pièces, ni les faire imprimer. La troupe comique réservait pour elle seule

(1) *Lettres de Jean Chapelain*, p. 27.

le droit de les représenter à l'exclusion de toute autre compagnie d'acteurs, qui eut acquis la faculté de les jouer si l'impression ou la copie du manuscrit était venue lui donner la liberté de s'en emparer.

Cette pièce est-elle la *Célimène*, ainsi que l'a pensé M. Tamizey de Larroque ? (1). C'est assez probable, puisque des œuvres connues de Rotrou c'est la seule dont la représentation, d'après les frères Parfait, se rapporte à l'année 1633. Rotrou semble avoir fait grand cas de cette pièce ; dans la dédicace adressée à M. de Nançay (l'achevé d'imprimer est du 8 octobre 1636), il lui dit qu'il l'a tenue « pour la moins mauvaise de ses œuvres. » C'est à elle aussi qu'il fait allusion au commencement de 1634 au plus tard, au lendemain de l'apparition de la *Veuve*, de Corneille :

« Célimène a changé, ses attraits sont pâlis. »

On sait que destinée d'abord à être une pastorale, cette pièce « habillée en comédie » revint à son premier état après la mort de Rotrou, sous le nom nouveau d'*Amarillis*, grâce aux changements qu'y apporta « un bel esprit » (Tristan, dit-on), à la prière de quelques-uns des amis de l'auteur qui « avaient rencontré le premier crayon de sa pastorale imparfaite (2). » Mais ce qu'on ignore, c'est que la comédie de *Célimène* est probablement la même que celle de *Florante*, indiquée par les frères Parfait et dont M. Person a parlé d'après le manuscrit de Mahelot et qu'il considère comme une comédie de Rotrou aujourd'hui perdue (3). Florante est le principal personnage de la pièce, dont elle

(1) V. *Lettres de Chapelain*, p. 28 et M. Person, *Notes critiques* p. 134.

(2) V. les frères Parfait, *Histoire du Théâtre français*, t. VII, 329. Ce changement de pastorale en comédie, ne cadre pas, tout d'abord, il faut l'avouer, avec l'idée d'un plan de comédie fourni par Chapelain. — Dans les papiers de Chapelain figure le plan de *Chrysante* ou le *Vœu rompu*, mais ce sous-titre semble peu convenir à la *Chrisante*, tragédie de Rotrou antérieure à 1637.

(3) V. Parfait, t. IV, p. 412, et M. Person, *Notes*, p. 124.

forme toute l'intrigue (1). Le titre de *Florante ou les Dédains
amoureux* qu'indiquent les frères Parfait et Mahelot, s'applique de tous points à la Célimène, ainsi que certains détails
qu'il donne de la décoration « un bois, une lettre cachetée
de cire, etc. » Les deux pièces semblent donc bien n'en
faire qu'une (2). On voit par tous détails qu'il est encore
bien des points obscurs dans l'histoire des œuvres de l'auteur de *Saint-Genest*.

Si Chapelain n'épargna pas alors sa peine pour être utile
au jeune poète, en fut-il de même de Godeau, dont Rotrou
avait invoqué le nom auprès de lui, et que Chapelain inter-
rogeait sur le compte de son nouveau protégé? On est
presque tenté d'en douter, en voyant que, contre toute
attente, on ne retrouve pas une seule fois le nom de Rotrou
dans les lettres si nombreuses écrites à Godeau par le futur
auteur de la *Pucelle*.

Antoine Godeau, fils du lieutenant des Eaux et Forêts du
comté de Dreux, compatriote de Rotrou, plus âgé que lui de
quatre ans seulement, avait vu de bonne heure la fortune
lui sourire, grâce à l'appui de son cousin Conrart, et à
celui de Mademoiselle Paulet et de Madame de Clermont
d'Entragues, dont nous aurons bientôt occasion de parler;
elles l'avaient introduit à l'hôtel de Rambouillet, où il lui
avait été facile de faire connaissance avec Chapelain, de
concert avec lequel il sut s'attirer les bonnes grâces du
cardinal. Pourquoi Godeau, ne fit-il pas grand accueil, à ce
qu'il semble du moins, à la prière de son compatriote qui se
recommandait de son nom? Il ne faudrait pas s'étonner
outre mesure de son silence si, comme on l'a souvent

---

(1) V. Parfait, t. V, p. 7.

(2) On sait que Rotrou a souvent désigné ses pièces sous deux noms
différents. Il donne lui-même, à l'*Heureuse Constance* le nom de *Rosélie*.
Un seul doute m'arrête quant à l'identification de *Célimène* et de
Florante, c'est que d'après M. Person, le ms. de Mahelot, que je n'ai
pu consulter, contiendrait les décorations et de la *Célimène* et de la
Florante. V. Person, *Notes*, p. 121.

répété, il avait vu son amour dédaigné par l'une des sœurs de Rotrou.

La plupart de ceux qui se sont occupés de Rotrou ou de Godeau, ont en effet répété que la *Belinde*, à laquelle furent adressées les lettres passionnées de Godeau et qui resta insensible à son amour, à cause de sa laideur et de sa petite taille (on sait qu'il fut longtemps appelé *le nain* de la princesse Julie), n'était autre qu'une des sœurs de Rotrou.

M. Person, bien que ses liens avec Chartres et Dreux le missent en situation de serrer la vérité de plus près que bien d'autres, a admis la légende traditionnelle sur ce point (1). Quant à moi, je ne puis croire un seul instant que Belinde, « cette farouche bergère, » fut la sœur de Rotrou.

Niceron, l'abbé Goujet et Cousin disent, le premier, qu'elle était la fille du lieutenant du roi à Dreux, les deux autres que son père était lieutenant général de cette ville (2). Le père de l'auteur de *Saint-Genest*, Jean Rotrou, n'a jamais exercé les fonctions de lieutenant général, ni de lieutenant particulier dans sa ville natale, et paraît y avoir vécu en simple marchand bourgeois. C'est déjà une première présomption contre la soi disant origine de Belinde. Mais il y en a bien d'autres plus fortes encore. Le père de Rotrou

(1) V. M. Person, *Notes*, p. 103 ; M. Hémon, p. 31 ; M. Kerviler, *Valentin Conrart*, Didier, in-8, 1882, p. 66, et *Antoine Godeau*, Champion, 1879, in-8º ; M. l'abbé Tisserand, *Etude sur la première moitié du XVIIᵉ siècle, A. Godeau*, Paris, Didier, 1870, in-8º, p. 10. M. Tisserand écrit que Belinde était fille du lieutenant général de Dreux, peut-être Rotrou père. Puis il ajoute d'une façon tout à fait affirmative : « Le jeune Rotrou à quatorze ans, avait une sœur plus âgée que lui, douée des dons de l'esprit et du corps, etc. » *Inde mali labes.* — Il ne faut pas confondre la Belinde de Godeau avec celle du *Dictionnaire des Précieuses*, Madame de Brancas (t. I, p. 32, t. II, p. 177. Edition Livet). On sait qu'en 1630, Rampale fit imprimer sa tragi-comédie de *Belinde*.

(2) Niceron, *Mémoires pour servir à l'histoire des hommes illustres*, 1731, t. XVIII, p. 71 ; l'abbé Goujet, *Bibliothèque française*, 1754, t. 17, p. 269 ; *Mémoires* de d'Artigny, 1749-1756, t. V, p. 222 ; Cousin, *La Société française au XVIIᵉ siècle*, Didier, in-12, I, 321, II, 82 ; Tallemant des Réaux, in-8º 1854, t. III, p. 235.

est né, *dit-on*, le 12 novembre 1578, et s'est marié en 1608. Son fils, le poëte, a été baptisé le 21 août 1609. La plus âgée des sœurs de Rotrou ne peut donc être née que dans la seconde moitié de l'année 1610, et c'est à l'année 1625 que se rapportent les lettres brûlantes de Godeau à Belinde, déjà mariée à un autre, déjà veuve le 1er septembre 1625, et qui, en février 1626 (?), paraît-il, aurait éconduit, après une première entrevue, le poursuivant inconnu qui soupirait pour elle depuis bien des années déjà. Il s'agit, je l'accorde, d'amours bien juvénils ; car Godeau, né le 24 septembre 1605, dit de lui-même dans ses *Eglogues* :

> « Je n'avois pas encor vu quatorze moissons
> Que Doris me tendit ses cruels hameçons » (1).

Mais on voit facilement d'après les dates, qu'il est impossible que ces amours se rapportent à une sœur de Rotrou, qui, ne pouvant être née qu'en 1610, au plus tôt, n'était guère qu'une enfant à une époque où on la suppose déjà veuve et pouvant convoler à un nouveau mariage avec le petit nain qui s'obstinait à la poursuivre, sinon à la compromettre avec ses épitres passionnées (2).

Au lieu d'une soi disant sœur de Rotrou, il est plus pro-

(1) C'est-à-dire le mois de septembre 1619. Voir aussi le *Recueil de Lettres*, publié par Faret, 1634, t. II, p. 122.

(2) Sur les lettres de Godeau à Belinde, voir l'abbé Tisserand, p. 10 à 16. On sait que plusieurs de ces lettres furent publiées à l'insu de leur auteur par Faret, *Recueil de Lettres nouvelles*, 1 vol. in-8°, 1627 et 2 vol. in-8°, 1634. Voir l'édition de 1634, t. II, p. 114, 126, 132, On les trouve toutes dans le tome V, des ms. de Conrart, in-4°, Bibl. de l'Arsenal, pp. 347 à 402. M. Tisserand, qui a fort mal désigné le volume de Conrart, indique aussi ces lettres comme se trouvant dans un manuscrit de la Bibliothèque nationale. J'ai réuni les divers éléments se rapportant à ce curieux épisode de la jeunesse du futur évêque de Grasse, de façon à pouvoir pleinement l'éclaircir, ce que je ne saurais faire ici incidemment. — M. Bourgoin, *Valentin Conrart et son temps*, 1883, Hachette, in-8°, n'a pas prononcé le nom de Belinde.

bable que celle qui se refusa à devenir la femme de Godeau, et dont les dédains l'auraient amené (s'il faut en croire la légende), à diriger ses pensées vers l'état ecclésiastique, était une fille du lieutenant général de Dreux, Raoul Coulon, écuyer, sieur de Méherou, etc., qui tenait des parents de sa femme, Maguelonne Joullet, cette fonction remplie dès la fin de 1633 par son fils Louis. Cette fille, Anne, qui figure comme marraine à Dreux, en 1622, 1634. etc., était femme, en 1639, de messire Charles Fougeu, maréchal général des camps et armées du roi, et faisait baptiser le 17 novembre, son fils Pierre, sur les fonts de Saint-Pierre de cette ville (1).

Je laisse pour le moment aux écrivains locaux, aux *druides*, le soin de discuter cette présomption, me bornant à dire, que le silence qui paraît avoir été gardé par Godeau sur le compte de Rotrou, ne peut être imputé, ni à son désespoir amoureux, ni à son ressentiment envers la famille du poète.

Ce silence, qui semble indiquer un défaut de sympathie au moins momentané, peut faire douter qu'il soit l'ami à qui sont adressées les belles stances de Rotrou du recueil de 1631. Cependant les nombreuses lettres écrites au jeune Godeau ou émanées de lui, contenues dans les manuscrits de Conrart, montrent que sa jeunesse avait été assez libre, et qu'elle avait connu le genre de faiblesses que déplore Rotrou (2). Nous verrons que les deux compatriotes se sont aussi rencontrés plus tard à Mézières, au château de Madame de Clermont d'Entragues. Dom Liron prétend que l'évêque de Grasse, disait à Rotrou dans les derniers temps de sa vie « qu'il lui donnoit encore quelques années pour s'exercer avec les muses ; après quoi il lui conseilloit

(1) Voir l'*Inventaire des Archives d'Eure-et-Loir*, t. IV, p. 231 et suiv.
(2) Voir entre autres t. V, des *Manuscrits de Conrart*, in-4°, p. 303 à 305, la lettre fort probante où on lui dit :

« Adieu Godeau, soyez bien sage
Et n'allez plus en garouage. »

4

de s'attacher à des ouvrages de piété, où il croioit qu'il réussiroit bien, connoissant, *comme il faisoit*, le fond de son cœur et de son génie (1). »

C'est fort plausible. Je regrette seulement qu'une fois devenu « berger de la Palestine, » au lieu de lui donner verbalement ces conseils, il ne les lui ait pas envoyés dans une lettre, comme il le fit pour Scudéry, dans une belle épître du 16 août 1641, toute pleine d'avis chrétiens sur ses poésies, et où il lui dit: « Je serais ravi que vous voulussiez choisir un dessein dans l'histoire sainte. Le théâtre de la céleste Jérusalem mérite bien, il me semble, qu'on ne le laisse pas aride.... Croyez-moi, Monsieur, il n'y a que Dieu qui soit grand et qui mérite qu'on le loue (2). » Le nom de Rotrou brille par son absence, dans les *Lettres*, comme dans les *Poésies* et les autres œuvres de celui que la société de Mademoiselle de Scudéry appelait le *Mage de Sidon*. Il faut certes le déplorer, après avoir lu les conseils donnés en termes si éloquents par l'évêque de Grasse à l'auteur de l'*Amour tyrannique*. Il y a d'ailleurs bien des regrets du même genre à exprimer à l'égard de la biographie de Rotrou. Jusqu'à présent on ne connaît aucune lettre de lui, ni aucune lettre qui lui ait été adressée ; du moins il n'y en a pas qui soit authentique. Molière lui aussi n'a pas été plus heureux que son devancier. *Habent sua fata libelli !*

Mais il est grand temps de reprendre la suite du récit de la vie du poète.

Quelle fut la durée du contrat par lequel Rotrou assurait la jouissance de ses pièces aux comédiens de l'hôtel de Bourgogne ? Il est assez difficile de le préciser. En février 1633, on l'a vu, ses liens existent toujours, mais ils ont été brisés plus tôt qu'on ne l'a cru généralement. Gaillard dit

(1) Dom Liron, *Singularités*, t. I, p. 332.

(2) *Lettres* de Godeau, 1713, in-12, p. 197. Voir aussi dans les *Poésies* de Godeau, 3 vol. in-12, 1660-1663, t. I, p. 464, un curieux sonnet sur la comédie, où l'évêque fait connaître ses sentiments sur le théâtre.

bien dans sa curieuse satire dialoguée de *La furieuse Mono-machie de Gaillard et de Bracquemard*, publiée en 1634 :

Rotrou fait bien les vers, mais il est poète à gages.

Mais cela peut d'autant mieux se rapporter à l'année pré-cédente, que l'on n'a pas cité jusqu'ici ni la date du privi-lège, ni celle de l'achevé d'imprimer (1). On peut être fondé à croire qu'il n'avait pas encore recouvré sa pleine liberté lors de la première édition de *Cléagénor et Doristée*, qui ne parut furtivement, dit-on, en cette année 1634, que grâce au subterfuge employé par le libraire Antoine de Somma-ville, pour détourner de la tête de Rotrou les réclamations et les colères des comédiens.

On lit dans l'avis du libraire placé en tête de cette tragi-comédie : « Cette pièce me fut mise en main naguère par un inconnu qui achète des livres à moy ; il m'asseura d'abord qu'elle méritoit bien d'être imprimée et ne voulut jamais nommer son autheur. » Cela en effet a tout l'air d'*une couleur*, digne d'un valet de comédie ; mais je ne sais quelle est la date précise du privilège et de l'achevé d'im-primer de cette édition indiquée par Brunet, par le catalogue Soleinne et Viollet-le-Duc, et que je n'ai malheureusement pu rencontrer ?

Le privilège de la deuxième édition de la *Doristée* de 1635, accordé à Sommaville, est daté du 28 juillet 1634, et me paraît être le même que celui de la première. L'achevé d'imprimer est du 1er *août* 1634. Il est déclaré dans le pri-vilège, que Sommaville dit avoir « avec beaucoup de frais et de peine recouvré un livre intitulé *Cléagénor et Doristée*, tragi-comédie. » Si la pièce se vend cette fois chez Quinet, c'est que son confrère lui a cédé la moitié du privilège. On

(1) V. *Les Œuvres du sieur Gaillard*, Paris, Dugast, 1634, 2 parties en un vol. in-8°. C'est dans la deuxième (p. 26 à 74), que se trouve la satire dont il est question.

voit par là que la seconde édition, avouée par Rotrou et qui porte son nom, a du suivre de bien près la première ; elle montre précisément qu'il agit cette fois en pleine liberté, sans craindre de voir les comédiens s'opposer à l'impression de son œuvre.

D'autres présomptions permettent de croire qu'il est libre au courant de 1634, année pour laquelle les documents ne manquent plus sur son compte.

C'est d'abord son *Elégie* à Corneille qui se lit en tête de la *Veuve*, achevée d'imprimer le 13 mars 1634, et parue chez Targa, précédée de vingt-six hommages poétiques ! Cette pièce si flatteuse pour l'auteur de la *Veuve*, qui ne sut jamais guère imiter l'exquise courtoisie que ses rivaux montraient à son égard, on peut la lire dans toutes les bonnes éditions de Corneille. Je n'en citerai donc que de courts extraits. Assez d'autres ont montré ce qu'était alors la déférence et l'affectueuse admiration de Rotrou pour son émule qui l'avait suivi de près sur la scène, et à qui il souhaitait si cordialement la bienvenue, sans aucun sentiment de dépit ou de jalousie ; je veux simplement faire ressortir ce qui peut servir à sa biographie.

Rotrou, avec une modestie bien rare, et qui sent le galant homme, salue en Corneille un poète tout près de le dépasser :

> Juge de ton mérite, à qui rien n'est égal,
> Par la confession de ton propre rival.
> Pour un même sujet même désir nous presse ;
> Nous poursuivons tous deux une même maîtresse ;
> *La Gloire*, cet objet des belles volontés,
> Préside également dessus nos libertés...
> Mon espoir toutefois est deçu chaque jour
> Et depuis que je t'ai vu prétendre à son amour....
> Ma muse tremble et n'est plus si hardie,
> Une jalouse peur l'a longtemps refroidie,

Et depuis, cher rival, je serois rebuté
De ce bruit spécieux dont Paris m'a flatté,
Si cet ange mortel qui fait tant de miracles,
Et dont tous les discours passent pour des oracles,
Ce fameux Cardinal, l'honneur de l'univers,
N'aimoit ce que je fais et n'écoutoit nos vers.
Sa faveur m'a rendu mon humeur ordinaire,
La gloire où je prétends est l'honneur de lui plaire;
Et lui seul réveillant mon génie endormi,
Est cause qu'il te reste un si faible ennemi.
Mais la gloire n'est pas de ces chastes maîtresses
Qui n'osent en deux lieux répandre leurs caresses,
Cet objet de nos vœux nous peut obliger tous
Et faire mille amans sans en faire un jaloux.
Tel je sais te connaître et te rendre justice,
Tel on me voit partout adorer ta Clarice (1).

Déjà donc Richelieu est le protecteur de Rotrou et l'honore
de sa faveur, puisque, sans le désir de lui plaire, le poète
se déclarerait prêt à abandonner le théâtre, et à abdiquer la
grande place qu'il y tient, au profit du nouveau venu, à qui
ses succès de *Mélite* et de la *Veuve* ont fait en peu de temps
déjà une réputation presque égale à celle de son devancier (2). Il faut sans doute, dans ces compliments si flatteurs,

(1) Voir Taschereau, *Vie de Corneille*, M. Marty-Laveaux, *Œuvres
de Corneille* et surtout M. Levallois, *Corneille inconnu*.

(2) Il avoue même quasi sa défaite en disant de sa dernière pièce :

« Célimène a changé, ses attraits sont pâlis. »

Vers la même époque, Corneille n'imitait pas le ton des louanges
aussi gracieuses que délicates qui lui étaient adressées par les poètes
du temps en tête de la *Veuve*. Il disait déjà de lui en parlant de ses
œuvres, dans son *Excusatio*, en vers latins, adressée à l'archevêque de
Rouen :

Me pauci hic fecere parem, nullus que secundum,
Nec spernenda fuit gloria pone sequi.

C'était déjà le ton et les termes de l'*Excuse à Ariste*. V. *Œuvres de
Corneille*, Ed. Marty-Laveaux, t. X, pp. 71, 65 et p. 7.

comme tous ceux qui s'étalent dans les épitres liminaires, faire la part de la courtoisie, et ne pas prendre le poète au mot. En le voyant s'effacer si modestement devant Corneille, il faut se rappeler qu'il faisait de même deux ans auparavant devant Scudéry ; mais ce n'est pas là, en ce moment, ce que je veux retenir de ces vers, c'est l'époque à laquelle remontent ses attaches à Richelieu, qu'on peut, à coup sûr, dater de 1633, puisque dès le commencement de l'année suivante, Rotrou les proclame d'un ton à la fois si haut et si reconnaissant. Il les a lui-même, du reste, datées de la même année. Dans sa dédicace de l'*Hercule mourant*, adressée à Richelieu, et dont l'achevé d'imprimer est du 28 mai 1636, il lui dit en termes qui ne laissent pas de doute à cet égard : « Vous estes trop généreux pour m'oster l'incomparable faveur que vous m'avez continuée depuis *trois ans*. »

On pourrait être tenté de considérer Chapelain, ou le comte de Belin, comme les introducteurs du poète auprès du cardinal ; mais il est plus vrai de dire à l'honneur de Richelieu, comme à celui de Rotrou, que c'est la réputation seule du jeune poète qui lui a valu l'accès du palais cardinal et qu'il n'y est entré qu'escorté de sa jeune gloire.

Dom Liron paraît avoir raconté d'une façon assez précise, d'après les mémoires communiqués par la famille du poète, comment il aurait été mis en relation avec le cardinal. Voici d'après son récit qui doit être exact pour le fond, sinon pour tous les détails, comment se fit la connaissance (1).

La seconde pièce de Rotrou, la *Bague de l'Oubli*, aurait été jouée avec succès non-seulement à l'hôtel de Bourgogne, mais au Louvre et à Saint-Germain devant le roi, et au palais cardinal. On se rappelle que de Mouhy dit aussi que le roi assista à la troisième représentation de la pièce en 1631. Ce que nous savons par Rotrou lui-même vient confirmer les dires de dom Liron. Il nous apprend que la

(1) *Singularités*, t. I, pp. 329 et 330.

Bague de l'Oubli plut à la cour. Sa muse fut « caressée par le plus grand roy de la terre, » qui la trouva plus modeste, plus sage, plus religieuse que celle des autres poètes du temps. Aussi Louis XIII en accepta-t-il la dédicace lorsque le poète la fit imprimer à la fin de 1634.

Je reprends le récit du savant bénédictin : « L'applaudissement qu'on donnoit à ses ouvrages, son penchant et les *prières que les comédiens lui faisoient de continuer un travail qui leur étoit aussi utile qu'agréable à l'auteur*, le déterminèrent à chercher des sujets dans les anciens poètes grecs, latins, italiens et espagnols. » La pièce qu'il fit ensuite les *Occasions perdues*, tirée, dit dom Liron, « d'un auteur espagnol, » (Lope de Vega sans doute), aurait eu encore une meilleure fortune que les précédentes. « Le cardinal de Richelieu scachant qu'elle avait plu au Roi, la fit représenter dans sa maison, et en fut si content, qu'il ne put s'empêcher de faire connoître sa satisfaction à plusieurs personnes de qualité qui etoient autour de lui. *Il chargea même le chef de la troupe de dire à l'auteur qu'il désiroit le voir* (1), et Rotrou se retira fort content de la bonté que ce ministre lui avoit témoignée. Les suites en furent heureuses pour le poète, car le cardinal lui donna une pension de six cens livres. Rotrou, pour marquer sa reconnaissance au cardinal, fit une ode à sa louange. Elle plut fort à ce ministre, mais il désira que Rotrou adoucit quelques expressions qu'il jugea un peu trop fortes contre le duc de Savoye. »

Cette *Ode* nous a été conservée, et je m'étonne qu'elle n'ait été citée par aucun de ceux qui ont écrit sur Rotrou.

---

(1) Ainsi, dans le premier mémoire communiqué par la famille, là, comme dans les quelques lignes rapportées plus haut par dom Liron, on peut, en lisant entre les lignes, apercevoir que Rotrou était le poète d'une troupe de comédiens. Dans Titon du Tillet (1732), il n'est plus question que de comédiens qui apportent un présent à Rotrou, pour le remercier de ses pièces.

Ce n'est pas en effet celle qui se trouve en tête de l'*Hercule mourant*, dédié au cardinal en 1636 (1).

Le poète fit imprimer son ode à part et sans y joindre d'autres vers, ce qui était beaucoup plus flatteur pour le grand ministre. Ni Brunet, ni aucun bibliographe à ma connaissance, n'ont parlé de cette première édition de l'ode à Richelieu, que je n'ai vue indiquée nulle part, et que je crois être le premier à révéler. L'*Ode à monseigneur le Cardinal duc de Richelieu*, à Paris, François Targa, 1634, se compose de 11 pages in-4°, signées à la fin ROTROU.

La même année, le poète la fit réimprimer dans son Recueil intitulé *Autres Œuvres du mesme autheur*, qui parut chez Targa en 1635, in-8°, à la suite de la *Diane*, p. 131 à 163. (Le privilège est du 3 juillet 1634, et l'achevé d'imprimer du 25 janvier 1635). C'est là, p. 131 à 139 , qu'il est le moins difficile de la rencontrer, bien qu'il s'agisse encore d'une édition rarissime.

Cette ode de dix-sept strophes est trop longue pour que je puisse la reproduire à cette place. Voici son début :

> Armand, si mon effort est vain,
> Au moins approuve mon courage.
> J'ay toujours bien senti ma main
> Incapable de cet ouvrage.
> Ta gloire a d'extrêmes appas,
> Mais tous chantres ne scavent pas
> S'acquitter des chants héroïques,
> Et pour les grandes actions
> Il ne faudroit que des musiques
> Ou d'Orphées ou d'Amphions.

La pièce, écrite dans le ton, sinon avec la pureté de Malherbe, est toute resplendissante de l'éloge du ministre

(1) Celle-là est la seule dont les biographes et les critiques aient parlé.

et du roi. La fin indique bien nettement que c'est là l'ode
qu'a signalée dom Liron. Après avoir parlé de « l'orgueil
des Alpes et des Suses, » Rotrou termine en disant :

> J'observe la loy que tu fais ;
> Ta deffence arreste ma veine,
> Qui ne se tariroit jamais,
> Et demeure encore toute pleine.
> Louys, qu'il te soit toujours cher ;
> France, que par un tel nocher
> Ta nef soit toujours gouvernée
> Et je prédis par mes vers
> Qu'un jour tu ne seras bornée
> Que des deux bouts de l'univers !

Ce n'était pas finir en mauvais poète ni en mauvais
courtisan.

Cette protection de Richelieu, qui faisait entrevoir au jeune
auteur tout un horizon de gloire et de fortune, paraît avoir
réveillé sa verve endormie, et donné à son génie un nouvel
essor. L'année 1634 est pour lui comme un temps de
renouveau, d'épanouissement et de sève printannière. C'est
alors que (d'après les frères Parfait), on le voit faire représenter l'*Heureux Naufrage*, la *Céliane*, la *Belle Alphrède*, la
Pélerine amoureuse (1). Il veut satisfaire à la fois son désir
de gloire, l'impatience des comédiens de la troupe royale et
celle du public, et ne pas laisser, quoi qu'il en ait dit, son
nom éclipsé par celui de Corneille ; car celui-ci avec la *Veuve*,
la *Galerie du Palais*, la *Suivante* et la *Place Royale*, tient

(1) De Mouhy, dans son manuscrit n'indique que la *Célimène* et la
Belle Alphrède, comme jouées en 1634, et donne une date plus récente
aux deux autres pièces. — L'*Alfrède*, comme on peut le voir en lisant
attentivement le traité de vente du 7 janvier 1637, cité par Jal, n'est
autre que la pièce qu'il appelle *Calpède* par suite d'une erreur de
lecture, et que M. Person (p. 125), a cru être une pièce perdue de
Rotrou.

bien souvent l'affiche au théâtre du Marais, auquel, il est vrai, le roi va porter un rude coup au mois de décembre de cette année, en lui enlevant six de ses acteurs au profit de la troupe de Bellerose.

Il semble aussi prendre sa revanche du silence forcé qu'il a du garder à l'endroit des lecteurs, par suite du contrat qu'il avait passé avec les comédiens. Ses œuvres peuvent dès lors librement se montrer imprimées. Trois sont mises sous presse en cette année 1634. Il y a là comme une explosion de sa liberté reconquise qui se fait jour. L'une, c'est la *Bague de l'Oubli*, dédiée au roi (Targa, 1635, in-8°). Le privilège est du 3 juillet 1634, et l'achevé d'imprimer du 18 janvier 1635. « Je ne l'aurois pas hasardée à ta censure, dit-il *au lecteur*, si je n'avois appris que tous les comédiens de la campagne en ont des copies, et que beaucoup se sont vantés qu'ils en obligeroient l'imprimeur. »

La troupe de Bellerose n'était plus en effet la seule à jouer cette pièce de Rotrou, puisque dans la *Comédie des Comédiens*, de Scudéry, jouée vers la fin de 1634, au Marais, par les acteurs de la troupe de Mondory, un des comédiens, Beausoleil, indique la *Bague de l'Oubli* comme une des pièces des plus beaux esprits du temps que la troupe a dans son répertoire (1).

Pour *Cléagénor et Doristée* le poète n'a plus recours à aucun prétexte afin d'expliquer l'impression de son œuvre. Le privilège n'est accordé que le 28 *juillet* 1634, à Somma- ville (qui en cède la moitié à Quinet), postérieurement à celui de la *Bague* et de la *Diane*, donné le 3 à Targa ; mais l'impression de la *Doristée* est achevée dès le 1er *août* 1634, quatre jours après l'obtention du privilège, c'est-à-dire près de six mois avant celle des deux autres pièces. Pourquoi Quinet ne la fit-il cependant paraître qu'en 1635, in-8° ? Est- ce par suite de ses convenances personnelles de libraire, ou

(1) La *Comédie des Comédiens* de Scudéry, Courbé, 1635, in-8°. Le privilège est du 20 avril 1635. V. aussi les frères Parfait, t. V, p. 79, etc.

bien le contrat qui liait le poète aux comédiens ne prenait-il décidément fin qu'avec l'année 1634? Je laisse au lecteur le soin de décider, me contentant de signaler que je n'ai pas laissé inaperçue cette particularité bibliographique. Je reparlerai du reste de la *Doristée*, à propos de sa dédicace au comte de Belin, le Mécène manceau, à qui je dois consacrer un long chapitre, et qui est resté presque inconnu jusqu'ici dans notre histoire littéraire.

La *Diane* (Targa, 1635, in-8º), achevée d'imprimer le 25 janvier 1635, parut avec une dédicace au comte de Fiesque. « Monsieur, lui dit-il, *Diane* est vostre, par tant de raisons que vous ne lui pouvez deffendre cette qualité. *Votre commandement vous a fait estre la cause première de sa naissance.* Vous estes autheur de la plus belle partie de sa réputation. et vous l'avez soutenue contre tous ses envieux. » Rotrou parle ensuite de l'approbation qu'elle a reçue chez ce *grand homme*, ami du comte de Fiesque, en qui il m'a semblé judicieux de reconnaître Chapelain. Puis il ajoute : « Après cette satisfaction que j'ay reçue, je crains fort peu le goust du peuple, et quand vous seul l'auriez approuvée, Caton m'est plus que le peuple romain. Telle qu'elle est, elle s'offre à vous et se tient si glorieuse d'estre vostre, qu'elle eut esté jusques à Rome vous demander cette qualité, si votre retour n'eut empesché son voyage (1). »

(1) La date à la quelle le comte de Fiesque est revenu d'Italie, peut servir à serrer encore de plus près celle de cette dédicace. — C'est aussi en tête de la *Diane* que se trouve le quatrain de Pierre Rotrou, frère du poète, signé Rotrou le jeune, et qu'ont reproduit les frères Parfait, t. IV, p. 507. — On sait que Pierre Rotrou était secrétaire du maréchal de Guébriant, dont Monseigneur le duc d'Aumale vient de rappeler, dans de si éloquentes pages, les campagnes d'Allemagne et la belle mort (24 novembre 1643), des suites de la blessure reçue le 17 à l'investissement de Rottweil. L'historien des Condé n'a pas oublié Pierre Rotrou dans le récit de la mort du vainqueur de Kempen : « Rotrou, dit-il, son secrétaire, frère cadet du poète, qui, à la première nouvelle de sa blessure, avait quitté Paris avec deux chirurgiens célèbres, Bertreau et d'Alencé, ne put dépasser Brisach. » V. *Revue des deux Mondes* du 15 mai 1883, p. 269.

C'est à la suite de cette édition de sa *Diane* que Rotrou a fait imprimer, p. 131 à 163, son second recueil d'œuvres poétiques, sous le titre d'*autres Œuvres du mesme autheur* (1).

Ce recueil, resté plus inconnu que le premier, comprend :

1° P. 131-139, L'Ode à Richelieu, parue d'abord à part, in-4°, 1634.

2° P. 140, A M. de Scudéry, Elégie, (publiée en tête du *Ligdamon et Lydias*).

3° P. 144, A M. Corneille, sur la *Vefve*, Elégie (imprimée en tête de la *Veuve*).

4° P. 147, *Beatus vir qui timet dominum*.

5° P. 153, Paraphrase sur le psaume *Laudate pueri dominum*.

6° P. 153, La Nuit de la Fille de Scire :

> Je suis cette mère de l'ombre,
> Qui de tant d'amoureux allège les ennuis.

7° P. 155, Des vers latins adressés à Rotrou par un de ses amis de Dreux, le médecin Le Veillard (2), *Domino* DE ROTROU, *Carmen*. L'ami déclare Robert Garnier éclipsé par le nouveau poëte tragique.

(1) Il y a un titre spécial, mais la pagination continue celle de la *Diane*.

(2) Ce poète latin appartenait à une famille de médecins druides, car dès le 6 juin 1600 on voit à Dreux honorable homme, maistre Loys Le Veillard, docteur en médecine, marié à Loyse Le Pelletier, faire baptiser une fille Françoise, probablement la sœur du médecin-poète de 1634, à qui le docteur Chereau a oublié de donner une place dans le *Parnasse médical*. En 1645 Louis Le Veillard, marié à Marie Barguillet, est dit à Dreux médecin de Mgr le duc d'Orléans ; il est père d'une fille qui se marie le 18 juin. Seul M. Didot a cité quelques uns de ces vers, qui prouvent qu'à Dreux, dès cette époque de sa jeunesse, Rotrou avait des amis sachant l'estimer.

Proh pudor, o prœceps nimis inconstantia : nullam
    Tam variis vidi motibus ire Deam...
Crescebat vestris sed non adolevit in ulnis
    Garnerus, latii conscius eloquii.
Clarius enituit Gallis audacior alter,
    Mox latuit vestri carmine Rotrovei.
Qui gravius tragicos valuit resonare boatus,
    Mollius aut Paphios, sorte favente jocos ?...

8° P. 156, Stances.

Sus Alcandre, il est temps que tu cesses de vivre.

9° P. 159, A Caliste.

    Donc ce miracle de constance
    Estoit capable de changer....

Est-ce là de la poésie subjective ? Rotrou parle-t-il de ses
amours ? Est-ce lui-même qui déplore les nouveaux liens de
son amie ? Est-ce la même Caliste que celle du recueil de
1631, ou simplement une Iris en l'air ?

    Un rival me trahit la faveur qui m'est deue ;
    A ses faibles assauts Caliste s'est rendue,
    Et je puis résister à ceux du désespoir.

Il s'adresse au ciel en le priant d'épargner l'infidèle :

    Les foudres préparez pour elle
    En finissant mes jours finiront mes tourments.
    En m'étant rigoureux tu me seras propice
    Et par les mesmes traits qu'aprestoit ta justice
    Tu récompenseras le plus sainct des amants:

10° P. 161, Ier Récit du ballet de la Vallée de Misère.

11° P. 162, IIe Récit.

12° P. 163, L'Epitaphe pour M. Maillot, procureur, qui se termine par des vers, d'un autre ton que les précédents, et qui font songer à la *Prière pour un procureur et au besoin pour un avocat* :

> Mortels qui passez en ce lieu
> Sollicitez un peu sa cause,
> Recommandez son âme à Dieu.

Depuis ce recueil paru au commencement de 1635, Rotrou n'a plus fait imprimer lui-même d'autres vers que ses pièces de théâtre. Je ne connais pour ma part, sauf le sonnet à Melle Pourat et l'Élégie à Mazarin, d'autres poésies de lui que celles qui sont restées manuscrites, ou bien les vers placés, comme hommages, en tête des œuvres de ses amis, et restés presque tous inédits.

Au cours de l'année 1634, on trouve de ses vers en tête de la *Sœur valeureuse*, d'Antoine Maréchal, doublement son confrère comme auteur dramatique et comme avocat au Parlement (1). On se rappelle qu'il lui en avait déjà adressé pour l'impression de la *Généreuse Allemande*, à la fin de 1630. Les épitres liminaires de la *Sœur Valeureuse* sont signées (dans l'ordre suivant), par Scudéry, Mairet, *de Rotrou*, Corneille, du Ryer. Voici les vers de Rotrou, que ses biographes n'ont pas fait connaître :

A M. Mareschal pour la Sœur Valeureuse.

> Par ses moindres exploits Oronte nous étonne.
> Mars sous les habits empruntez
> Ou de Minerve ou de Bellonne,
> Ne les eust pas exécutez :

(1) V. La *Sœur valeureuse* ou *l'Aveugle amante*, tragi-comédie, dédiée au duc de Vendôme, Sommaville, 1634, in-8°. Le duc de Vendôme aimait le théâtre et les comédiens. Du Ryer était son secrétaire.

Le bruit de sa valeur a charmé l'univers,
Sa main comme ses yeux est aux hommes fatale,
Tout lui succède et rien n'égale
La force de son bras que celle de tes vers.

DE ROTROU.

L'année 1635 va mettre enfin Rotrou « hors de pages. » Il fera désormais partie d'une façon définitive de la cour dramatique du palais Cardinal, et sera enrôlé au nombre des Cinq auteurs (1). De plus, il est également devenu le protégé du comte de Belin, dont le patronage et la courtoise hospitalité vont l'appeler dans le Maine. Ce sont là deux curieux chapitres de son histoire, dont le second surtout est inédit, et que je vais remettre en pleine lumière, ainsi que la vie littéraire et la générosité de M. de Belin.

(1) Rotrou ne semble pas avoir fait partie aussitôt que bien d'autres de la cour poétique de Richelieu. On ne trouve en effet aucun vers de lui dans *le Sacrifice des Muses*, Cramoisy, 1635, dont le privilège accordé à Boisrobert est du 23 avril 1633. Dans ce recueil, où l'on voit des vers de bien des poètes du temps (de vingt-huit auteurs, si je ne me trompe), en l'honneur de Richelieu il n'y en a aucun de Rotrou, ni de Corneille. Je me bornerai à indiquer ceux de Boisrobert, Desmarets, Chapelain, Colletet, Gomberville, de l'Estoile, de Scudéry, Tristan, etc. C'est là aussi p. 197 à 204 que se trouve une longue pièce de Mondory au Cardinal, que je n'ai jamais vue citée jusqu'à ce jour et dont voici le début :

Que ce duc, la gloire des hommes,
Ce prodige des grands esprits,
Ce héros du siècle où nous sommes,
Estimera peu ces escris !

CHAPITRE TROISIÈME.

Les cinq auteurs. L'éternelle *cane barbotante*. Le cénacle dramatique
de Richelieu. Les dédicaces des poètes au cardinal. La *Comédie des
Tuileries*. L'*Aveugle de Smyrne*. La *Grande pastorale*. Les plans de
comédies de Chapelain. — La dédicace de l'*Hercule mourant* et l'ode
de Rotrou à Richelieu. Rotrou gentilhomme ordinaire du cardinal. La
dédicace d'*Agésilan de Colchos* à Mme de Combalet. Les derniers
hommages de Rotrou au ministre de Louis XIII. Ses rapports avec
les cinq auteurs. Son épitaphe par Colletet. L'Elégie en tête de la
Célimène et son auteur inconnu. Une énigme littéraire à déchiffrer
par l'historien du théâtre de Richelieu.

Je ne saurais m'arrêter à parler longtemps du cénacle
dramatique du Cardinal. Le sujet est trop vaste pour être
traité incidemment à propos de Rotrou. Le tableau débor-
derait sur le cadre. Ce curieux chapitre de l'histoire de notre
théâtre mérite d'autant plus d'être examiné à nouveau, dans
tous ses détails, que jusqu'à présent, chose surprenante, on
n'a guère fait que l'effleurer (1).

On serait tenté de croire que les cinq auteurs, les cinq
principaux collaborateurs dramatiques de Richelieu ont été,
ainsi que leurs œuvres, l'objet de nombreuses thèses littéraires et que les *Normaliens* n'ont rien laissé à révéler de

(1) Faire l'histoire du théâtre inspiré ou subventionné par Richelieu,
comme nous dirions de nos jours, ce n'est pas seulement parler des
pièces sorties de l'atelier de poésie dramatique dont il était le chef ;
c'est faire l'histoire complète du théâtre au moins pendant les dix
années qui précédèrent sa mort. Et il ne suffit pas de connaître les
pièces du temps, leurs dédicaces, leurs dates de représentations
données par la *Gazette* dans de bien rares occasions, il faut parcourir
les recueils d'œuvres diverses et de lettres des auteurs de l'époque,
de Colletet, Lestoile, Boisrobert, Gombauld, Desmarestz, Scudéry,
etc. Cette dernière exploration, au point de vue que j'indique, est
encore à faire, et à la lecture des correspondances de Chapelain, Balzac,
Richelieu et même de Mondory, qui sont à la portée de tous, il faudrait
joindre encore celle de bien des lettres enfouies dans les manuscrits
de Conrart.

cet épisode de notre histoire littéraire, sur lequel les noms de Corneille et de Richelieu appellent tout particulièrement l'attention des curieux.

Eh bien ! on éprouve une amère désillusion quand on veut pénétrer un peu avant dans le cabinet littéraire du cardinal, et savoir sur son théâtre autre chose que ce qui traîne dans tous les cours de littérature.

Hélas ! on voit tous les auteurs copier à l'envi surtout Pellisson, puis Voltaire et Fontenelle, et mettre en scène pour la centième fois Guillaume Colletet, et son éternelle *cane barbotante*, comme dit Saint-Evremond (1), condamnée à tout jamais à s'humecter de la bourbe de l'eau. On nous ressert à perpétuité Corneille manquant d'esprit de suite, Richelieu se plaisant mieux à produire des vers qu'à faire le bonheur de la France, Boisrobert disgracié pour avoir fait entrer à la représentation de *Mirame* la Saint-Amour Frérelot, une des belles petites du temps, et puis.... c'est tout (2).

Quand à nous dire combien de temps a duré la collaboration des cinq auteurs et du cardinal, quelle a été la part de chacun dans les œuvres nées de leurs efforts juxtaposés, quelle a été la cause qui a motivé la cessation de leur travail en commun, et leur remplacement par la collaboration de Richelieu et de Desmarets, on n'y a pas plus songé qu'à nous dire pourquoi on n'a parlé que de cinq auteurs, alors qu'on voit à la même époque d'autres écrivains tels que

---

(1) Voir la *Comédie des Académistes,* acte 1, scène III.

(2) V. Pellisson, *Relation contenant l'histoire de l'Académie,* édit. de 1672, p. 110 et suiv., et l'édition de M. Livet, 1858, in-8°, t. I, p. 84 et suiv. ; Voltaire, préface sur le *Cid* ; Fontenelle, *Vie de Corneille ;* Parfait, *Histoire du théâtre,* t. V, p. 115 et 426 ; *Richelieu et les cinq auteurs,* scènes historiques par B. G., *La Gironde,* revue de Bordeaux, 1833, t. I, p. 180 et suiv. ; Taschereau, *Vie de Corneille ; Œuvres de Corneille,* édition Marty-Laveaux, t. II, p. 305 ; M. Person, *Notes critiques,* p. 127 ; M. Hémon, *Théâtre choisi de Rotrou,* p. 21 et suiv. ; et tous les biographes de Rotrou, de Corneille et des membres de l'Académie, etc.

Chapelain, Desmarets, Mairet, etc., prendre part aux pièces du cardinal (1). On ne semble pas avoir porté fort loin les recherches et la curiosité sur tous ces points, ni avoir fait beaucoup d'efforts pour sortir de l'ornière de la routine.

Je ne veux pas aller sur les brisées de M. Kerviler, qui prépare depuis longtemps un travail d'ensemble sur la cour académique du palais cardinal, et a déjà consacré une de ses nombreuses notices à Desmarets (2). Espérons qu'enfin une plus grande précision pourra être apportée dans les dates, comme dans les diverses péripéties de cette obscure collaboration, et que nous pourrons savoir ou du moins présumer pourquoi Richelieu choisit plus particulièrement ces cinq auteurs pour les attacher à sa personne, alors que tant d'autres briguaient aussi ses faveurs et ambitionnaient de devenir ses poètes à gages.

Tous les auteurs dramatiques du temps s'empressaient en effet de lui dédier leurs œuvres, ainsi qu'à sa nièce Mme de Combalet, ce qui n'était pas la manière la moins délicate de faire sa cour au cardinal et la moins sûre pour parvenir à ses bonnes grâces. Je citerai parmi bien d'autres Scudéry, la Calprenède, Charles Chaumer, Regnault, Timothée de Chillac, Baro, Maréchal, Guérin de Bouscal, etc., etc. (3). Pourquoi aucun de ces poètes ne fut-il admis à faire partie du bureau dramatique du cardinal ?

(1) La collaboration de Mairet nous est révélée par deux lignes de Corneille dans l'*Avertissement au Besançonnois Mairet*. « Cet acte de la pastorale héroïque qui vous fut donné à faire il y a quelque temps, est la preuve indubitable de la faiblesse du style que je vous reproche... Trois messieurs de l'Académie n'y laissèrent que vingt-cinq de vos vers. » Voir *Œuvres de Corneille*, édition Marty-Laveaux, t. III, p. 75.

(2) Voir la *Revue historique et nobiliaire* de 1878 et le tirage à part paru chez Dumoulin, 1879, in-8°.

(3) On peut encore y joindre du Ryer qui en 1640 dédiait son *Alcionée* à la duchesse d'Aiguillon, Puget de la Serre qui fit de même pour *Thomas Morus*, surtout d'Aubignac, qui avait commencé la *Pratique du Théâtre*, dès 1640, pour plaire au cardinal et La Mesnardière qui paraît avoir été un des derniers confidents intimes de ses projets littéraires.

Chapelain, lui aussi, ses lettres nous l'ont révélé, prit une plus grande part qu'on ne l'avait cru jusqu'ici à la confection du plan des pièces, dont Richelieu, qui n'y était pas non plus étranger, répartissait ensuite les actes à versifier entre les cinq collaborateurs employés par lui le plus habituellement. La lettre qu'il écrivit le *24 janvier* 1635 à Boisrobert, montre qu'on lui doit beaucoup dans la préparation du plan de la *Comédie des Tuileries*, qui est la première pièce des cinq auteurs (1). Cette « comédie d'apparat dont le cardinal voulait se distraire », fut représentée pour la première fois à l'Arsenal devant Anne d'Autriche le 4 mars 1635, bien peu de temps après la lettre de Chapelain. La Gazette du 10 mars annonce que les vers en étaient « composés par cinq fameux poètes. » Elle ne fut pas imprimée tout de suite et ne parut même que trois ans plus tard au milieu de l'année 1638 (2). Elle fut présentée au public par un autre collaborateur intime de Richelieu, l'académicien Jean Baudoin, auteur de l'épître dédicatoire et de l'avis au lecteur, qui annonce la pièce comme « faite par cinq différents auteurs qui pour n'estre pas nommés ne laissent pas toutefois d'avoir beaucoup de nom. »

M. Paul Lacroix en rédigeant le *Catalogue de la Bibliothèque dramatique de M. de Soleinne* disait que la manière dont les ouvrages des cinq auteurs furent composés n'est pas bien connue. On pourrait le répéter encore aujourd'hui. La légende veut que le cardinal leur partageât le gâteau en tranches, et que chacun d'eux fut tenu de rapporter à jour fixe, au bout d'un mois, l'acte qu'il avait reçu à faire des mains de Richelieu. On a longtemps attribué à Corneille le troisième acte de la *Comédie des Tuileries*, M. Person vient d'écrire : « Je reconnais bien plus facilement et dans ce IIIe acte et dans le reste de la pièce, la touche de

(1) *Lettres de Chapelain*, p. 89 et 90 et la note de M. Tamizey de Larroque.

(2) L'achevé d'imprimer est du 19 juin.

Rotrou (1) ». Il a même pris la défense des pièces des cinq
auteurs dont il est de mode de médire et qu'on est habitué
à voir traiter de « misérables rapsodies. » On voit qu'on
n'est pas encore près de savoir la vérité vraie sur l'œuvre
des poètes que le ministre de Louis XIII avait embrigadés à
son service.

Toutefois le cardinal n'accaparait pas exclusivement pour
lui la verve de ses poètes, et les laissait maîtres de travailler à l'air libre pour leur propre compte. Aussi leur collaboration ne fut-elle guère féconde. Deux ans après la
Comédie des Tuileries, fut représenté l'*Aveugle de Smyrne*,
au palais cardinal le 22 février 1637, en présence du roi et
de la cour. La pièce eut tous les malheurs. Elle se produi-
sait au lendemain du succès du *Cid*, et à la veille de celui
de la *Marianne* de Tristan dont la représentation fut
interrompue par la paralysie qui vint frapper Mondory
sur la scène à 43 ans (2).

Son peu de succès, contribua peut-être à exciter la jalousie
de Richelieu contre Corneille, et put le déterminer à renoncer à la collaboration de ses cinq auteurs pour s'en tenir
à celle de Desmarets. L'auteur d'*Aspasie*, devenu poète dramatique de par le commandement du cardinal, et condamné
à produire une comédie tous les ans depuis que sa pièce
avait su plaire au grand maître, semble dès lors être devenu
le sous-secrétaire d'état de Richelieu au département des
affaires poétiques et avoir présidé seul avec lui à la confection des comédies qu'il faisait composer pour son divertissement ou des tragédies d'état, qui avaient pour but de faire
l'apologie de sa politique et de ses maximes de gouvernement. L'*Aveugle de Smyrne* ne fut imprimé qu'en 1638, en
même temps que la *Comédie des Tuileries*. Bien qu'elle fut

(1) Voir *Notes critiques*, p. 127 et 128.

(2) Guillaume Desgilberts, sieur de Mondory, fils de Guillaume
Desgilberts, bourgeois de Thiers, et de Catherine Sandry, était né le 13
mars 1594. Voir *Revue des Sociétés savantes*, 1878, tome II, p. 136.

annoncée sur le titre comme l'œuvre des cinq auteurs, Jean Baudoin en présentant la pièce au public disait que sa « forme lui avoit été donnée par quatre célèbres esprits. » On a répété, après Voltaire, que la société des Cinq, tout en conservant son nom, avait été réduite à quatre auteurs au lendemain du départ de Corneille, qui se serait retiré à Rouen après sa collaboration dans l'*Aveugle de Smyrne*, qui n'avait pas su contenter le cardinal. C'est encore là une allégation à vérifier. On voit néanmoins que la collaboration des Cinq et de Richelieu n'était pas née sous une heureuse étoile.

Je ne connais autre chose sur la *Grande Pastorale*, qui ne fut pas imprimée, que ce qu'en dit Pellisson, à propos de sa révision par Chapelain, et les quelques lignes de Corneille faisant allusion à la collaboration de Mairet. On voit qu'il reste dans tout cela bien des points à préciser, à dater, à éclaircir mieux qu'on ne l'a fait jusqu'ici. Il est possible qu'il y ait eu même d'autres canevas fournis aux cinq poètes. On lit dans une lettre de Chapelain écrite par lui à la fin de mars 1637 au comte de Guiche : « Vous saurez qu'il y a quinze jours que je travaille sans discontinuation aux plans et disposition d'une tragi-comédie que Mme de Combalet m'a fait l'honneur de vouloir de moi et que l'instance qui m'a été faite de sa part ne souffre pas que je perde un moment (1). »

Je laisse à ceux qui feront l'histoire complète de ce que j'appellerai le théâtre de Richelieu le soin de pénétrer plus avant dans toutes ces obscurités (2). Ce n'est que lorsque

---

(1) Voir *Lettres de Chapelain*, p. 143. M. Kerviler dans son excellente notice sur Jean Chapelain l'avait rapportée à mars 1636, ainsi que M. Livet, *Histoire de l'Académie*, tome II, p. 130. — Quant à la *Grande pastorale*, il reste à bien préciser sa date et ses véritables auteurs.

(2) Il est possible que la fin des travaux du groupe des cinq auteurs soit uniquement due à la maladie qui vint frapper Mondory. Le cardinal avait l'habitude, depuis trois ans d'embellir, chaque année les plaisirs du Carnaval, à la cour, par la représentation d'une pièce de théâtre. Le rôle « *des cinq beaux esprits* » se bornait probablement à collaborer

cette histoire aura été écrite dans tous ses détails qu'il sera
possible peut être de mieux connaître la part et le rôle de
Rotrou dans cette collaboration et le temps pendant lequel
il y fut attaché.

avec lui pour cet objet unique et à mettre en œuvre les plans de
comédie qu'il composait en vue de ces représentations de *gala*.

La preuve de ces représentations annuelles résulte à la fois d'une
lettre de Scudéry à Balzac, et d'une autre de Mondory lui-même à
Boisrobert. La lettre inédite de Scudéry, contenue dans les manuscrits
de Conrart, dit en effet que depuis trois ans Monseigneur embellit de
plaisirs les jours gras de leurs Majestés, et que Mondory, bien que
frappé de paralysie sur le théâtre du Marais, jouera cependant sur le
théâtre de Son Eminence, et à sa sollicitation, un rôle dans la pièce
destinée à la solennité prochaine. Celle de Mondory est datée du 13 novembre 1637 et de la même date environ que la précédente, puisqu'il
y parle de sa maladie commencée il y a trois mois, au théâtre du
Marais, c'est-à-dire dans la première quinzaine d'août. « La reine,
annonce-t-il à Boisrobert, m'a fait l'honneur de me dire qu'elle seroit
privée ce carnaval des plaisirs dont Monseigneur depuis trois ans
embellissoit les jours gras de Sa Majesté puisque je n'étois pas en état
d'y occuper ma place. »

Bien que sa paralysie lui laissât de fâcheux restes et qu'il se reconnut
incapable de continuer à jouer sur son ancien théâtre, il prie Boisrobert d'intercéder pour qu'il reparaisse sur celui du cardinal : « Que
la bonté que Son Eminence a pour moy n'interrompe point le cours
d'un divertissement si nécessaire et ne m'ôte pas la gloire d'y travailler.... Obtenez-moi de Son Eminence, Monsieur, un personnage de
la pièce destinée à la solennité prochaine ; car trois mois pourront sans
péril l'imprimer en ma mémoire et rendre à ma langue son entière
liberté. »

Cet espoir fut-il réalisé? Au carnaval de 1638, y eut-il une pièce du
cardinal représentée, nonobstant la maladie de Mondory ? Ce fait n'a
pas été jusqu'à ce jour éclairci. Tallemant (t. VII, p. 174) dit bien que
le Cardinal obligea le grand acteur à jouer une fois depuis sa maladie,
« mais il ne put achever.» Est-ce de la représentation de *gala* de l'année
1638, qu'il s'agit et quelle était la pièce nouvelle qui eut été jouée
alors ? — Devenu malade sans remède et ne montant plus sur la scène,
Mondory ne resta pas complètement étranger au théâtre de Richelieu.
Le 3 avril 1639 il est encore à l'hôtel de son illustre patron, lors de la
représentation de l'*Amour tyrannique*, où figura Jacqueline Pascal. On
le voit jusqu'à sa mort qualifié du titre de maître d'hôtel chez le roi et
d'écuyer. — Voir mss. de Conrart, in-4°, t. XIV, p. 1029, la *Revue de
Paris* du 30 décembre 1838, Tallemant, t. VII, notes, p. 186, Taschereau,
Vie de Corneille et M. Bouquet, Corneille et l'acteur Mondory, *Revue
de Normandie*, t. IX, 1869, p. 156.

J'ai déjà dit qu'il semblait avoir été une des dernières recrues introduites au nombre des Cinq par le cardinal qui, toujours passionné pour le théâtre, s'empressait d'appeler à lui les jeunes poètes chez lesquels il croyait démêler un talent naissant, et qui venaient de se signaler par de récents succès. Son entrée dans le cénacle dut coïncider avec celle de Corneille, et son ode à Richelieu doit être à peu près contemporaine de l'*Excusatio* du poète normand, publiée en 1634, dans l'*Epinicia Musarum Eminentissimo Cardinali Duci de Richelieu*.

Rotrou, à la différence de Corneille, paraît avoir toujours gardé au grand ministre un souvenir reconnaissant de ses faveurs et de l'honneur qu'il lui avait fait en l'admettant à collaborer avec lui. En 1636 il lui dédiait son *Hercule mourant* dont l'achevé d'imprimer est du 28 mai, et faisait précéder sa dédicace d'une nouvelle ode dédiée à son éminent protecteur.

La dédicace est écrite dans le ton d'humilité qui était de règle alors dans le monde littéraire. Rotrou, heureux de l'honneur que va recevoir son *Hercule* de vivre chez le cardinal, le supplie d'agréer les adorations de la moindre mais de la plus passionnée de ses créatures. « C'est tout ce que je demande à ma fortune que d'être souffert de votre Eminence en cette qualité. C'est le bien sans lequel je renoncerois à tous les autres. Vous estes trop généreux pour m'oster jamais l'incomparable faveur que vous m'avez continuée depuis trois ans de permettre que je me qualifie, Monseigneur, vostre très humble, très obéissant et très obligé serviteur, ROTROU. »

Le poète sait heureusement mieux manier la langue des vers que celle de la prose ; son ode est écrite sur un autre ton que sa dédicace. Emportée par un vif élan d'enthousiasme reconnaissant, elle célèbre dignement le grand politique et fait autant d'honneur à Rotrou qu'à Richelieu, qui dut être fier de se voir si bien loué, comme protecteur des muses et comme ministre de Louis, par le jeune poète qu'il venait d'attacher à sa fortune.

> Filles à Richelieu si chères,
> Muses, chastes sœurs du soleil,
> Priez cet astre sans pareil
> D'ouvrir l'oreille à mes prières, etc.

MM. de Ronchaud et Hémon ont cité plusieurs strophes de cette ode, plus connue que celle de 1634, et qui comme elle, en nous révélant la verve lyrique de Rotrou, nous le fait connaître sous un aspect nouveau (1). Je me contenterai de citer cette strophe qui permettra d'apprécier la manière et l'allure de son style :

> Mais toi, *grand démon de la France,*
> Autre soleil de notre temps,
> Qui donne d'un si beau printemps
> Une si parfaite espérance,
> Richelieu, rare effort des cieux,
> Juste étonnement de ces lieux,
> Si tu daignes prendre la peine
> De jeter un regard sur moi,
> Quel Apollon peut à ma veine
> Etre plus Apollon que toi ?

L'Apollon daigna jeter un regard sur le poète, et le récompensa en ministre. Pour ne pas être octroyée sous une forme mythologique, la récompense n'en fut pas moins honorable pour Rotrou qui se vit décoré du titre de gentil-

____

(1) Rotrou n'est pas le seul poëte dramatique dont on ait négligé à tort d'étudier les odes et les élégies. L'élégie de Robert Garnier sur le Trépas de Ronsard est une des belles œuvres poétiques de la fin du XVIᵉ siècle.

homme ordinaire de Monseigneur l'éminentissime cardinal de Richelieu (1).

On a plus d'une preuve de la reconnaissance du poète envers son bienfaiteur. En 1637, au moment le plus critique de la polémique du *Cid*, il dédie à sa nièce, Mme de Combalet, la tragi-comédie d'*Agésilan de Colchos*. (L'achevé d'imprimer est du 12 août). Il fait un grand éloge de la vertu de la future duchesse d'Aiguillon, et a grand soin de demander pour sa pièce la protection de la nièce « de ce digne oncle à qui toute la France est obligée, que le reste de l'Europe redoute, et que tout le monde admire. » A la veille du moment où Richelieu est près de rendre le dernier soupir, Rotrou depuis longtemps fixé à Dreux, rappelle une dernière fois dans sa *Clarice*, achevée d'imprimer le 28 octobre 1642, « la passion qu'il a d'avoir l'honneur de divertir encore *le premier esprit de la terre.* » Enfin, quand cinq ans plus tard, en tête de *Bernard de Cabrère*, il se décide à faire l'éloge du cardinal de Mazarin (2), c'est à Richelieu qu'il le compare, c'est à son exemple qu'il l'invite à se délasser

> Des travaux de l'Estat sur les fleurs du Parnasse,

et à réjouir la cour en faisant revivre les plaisirs du théâtre et de la comédie

> que la mélancolie
> Dans le tombeau d'Armand avoit ensevelie !

A côté de ses rapports avec Richelieu, il en est d'autres que l'on serait aussi curieux de connaître, je veux parler de ses

(1) On le voit figurer avec ce titre dans les registres de Dreux à partir du 17 mars 1639 ; mais il ne doit pas être impossible de connaître la date précise à laquelle cette faveur lui fut accordée.

(2) L'achevé d'imprimer est du 21 octobre 1647. Elégie, non paginée, de 6 pages en tête du livre, Quinet, 1648.

relations avec les poètes ses collaborateurs dont on n'a rien dit jusqu'ici. Je traiterai plus loin de ses rapports avec Corneille ; restent ceux avec Boisrobert, Lestoile et Colletet. Bien qu'on ne sache rien de ses liens avec Boisrobert, il est probable qu'ils étaient en bons termes ensemble, puisqu'on le verra adresser quelques-uns de ses vers à d'Ouville, le frère du favori du cardinal (1). Guillaume Colletet avait aussi pour lui des sentiments de sympathie, puisqu'à la mort de son ancien collaborateur, il ne laissa pas disparaître le poète sans déposer sur sa tombe le poétique hommage de ses regrets.

C'est en effet Colletet qui est l'auteur d'une des rares épitaphes que je connaisse de Rotrou :

> Passant vois en Rotrou l'impuissance du sort.
> Il est mort et pourtant son nom se renouvelle ;
> Car si de si beaux vers la grâce est immortelle,
> N'a-t-il pas de quoi vivre en dépit de la mort ?

Quant à Lestoile, ses sentiments envers son confrère me restent inconnus.

On voit donc qu'il existe fort peu de renseignements sur les rapports de Rotrou avec les beaux esprits qui collaboraient avec lui pour le compte du cardinal.

Il y a bien en tête de la *Célimène* (2) une curieuse élégie adressée à Rotrou par un des poètes qui, comme lui, fai-

---

(1) Qu'il me soit permis de rappeler, à propos de Boisrobert, que lui aussi, après la mort du cardinal, s'il faut en croire la *Bosco-Robertine*, citée par M. Edouard Fournier, fut attaché à une troupe d'acteurs de la foire Saint-Germain,

> Il est allé s'associer avec cet homme incomparable,
> Gilles le Niais l'inimitable.

Voir le *Théâtre français au XVIe et au XVIIe siècle*, in-4o, p. 551 et suiv.

(2) L'achevé d'imprimer est du 8 octobre 1636.

saient partie du cénacle dramatique de Richelieu. Cette pièce
de 222 vers, qui, en laissant de côté les vers latins du
médecin Le Veillard et l'épitaphe de Colletet, est peut-être
la seule que les poètes contemporains aient adressée à leur
confrère de Dreux, n'est pas la moindre curiosité émanée
de la petite académie dramatique du ministre (1); malheureusement elle n'est pas signée, ce qui a empêché jusqu'ici
les lettrés d'y prêter toute l'attention qu'elle mérite, ou
même de la remarquer, et c'est vraiment dommage, car elle
est à la fois curieuse par elle même, et comme émanant, je
le répète, d'un des poètes familiers du cardinal. Il n'y a pas
jusqu'à Corneille lui-même, qu'on ne pourrait un instant
songer à mettre au nombre des auteurs possibles de ces
vers, si le ton trop modeste, trop humble de la pièce, ne le
faisait éliminer, de même que Scudéry.

Tout ce que je puis dire, c'est qu'elle a été écrite par un
admirateur, un ami enthousiaste de Rotrou, qui le fréquente
depuis sept ans, qui s'efface complètement devant lui et
implore le secours de ses leçons afin de ravir les spectateurs
à son exemple. L'auteur aime les beaux esprits, hait et
dédaigne les ignorants et tous ceux qui méprisent la
poésie (2). Il se plaint que la docte déesse l'ait traité avec
rudesse, et l'ait réduit à n'être qu'un mauvais singe de
Rotrou. Il n'estime que l'esprit et la vertu des grands et
non pas leurs richesses :

> Si l'on me voit partout adorer comme un dieu
> Ce fameux cardinal, ce docte Richelieu,
> Croy que je ne fais point la cour à sa fortune.
> Ses rares qualitez, sa vertu non commune

(1) Chose étonnante, Rotrou a adressé des vers à un grand nombre
de ses confrères et cependant on ne trouve en tête de ses pièces
aucuns vers des poètes de son temps, à part la longue pièce que je
signale en ce moment.

(2) Cela rappelle le célèbre quatrain de Desmarets, qu'on lit à la fin de
l'argument des *Visionnaires*.

Et son esprit divin ont pour moi des appas,
Que sa grandeur, sa pourpre et sa faveur n'ont pas.

Il est à la cour comme Rotrou, puisqu'il lui dit « dans le
tracas de la cour où nous sommes. » On est tenté, à ces indices, au style de ces vers aussi lâché que celui des épîtres
de Boisrobert, d'attribuer à ce dernier la paternité de cette
pièce ; mais il y règne un esprit caustique, une certaine
verve satyrique qui ne laisse pas même que d'être fort
curieuse, et qui ne permet guère de songer à Boisrobert.
Car c'est à l'adresse des courtisans que l'inconnu fait
œuvre de poète satyrique. Il n'estime que la vraie noblesse
fondée sur le mérite et la valeur :

C'est un très-grand défaut de ce siècle où nous sommes,
On n'y fait plus d'estat du mérite des hommes
Et de tous les mortels les plus défectueux
Quand ils sont opulents sont assez vertueux.

Lui ne veut pas, comme la foule, s'abaisser devant la
richesse, ni adorer le veau d'or :

Je confesse pour moy que j'ay trop de courage
Pour jouer aisément ce lâche personnage.

« *Pour moi, si j'étais roi,* » dit-il, et il explique avec hardiesse
comment, si son beau rêve se réalisait, il ne récompenserait
que la noblesse personnelle et non celle qui provient des
aïeux (1). Il n'est pas courtisan, et ne ferait point un pas

(1) Peut-être l'indépendance d'idées dont le poëte fait preuve dans
ses vers l'empêcha-t-elle de les signer ? Il est intéressant de rapprocher des idées émises sur la noblesse dans cette pièce, celles que
Boisrobert exprime dans une de ses épîtres au chancelier Séguier.
(*Les Épitres en vers* 1659, in-8', Courbé, p. 116) et celles de l'auteur
du *Souhait du Cid en faveur de Scudéry*, p. 35, *in fine :* « Qui mérite
d'être gentilhomme par sa vertu est plus que celuy qui tient cette

pour acquérir la fortune. Il se plaint de l'injustice du sort, de même que des rigueurs d'Apollon. Cependant il reconnaît qu'il n'a pas été trop maltraité par la fortune :

> Au moins ai-je eu l'heur dès mon apprentissage
> D'avoir eu de ses mains un très-bel advantage.
> Pouvoit-elle me mettre en un plus digne lieu
> Qu'en me faisant cognoistre à ce grand Richelieu ?
> Pouvoit-elle se rendre à mes vœux plus propice
> Que de m'avoir jugé digne de son service ?
> Si donc j'ay receu d'elle un si bon traitement,
> Que ne dois-je espérer d'*un tel commencement.*

Je regrette de ne pouvoir rappeler l'éloge plein de charme et de délicatesse qu'il fait des vers de son ami, mais je ne puis tout citer. La pièce se termine par un certificat d'immortalité délivré à Rotrou.

A qui l'attribuer ? Est-ce à Colletet, dont l'épitaphe consacrée à Rotrou parle aussi de la grâce immortelle de ses vers ? Il pouvait bien dire de lui-même qu'il n'était pas un poète dramatique et n'avait guères à se louer de la fortune. Est-ce à Lestoile, qui passa toujours pour mauvais courtisan et pour pousser la franchise jusqu'à l'excès ? Tous deux me semblent un peu vieux, bien que n'ayant pas encore alors atteint la quarantaine (1). Je ne puis, à mon

qualité de ses pères. Il vaut mieux estre le premier noble de sa race que le dernier et de poëte devenir gentilhomme, plustost qu'estant né gentilhomme faire le poëte. Je parle ainsi librement scachant qu'encores qu'on me voye souvent, on fera semblant de ne me cognoistre point. »

(1) Je ne connais pas assez leurs œuvres pour me prononcer. Il faut avoir l'oreille habituée aux vers de chacun des différents poëtes d'une époque pour les attribuer d'instinct à tel auteur plutôt qu'à tel autre.

Bien qu'il y ait des archaïsmes de langage, le fonds de la poésie semble devoir la faire attribuer plutôt à un poëte encore voisin de ses débuts qu'à des poëtes *arrivés* et membres de l'Académie comme Colletet et Lestoille. Les vers sont aussi d'un autre mètre que celui dont Boisrobert se sert dans ses épitres.

regret, feuilleter en ce moment les recueils des poètes du temps, afin de tâcher d'y retrouver la pièce et son auteur, qui peut fort bien du reste appartenir à la cour académique du palais cardinal sans être un des cinq principaux collaborateurs de Richelieu. De guerre lasse, je laisse à ceux qui viendront après moi le soin de pousser plus loin les recherches et les inductions, et de délier les cordons du masque de ce poète inconnu, qui est à la fois le panégyriste de Rotrou et celui du grand ministre de Louis XIII. C'est une piquante découverte à faire ; elle demeure réservée au futur auteur de l'histoire du théâtre de Richelieu.

———

CHAPITRE QUATRIÈME.

Un Mécène dans le Maine au XVIIe siècle. — Le comte de Belin. Son rôle dans l'histoire du temps. Sa grande situation dans le Maine. — Son château d'Averton. Il achète la terre de Vaux et le château du Plessis du cardinal de Richelieu. Son goût pour la chasse et la poésie. — Il protège la troupe du Marais et la Lenoir. La *Virginie* jouée à l'hôtel de Rambouillet. — Le portrait de M. de Belin par Scarron, sous le nom du marquis d'Orsé dans le *Roman comique*. Preuves de leur identité. — La Pinelière et le *Parnasse ou le critique des poètes*. — Un écuyer centenaire du comte de Belin. — La dédicace des *Heureuses advantures* de Le Hayer du Perron à M. de Belin. — Son éloge par Scudéry. — Mairet dans le Maine chez M. de Belin. Hommages du poète à son protecteur. L'épître dédicatoire de *Roland furieux*. — Rotrou protégé de M. de Belin. Les dédicaces de la *Doristée* et des *Ménechmes*. La rue Saint-François voisine de la rue Portefoin. — La renommée de Rotrou proclamée par La Pinelière. — Les relations de M. de Belin avec Chapelain, les auteurs du temps et Mondory.

Un autre protecteur de Rotrou, auquel le poète semble avoir voué autant de reconnaissance qu'à Richelieu, est un grand seigneur manceau qui mérite d'avoir sa place dans l'histoire de la société polie du temps. Jusqu'à ce jour cependant il reste presque oublié, parce qu'une bonne partie de sa vie s'est passée au fond de la province et que la mort est venue le frapper avant l'heure, au moment où sa renommée était en train de battre son plein. Sachant que je m'étais occupé tout particulièrement du comte de Belin dans mes études sur Scarron, M. Tamizey de Larroque a bien voulu, dans ses notes sur les *Lettres de Chapelain*, annoncer aux Curieux, en termes beaucoup trop flatteurs pour moi, que j'avais promis une biographie détaillée de ce correspondant de l'auteur de la *Pucelle* (1). Je ne veux pas fausser ma parole, ni surtout celle de l'aimable savant, qui s'est porté si courtoisement garant de la valeur de ma notice sur M. de Belin. Puisque l'occasion m'est offerte de parler, plus tôt même que je ne pensais, de ce *Mécénas* manceau, j'ouvre une large parenthèse, et j'aborde le récit de la vie de ce protecteur de Rotrou, de Mairet, de Scudéry, de Mondory et du théâtre du Marais. Comme je suis peut être le seul à l'avoir étudiée dans tous ses détails au point de vue littéraire, j'en parlerai plus longuement que du passage de Rotrou parmi les cinq auteurs, que bien d'autres sont en situation de mieux connaître et de mieux traiter que moi.

On pourra s'étonner de trouver dans le Maine dans la première moitié du XVIIᵉ siècle un protecteur signalé des lettres, un véritable Mécène.

Le Maine cependant, n'était point du tout alors *un pays hideux*, n'en déplaise à Scarron, qui d'ailleurs s'est donné plus d'un démenti sur ce point, et a fait parfois lui-même l'éloge de cette province (2). Ce n'était pas seulement la patrie des chapons et le paradis des gourmands ; c'était un petit centre littéraire, pays hospitalier pour les beaux esprits,

(1) Voir *Lettres de Chapelain*, p. 94, note 1.

(2) L'auteur du *Roman Comique* a varié en effet dans ses appréciations sur le Mans, comme sur Mazarin, passant tour à tour de l'épigramme à l'éloge, de la haine à la tendresse, suivant qu'on lui envoyait peu ou prou de gélinottes des bords de la Sarthe.

qui s'empressaient d'y accourir à défaut de Paris. C'était bien toujours un exil pour ceux qui avaient passé par la Place-Royale et chez Marion de Lorme, mais un exil qui avait ses charmes et ses compensations.

On y trouvait un prélat de grande race, ami du bel esprit, des femmes aimables, ayant de beaux yeux pour des yeux de province, avec l'air de la cour et des ruelles, enfin, par dessus tout, on y rencontrait un grand seigneur tranchant du Mécène, protégeant les poètes, aimant les vers, la tragédie, voire même les actrices, et pénétrant volontiers dans les coulisses, tout comme le faisaient alors le duc de Montmorency, les comtes de Fiesque et de Cramail, à l'exemple du cardinal de Richelieu, auteur de *Mirame*, patron de Desmarets et de Boisrobert.

Ce Mécène manceau, *rara avis*, était François II d'Averton, comte de Belin, ami intime de l'évêque Charles de Beaumanoir.

Son père était ce fameux ligueur qui, gouverneur de Ham, d'Ardres et de Calais, de Paris et de l'Ile de France pour la Ligue en 1592, s'était converti à Henri IV et était ensuite devenu gouverneur du prince de Condé, faisant aux dires de Tallemant de belles galanteries avec Charlotte-Catherine de La Trémouille, princesse de Condé, la mère de son élève (1). Il était seigneur aux portes du Mans de tout le Belinois ; son comté de Belin et la châtellenie de Vaux, récemment acquise par lui, formaient une terre suzeraine, dont la mouvance s'étendait sur vingt-quatre paroisses environnantes. Dans le Bas-Maine, il était seigneur du bourg d'Averton, de Courcité, Saint-Paul, Pré-en-Pail, la Forêt-Hardanges, Chevaigné, Orthes, etc., et de plus il était baron

(1) M. Edouard de Barthélemy montre sous un jour plus favorable, que ne l'ont fait Tallemant et M. Halphen, la conduite de la princesse. — Voir *La Princesse de Condé*, Didier, 1871, in-12. Il cite, p. 105, le nom de M. de Belin, qui avait succédé comme gouverneur du prince au marquis de Pisani. Voir aussi M. Loiseleur, *Revue historique*, août 1876, p. 436.

de Milly en Gâtinais ; ses grands biens lui venaient de sa mère, Renée d'Averton qui, veuve de Jacques d'Humières, avait épousé en 1582, Jean-François de Faudoas-Sérillac, le célèbre ligueur, connu dès lors sous le nom de François Ier d'Averton. Cette famille a laissé dans le Bas-Maine le souvenir de son faste et de sa splendeur ; la légende s'est même emparée de la vie de ses membres, au point qu'on sait peu de choses de leur véritable histoire qui reste encore à faire.

C'est un peu le cas de François II d'Averton ; il n'est guère connu jusqu'à ce jour que par quelques extraits plus ou moins exacts de son testament et les dons pieux qu'il y fait aux églises. Rien n'a été dit de son existence antérieure, et surtout du rôle qu'il a joué dans la société polie de son temps, et que je veux surtout mettre en relief.

Il avait épousé Catherine de Thomassin, fille de René, dit de Saint-Barthélemy, seigneur de Montmartin et de Mirabel, morte le 9 octobre 1626, après lui avoir donné huit enfants.

Capitaine de cinquante hommes d'armes, il avait été nommé bailli d'Alençon par la reine-mère. Nommé aussi chevalier des ordres du roi. il n'avait pas reçu le collier, bien qu'il eut fait les preuves nécessaires. Cela vint, dit-on, de ce qu'en 1620 il n'eut pas une attitude assez ferme dans la lutte entre le jeune Louis XIII et Marie de Médicis, brouillée avec le roi son fils. Il s'était emparé du château d'Alençon malgré les dispositions du peuple pour le roi ; mais il ne prit aucune des mesures nécessaires pour arrêter l'armée royale et conserver à la reine-mère ce château, que le marquis de Créqui reprit facilement.

Son peu de fermeté, dans ces querelles entre la mère et le fils, lui ayant fait perdre les bonnes grâces de la cour, il s'était retiré à Averton où il fit commencer son superbe château que la mort ne devait pas lui permettre de terminer (1).

Cela ne l'empêcha pas de conserver une grande situation dans sa province. Il y était intimement lié avec tous les Lavardin, et surtout avec l'évêque Charles de Beaumanoir.

Issus tous deux des plus grandes familles du Maine, de deux amis d'Henri IV, presque du même âge, unis aussi par un amour commun de la poésie et du bel esprit, ils vivaient pour ainsi dire côte à côte, chargés souvent d'accomplir de compagnie d'importantes missions pour la province, comme en 1628 où ils furent envoyés vers Louis XIII à La Rochelle (2). On voit le comte de Belin assister à tous les actes importants qui intéressent les Lavardin. Le 18 décembre 1633, il signe au contrat de mariage d'un des leurs, le marquis de Jarzé ; bien mieux, il les aide de sa bourse, et on le voit le 10 juillet 1632 et le 10 janvier 1634 prêter des sommes importantes aux plus proches parents de l'évêque (3).

Il séjournait souvent au Mans, où il avait un hôtel. On y retrouve bien souvent sa trace, grâce aux registres de baptême des diverses paroisses. Un de ses fils, Emmanuel d'Averton avait épousé, le 27 juillet 1633, Louise-Henriette Potier, fille du gouverneur du Maine, René Potier, marquis de Gesvres, plus tard duc de Tresmes.

Tout cela montre quelle grande situation il occupait encore.

Son château d'Averton, avec son magnifique péristyle, aux nombreuses colonnes géminées, avec ses lambris peints

(1) Voir la *Chronologie historique des grands baillis d'Alençon*, publiée par M. de Courtilloles, 1872, in-8°, p. 23.

(2) Le mardi 10 mai 1628 Charles de Baaumanoir, évêque du Mans et M. le comte de Belin, allèrent trouver le roi Louis XIII au siége de La Rochelle et en furent de retour le 3 juin suivant ; ils allaient assurer le roi de la fidélité de ses sujets de la province du Maine.

(3) Sa signature autographe figure sur ces différents actes ; il signe *F. Daverton*.

et dorés, et sa vaste salle de spectacle, était une habitation vraiment digne d'un prince. C'était un long parallélogramme présentant une façade d'une longueur d'environ deux cent quatre pieds sur une profondeur de quarante. Les deux ailes étaient en saillie. Au milieu de la façade du corps principal, au midi, se trouvait le péristyle aux colonnes cannelées. Chaque fenêtre du rez-de-chaussée était encadrée par des colonnes de granit d'une seule pièce, aux chapiteaux richement sculptés, posées par couple, et entièrement détachées des murailles, tandis qu'au premier étage leur nombre était diminué de moitié, une seule colonne se trouvant placée entre chaque ouverture. Le toit était surmonté d'un clocheton arrondi ; toute la façade à trois étages était en pierre de taille.

La bande noire, hélas ! n'a pas respecté cet important spécimen de l'art du temps de Louis XIII dans le Maine, qui ne possède plus guère de vastes châteaux de cette époque. De celui d'Averton il ne reste guère aujourd'hui que des souvenirs, qui ne peuvent qu'à grand'peine servir à le reconstituer dans toute sa splendeur (1).

Indépendamment du château princier du bourg d'Averton, voisin de la belle forêt de Pail, le comte de Belin, avait aux portes du Mans, une autre grande demeure, le château du Plessis. La terre de Belin, ancien fief de sa famille, relevait de la châtellenie de Vaux. Le 26 avril 1630, il achetait cette châtellenie du cardinal de Richelieu, qui la possédait depuis sept ans environ (2). Le cardinal y avait fait commencer sur

(1) Sur le château d'Averton et la famille de Belin voir *Les Seigneurs de Belin et d'Averton,* par M. Leguicheux, 1883, p. 42, la notice de MM. les abbés Bressin et Lamarre, 3e édition, 1862, p. 146 et suiv. ; l'*Annuaire de la Mayenne* pour 1824, p. 22 ; Pesche, *Dictionnaire de la Sarthe,* I, 145, V, 268, etc.

(2) Cette terre avait été vendue le 13 septembre 1367 par Guillaume Chamaillard, sire d'Antenaise à Jean Turpin, seigneur de Saint-Julien-en-Champagne, qui la revendit à Guillaume Becket pour le prix de 522 livres d'or de bon coin et loyal, le 5 mai 1368. Jacques de Maridor

un vaste plan la reconstruction du château du Plessis-en-
Saint-Gervais-en-Belin. Les constructions bien autrement
importantes du Palais Cardinal, du château de Richelieu,
etc., le firent renoncer à continuer les travaux du Plessis,
qui resta de la sorte inachevé, la façade construite n'étant,
dit-on, qu'une des ailes du projet primitif. Le 26 avril
1630, la vente de cette terre fut consentie en l'hôtel du cardinal à M. de Belin, « estant logé de présent en son hostel à
Paris, sis en la rue de Porte-foing, paroisse Saint-Gervais, »
par messire Michel Le Masle, prieur des Roches, chanoine de Paris, secrétaire de Monseigneur, demeurant à
Paris en son hôtel, rue Saint-Honoré. Le 21 mai, le cardinal
alors à Grenoble, ratifiait cette vente devant Michel Parti-
celle, conseiller notaire-secrétaire du roi. Le 5 juin, M. de
Belin reconnaissait lui-même le dit acte de ratification et
devenait définitivement propriétaire de la châtellenie de
Vaux, moyennant 30,000 livres tournois payées comptant.

Il adopta dès lors pour sa résidence aux portes du Mans
le château du Plessis, nouvellement reconstruit, magnifiquement situé, et abandonna celui de Belin, qui commença
à tomber en ruines, alors que celui du Plessis devint l'objet
de la sollicitude de son nouveau propriétaire (1). Dans un

en était devenu propriétaire à la fin du XIV⁰ siècle, par son mariage
avec la fille de Guillaume Becket. Le 23 juin 1623 elle avait été adjugée
25,000 livres à noble Jacques Lemaire, secrétaire ordinaire de la reine
mère pour et au nom de Richelieu, par suite de décret passé devant
Claude de Beaumanoir, sénéchal du Maine, sur dame Jacqueline de
Thevalle, épouse de Charles de Maillé, chevalier, seigneur de Brézé.
L'aveu rendu au roi, le 22 janvier 1624, par le cardinal pour la terre de
Vaux se trouve aux Archives de la Sarthe, ainsi que les actes de vente
qui sont ici relatés.

(1) Sur ce château du Plessis détruit il y a peu d'années, voir Pesche,
V, 270 et M. Leguicheux, p. 41. — Ni la terre de Vaux, ni le château du
Plessis ne figurent au nombre des terres possédées par Richelieu, sur
lesquelles M. le vicomte d'Avenel a donné de récents renseignements
dans la *Revue historique*. On n'a malheureusement sur le Plessis aucun
des renseignements qu'on possède sur les châteaux de Limours, de
Rueil, de Richelieu, etc.

codicille de son testament du 17 septembre 1638, M. de Belin déclare qu'il « entend que la chapelle et le pavillon qu'il a fait commencer à faire au chasteau du Plessis soient parachevés. »

Pour se consoler de tous ses malheurs, de la mort de sa femme et de la perte de la faveur royale, le comte de Belin ne se contentait pas de se créer ou d'embellir de splendides résidences, et de se livrer avec passion aux plaisirs de la chasse, il se mit à aimer la poésie et les poètes de théâtre, la comédie et peut-être aussi les comédiennes.

La troupe qui avait toutes les faveurs du grand seigneur manceau et de sa cassette était celle du Marais, dont Mondory était le principal personnage, et était devenu insensiblement le chef. Après avoir quitté l'hôtel d'Argent, elle avait joué d'abord dans le jeu de paume de La Fontaine, rue Michel Lecomte, puis avait été forcée de se mettre à courir la province et s'était enfin fixée dans une salle de la Vieille-rue du Temple, entre les rues de la Perle et des Cultures-Saint-Gervais. Après Mondory, ses sujets d'élite étaient la Villiers, ainsi que Lenoir et sa femme, tous deux bons acteurs, qui avaient été attachés d'abord au prince d'Orange. La femme de Lenoir était une aussi jolie personne qu'on peut trouver. S'il faut en croire cette mauvaise langue de Tallemant, qui me paraît, comme je l'ai déjà dit ailleurs, s'être placé en dehors de la vérité, elle eut été la protégée du comte de Belin, qui aurait été de la sorte un Mécène en partie double. D'après Tallemant, M. de Belin faisait composer des comédies par ses poètes, à condition qu'elle eut le principal personnage. « Il en étoit amoureux et la troupe s'en trouvoit bien (1). »

Pour mettre ces comédiens en réputation, il avait prié Madame de Rambouillet de souffrir qu'ils jouassent chez

____

(1) Voir pour plus de détails la *Troupe du roman comique dévoilée et les Comédiens de campagne au XVII*e *siècle*, p. 33, 37 et suiv. et Tallemant, *Historiettes*, t. VII, p. 172.

elle la *Virginie* de Mairet. Il avait ses entrées chez la célèbre marquise non seulement comme un des principaux membres de la société polie du temps, mais comme ami de M. de Rambouillet, qui comme lui était un des principaux personnages du Maine, grâce à ses titres de sénéchal de cette province, et de vidame du Mans, sans parler de ses biens et de la grande renommée de sa famille. La *Virginie* fut donc représentée par la troupe du Marais, dans l'hôtel de la célèbre *Arthenice*, dont les hôtes se donnaient parfois eux-mêmes le plaisir de se transformer en acteurs, ainsi que nous l'apprennent les *Mémoires* d'Arnauld, qui raconte comment en 1634 la *Sophonisbe* de Mairet fut jouée par Julie d'Angennes et les amis de sa mère.

Ce n'était pas seulement à Paris que M. de Belin patronnait les troupes de comédiens du temps.

Un autre contemporain qui a vu le grand seigneur manceau de plus près que des Réaux, Scarron, l'auteur du *Roman comique*, qui se trouvait alors dans le Maine où il séjourna de 1633 à 1640 environ, a donné place en son immortel roman à M. de Belin, et s'est plu à le portraire en beau sous les traits du marquis d'Orsé.

Voici ce portrait dans lequel il est impossible de ne pas reconnaître François d'Averton (1) :

« La pauvre troupe n'avoit pas encore bien fait ses affaires dans la ville du Mans ; mais un homme de condition qui aimoit fort la comédie suppléa à l'humeur chiche des Manceaux. Il avoit la plus grande partie de son bien dans le Maine, avoit pris une maison dans le Mans et y attiroit souvent des personnes de condition de ses amis, tant courtisans que provinciaux, et même quelques beaux esprits de Paris, entre lesquels il se trouvoit des poètes du premier ordre, et enfin il étoit une manière de *Mécénas moderne*. Il aimoit passionnément la comédie et tous ceux qui s'en

(1) Voir le *Roman Comique*, 2e partie, chap. XVII.

mêloient, et *c'est ce qui attiroit tous les ans dans la capitale du Maine les meilleures troupes de comédiens du royaume.* Ce seigneur, que je vous dis, arriva au Mans dans le temps que nos pauvres comédiens en vouloient sortir, mal satisfaits de l'auditoire manceau. Il les pria d'y demeurer encore quinze jours pour l'amour de lui, et pour les y obliger leur donna cent pistoles, et leur en promit autant quand ils s'en iroient. Il étoit bien aise de donner le divertissement de la comédie à plusieurs personnes de qualité de l'un et de l'autre sexe, qui arrivèrent au Mans dans le même temps et qui y devoient faire séjour à sa prière. Ce seigneur que j'appellerai le marquis d'Orsé, étoit grand chasseur, et avoit fait venir au Mans son équipage de chasse, qui étoit des plus beaux qui fut en France.... »

Ce *Mécénas moderne* n'est autre que M. de Belin (1). Les preuves en abondent, et ne pouvant toutes les citer ici, je me bornerai à rapporter ce que dit de lui à la même époque l'angevin La Pinelière, l'auteur d'*Hyppolite*, dans son curieux livre du *Parnasse ou le critique des poètes.*

Parlant des petits messieurs, petits faiseurs de vers qui importunent les poètes et veulent se donner de l'importance en feignant de connaître les auteurs et les Mécènes en vogue, il dit : « Ils se vantent aussi d'avoir quelques fois l'honneur de voir le comte de Belin, encore qu'ils ne l'ayent jamais veu, si ce n'est au cours ou à la comédie, et employent tout leur pouvoir et tous leurs amis pour le cognoistre et luy aller faire la révérence, parceque ce seigneur a le goût des bonnes choses ; que c'est un des plus dignes juges de la poésie que l'on puisse trouver à la cour ; qu'*il a dans sa maison deux des plus belles muses et des plus éloquentes qui paroissent sur le théâtre*, et qu'au lieu d'assembler autour de soy des phanfarons et des gens

---

(1) L'identification faite par M. Anjubault du marquis d'Orsé avec le comte de Tessé (voir l'édition du *Roman comique* de la Bibliothèque elzévirienne, II, 70), n'est qu'une hypothèse sans aucun fondement.

impolis et malfaits comme ceux de sa condition font ordinairement il y attire les plus beaux esprits et se fait une
petite cour de poètes (1). »

Voilà bien là le patron des poètes et du théâtre, le *Mécénas*
moderne dont il est question dans le *Roman comique*.

Voici maintenant pour le *grand chasseur*, dont parle
Scarron. M. de Belin avait été précisément un si grand
chasseur qu'en plein dix-huitième siècle la mémoire de ses
exploits cynégétiques survivait encore dans le Maine. On en
jugera par une lettre du 8 novembre 1711, qu'écrivait de
cette province un des plus spirituels hôtes du maréchal de
Tessé :

« Comme ce pays est fait pour les choses extraordinaires,
il s'y est fait depuis quinze jours un mariage d'un gentilhomme âgé de cent-trois ans avec une fille de vingt-deux.
Ce gentilhomme étoit écuyer du comte de Belin, *grand
chasseur du temps de Louis XIII*. Si M. l'abbé Renaudot
veut mettre ce mariage dans sa *Gazette*, vous pouvez lui
dire qu'il s'est fait au bourg d'Averton, bas et très bas
Maine, et le vieux noble s'appelle La Varenne (2). »

J'espère que personne, après ces preuves de divers genres,
ne se refusera à reconnaître le comte de Belin dans le marquis d'Orsé du *Roman comique* (3) et je reviens en hâte aux

---

(1) Voir *Le Parnasse*, Quinet, in-8°, p. 62 et 63. Dans le *Parnasse*, M. de
Belin est seulement appelé M. le comte D. B.

La Pinelière, qui faillit un instant devenir le Mentor du jeune abbé
de Lavardin au lieu de Costar, est aussi l'auteur de la tragédie
d'*Hyppolite*, Sommaville, 1635. On trouve en tête des deux œuvres des
vers de de La Rivière, Benserade, Corneille, de Buys, de Montereul,
d'Alibray, de la Visseule, Carpentier, de Hautgalion, Hélène de Cl., de
l'Ardellière, Lefebvre, *nantais*.

(2) Voir une lettre tirée des cartons des chevaliers du Saint-Esprit, à
la Bibliothèque Nationale au mot *Froullai*, citée par M. Hauréau,
Histoire littéraire du Maine, 2ᵉ édition, t. V, p. 74.

(3) Je donnerai bientôt du reste de curieux renseignements sur une
troupe de comédiens de passage au Mans en 1633, protégée par M. de
Belin.

poètes du Mécène manceau, dont ses comédiens nous ont éloigné pour un instant.

Le poète que les dates nous montrent le premier dans l'ordre du temps en rapport avec M. de Belin, est un alençonnais, Le Hayer du Perron, fils du procureur du roi à Alençon. Ce futur auteur des *Palmes du juste* et des *Poésies morales* lui adresse en ces termes, dès 1633, la dédicace de sa tragi-comédie des *Heureuses advantures* (1):

« A hault et puissant seigneur, messire François d'Averton, comte de Belin, baron de Milly, vidame de Meaux, etc.

Monsieur,

J'ay une si parfaite cognoissance de vos bonnes qualitez que je m'estimerois le plus malheureux de la nature, si je n'en tesmoignois partout mes ressentimens. J'advoue qu'une affection indiscrète m'oblige de vous offrir de mauvaises choses et que c'est effectivement agir pour mes intérêts de chercher un protecteur de votre mérite, dans le dessein que j'ay pris de faire voir au jour cet ouvrage. Mais quand je considère que vous possédez absolument tout ce qu'on peut désirer dans une âme généreuse, je me persuade que vous souffrirez avec charité les foibles productions d'un esprit qui ne respire que pour vous. Et je puis aussi dire sans vanité que si vous me faisiez l'honneur de m'employer, vous remarqueriez asseurément que je scaurois de meilleur grâce exposer ma vie et mon bien pour vostre service que faire des vers ; c'est un mestier que je n'affecte pas, quoy qu'il y ait beaucoup de gloire et de satisfaction à réussir dans un si bel art. Plust à Dieu, Monsieur, que vous peussiez pénétrer dans mon cœur, vous verriez que je n'ay point de plus haute ambition que de m'estudier à vous plaire et si la fortune me favorise tant que vous ayez agréable ce premier essay de ma plume, je seray bien mieux récompensé de ce petit travail que si j'en retirois l'approbation générale de tous les autres hommes. Je me promets que si vous le re-

(1) A. de Sommaville, 1633.

gardez d'un œil favorable, il sera receu des plus difficiles, puisque vos sentimens sont si advantageux que les plus forts génies de la cour font gloire de s'y accomoder. Je médite un nouveau dessein qui ne vous desplaira pas, lorsque je pourray respirer plus librement dans vostre belle solitude de Lorgery ; tous mes vœux et toutes mes pensées vous feront bien cognoistre que je ne souhaite pas au monde de plus précieuse qualité que celle que je conserverai toute ma vie de, Monsieur, vostre très-humble et très-obéissant serviteur,

Le Hayer du Perron. »

Cette épitre dédicatoire est suivie de ces vers également adressés au comte de Belin :

> « Rare merveille de ce temps,
> Astre fameux qui nous esclaire,
> Aujourd'huy mes vœux sont contens
> Dans le soin que j'ay de te plaire.
> Une si forte ambition
> Sollicite ma passion
> A discourir de ton mérite,
> Que ta vertu qui charme l'univers
> Se trouveroit bien mieux escrite
> Dans mon âme que dans mes vers. »

Comme hommages poétiques à Le Hayer du Perron, on trouve en tête de sa tragi-comédie des vers du comte de Chasteau-Roux, de Saint-Ouen, de Scudéry, J. Baudoin, Burnel de Marlou, et même un sonnet d'un poète napolitain.

Scudéry fait à la fois l'éloge du poète et celui de son protecteur :

> « Mais d'un plus riche ornement
> On voit en ouvrant la scène
> Que le choix de *ton Mécène*
> Signale ton jugement,
> Et que la dent de l'envie
> Ne peut rien sur tes vers, non plus que sur sa vie. »

Nous retrouverons plus d'une fois M. de Belin en relations avec Scudéry ; mais j'ai hâte d'arriver à ces « deux des plus belles muses et des plus éloquentes qui paroissent sur le théâtre, » et qu'il avait dans sa maison, aux dires de Guérin de La Pinelière, en 1635.

Les deux rois de cette petite cour de poètes, qui se tenait dans le Maine, ces deux muses éloquentes que met en relief l'auteur du *Parnasse*, si plein de révélations piquantes sur le théâtre d'alors, c'étaient tout simplement Mairet et Rotrou.

Parlons d'abord de Mairet, dont Tallemant a signalé les liens avec François d'Averton. « Le comte de Belin qui avoit Mairet à son commandement faisoit faire des pièces à condition que la Lenoir eut le principal personnage (1). » C'est peu et c'est trop : C'est peu sur le compte de Mairet. C'est trop sur le compte de M. de Belin, qui continua, à partir de 1635, à protéger les comédiens du Marais, malgré le départ de la Lenoir, qui n'était donc pas le seul motif du patronnage accordé par lui à la troupe de Mondory. Heureusement Mairet nous donne des détails à la fois plus exacts et plus circonstanciés sur le protecteur qu'il avait eu la bonne fortune de rencontrer. Après la mort du duc de Montmorency (3 octobre 1632), M. de Belin avait retiré chez lui l'auteur de la *Sylvie* et l'emmenait souvent dans le Maine. C'est dans les diverses terres de cette province, où le poète suivit son nouveau bienfaiteur, qu'il composa les pièces de théâtre qui succédèrent à la *Sylvie* et à la *Silvanire*. Il fallait pour nid à tous les poètes d'alors le château d'un grand seigneur, pour qu'à l'abri du besoin, et sans crainte des difficultés de la vie ils pussent commercer en paix avec les muses et avec Apollon. Les applaudissements n'auraient pas suffi à les faire vivre, et Maynard avait grand soin de dire de Saint-Amant :

(1) *Historiettes,* VII, 172.

> Le laurier n'est pas une étoffe
> Dont il veuille un habillement.

Mairet, que le succès de la *Sophonisbe*, avait cependant doté d'une gloire sans pareille, déclarait aussi qu'il aimait le laurier... servant à la décoration d'un jambon de Mayence et qu'il préférait à la louange de bonnes hécatombes de Poissy avec une large effusion de vin d'Arbois, de Beaune et de Coindrieux. Il se trouvait apparemment fort bien à la table du comte de Belin, dont il nommait les terres *autant de Parnasses*, et chez qui il acheva de s'instruire « à la pratique du monde, de la bienséance et de l'honneur. »

Ce fut, dit-il, pendant les six années passées là, qu'il composa en différents temps le *duc d'Ossonne*, la *Virginie*, la *Sophonisbe*, la *Cléopâtre ou Marc-Antoine*, le *Soliman*, l'*illustre Corsaire*, *Roland furieux* (dont la dédicace nous donne ces détails), enfin l'*Athénais* et *Sidonie*. Il a eu soin au reste d'exprimer sa reconnaissance envers son protecteur dans les diverses épîtres dédicatoires qu'il plaça en tête de ses tragédies, dont beaucoup, ne l'oublions pas, ne furent imprimées que longtemps après leur représentation.

Dans une des premières, dans la dédicace des *Galanteries du duc d'Ossonne*, datée du 4 janvier 1636, et adressée à Antoine Brun, procureur général au Parlement de Dôle (1), il disait déjà de son Mécène :

« Dieu m'a fait la grâce de trouver un amy particulier tel que je pouvois le souhaiter, en la personne de M. le comte de Belin, père de celuy que vous avez pu voir à la Franche-Comté, qui tout grand seigneur qu'il est, et d'une condition à me pouvoir commander en maistre, adjoute néanmoins aux biens qu'il me fait, celuy de la liberté qu'il m'a laissée. C'est dans sa maison qu'on prendroit pour la véritable académie des beaux esprits, n'estoit que l'on y fait trop bonne

____

(1) Paris, Rocolet, in-4°, 1636.

chère, que je mène une vie dont le repos n'est troublé que du souvenir d'une maîtresse. Depuis *Silvanire*, que je composay sous les ombrages de Chantilly, je dois le reste de mes derniers ouvrages au soin qu'il a pris de me solliciter de les faire. Voicy le premier que j'ay fait auprès de luy. »

Ce fut à M. de Belin que Mairet dédia la *Cléopâtre* (1). Mais c'est surtout dans la dédicace de *Roland furieux*, imprimé après la mort du comte (Courbé, 1640, in-4°), qu'il exprima sa reconnaissance envers son protecteur dont il sut dignement célébrer les grandes qualités. Cette dédicace, adressée au fils de M. de Belin débute avec infiniment d'esprit et de délicatesse. Mairet lui dit que malgré l'estime très-particulière qu'il a pour lui, il ne la lui adresse qu'à défaut d'une personne qui n'est plus :

« Je vous tiens cependant si raisonnable et si généreux que vous ne ferez pas difficulté de remplir la place de la personne dont je parle, quand vous scaurez qu'elle a possédé tous les advantages d'âme et de corps qui peuvent rendre considérable durant la vie et respectable après la mort un homme d'illustre naissance. A la seule inspection de son visage, on pouvoit connoistre aisément et sans se tromper la disposition naturelle de son cœur aux choses bonnes et relevées. Il estoit riche et magnifique sans faste, habile et délicat sans suffisance, bien fait et bien faisant, sans vanité, charmant et facile en sa conversation, discret et gracieux en ses railleries, égal et presque inimitable en ses manières, ardent et loyal en ses amitiés, fidelle et ponctuel en ses promesses. Enfin, outre qu'il avoit toutes les excellentes parties qui doivent entrer en la composition d'un véritable gentilhomme, il estoit encore estimateur amoureux de la vertu soubs quelque habit qu'elle luy parust. Quoy que la mienne soit assez médiocre, je dois néanmoins l'honneur de sa connaissance à cette généreuse inclination qu'il eust toujours pour les bonnes choses en général et

____

(1) A. de Sommaville, in-4°, 1637 avec privilège du 30 mai.

pour la poésie en particulier. Il prit plaisir de caresser les
muses en ma personne et les charmes que je descouvris en
la sienne me lièrent si fortement à luy, par les seules
estraintes de l'estime et de l'amitié, que le seul tombeau s'est
treuvé capable de m'en séparer après six ans d'attachement.
Je pense M' que ces derniers traits de crayon vous doivent
rendre connoissable sur ce papier le portrait en petit de feu
Mgr vostre père, dont la mémoire et les actions me seront
éternellement recommandables. Si les louanges que je luy
donne estoient des vérités moins éclatantes qu'elles ne sont,
il me seroit facile de les éclairer du tesmoignage de trois ou
quatre provinces, et particulièrement de celle du Maine, où
tous les honnestes gens de l'un et de l'autre sexe ne sont
pas encore consolez de la perte d'un si grand homme, non
plus que de celle de son incomparable amy, l'illustre et
magnifique Charles de Beaumanoir, dernier évêque du
Mans. Au reste on ne scauroit dire avec raison que sa
faveur ou ses emplois fussent la cause ny le soutien de son
crédit auprès du peuple et de la noblesse : il estoit considérable de lui mesme, et c'est purement en sa vie qu'on a
sujet de remarquer la vieille querelle du mérite et de la
fortune, qui, n'ayant pu souffrir qu'il ayt vescu dans l'exercice des grandes charges, n'a sceu pour le moins empescher
qu'il ne soit mort dans la réputation de les avoir bien
méritées.

« Il est vray que les eaux et les rochers de Milly, les landes,
les parterres et les grandes allées du Plessis, l'Hermitage,
le parc et les salles dorées du magnifique palais d'Averton,
l'agréable désert du petit Orgery son voisin, joint à la pro-
fonde solitude des vastes forests qui l'environnent et les
autres manoirs de ce généreux seigneur ont esté les divers
parnasses ou j'ay composé en divers temps *le duc d'Ossonne*,
*la Virginie, la Sophonisbe, la Cléopâtre, le Solyman, le
Corsaire illustre*, et *le Roland* ; mais ce dernier a cela de
plus que ce fut pour luy proprement et pour l'amour de luy
que je le fis. L'amitié qu'il avoit pour ce sujet...... contribua
beaucoup à me le rendre plus aymable et le soin que j'ay
tousjours eu de luy plaire me le fit accomoder en la scène
autant que sa nature l'a pu souffrir. »

Mairet termine cette belle page par l'éloge du fils du comte de Belin. Il espère qu'il sera digne de son père et qu'il héritera de ses amis et de son courage. Il l'invite même à retenir sa vertu, à modérer son ardeur, lui citant comme exemple, pour ne pas suivre en toute occasion les mouvements impétueux d'une valeur immodérée, « le destin de ce généreux aisné qu'un malheureux combat nous a ravy depuis deux ans par une fin précipitée....

« Il faut, Monsieur, que vous prescriviez des bornes au malheur de vostre maison et, jouissant d'une plus longue vie que ce brave frère, que vous donniez aussi une carrière de plus longue estendue à votre mérite. C'est l'espérance et le souhait de votre très humble et très fidèle serviteur, Mairet (1). »

Nous aurons à reparler de Mairet à propos de la querelle du *Cid*, mais disons tout de suite ce qui honore M. de Belin, et prouve qu'il n'était pas un Mécène vulgaire à la façon de Montoron, mais bien au contraire le véritable inspirateur du poëte, c'est que Mairet garda le silence, c'est qu'il cessa d'écrire lorsque s'éteignit l'amateur distingué, le grand seigneur homme de goût, qui tenait sa verve en haleine et la soutenait de ses conseils et de son amitié.

L'autre Muse éloquente que M. de Belin avait dans sa maison, ce qui ne l'empêchait pas d'étendre au dehors ses faveurs à d'autres poëtes, c'était Jean Rotrou. La connaissance avait été facile entre eux, par suite de la sympathie du comte de Belin pour le théâtre et les comédiens. Elle remontait à une époque déjà ancienne, s'il faut prendre complétement à la lettre les dires de la dédicace que Rotrou

---

(1) Cette tragi-comédie de *Roland* fut achevée d'imprimer le 20 février 1640, in-4º, chez Courbé. Emmanuel d'Averton, le frère du comte dont parle Mairet, était mort le 1er août 1637 des suites d'une blessure. Les souhaits de longue vie que formait Mairet pour René d'Averton ne furent pas exaucés ; il mourut d'une façon bien tragique dès la fin de 1642.

fit de sa *Doristée*, vers le milieu de 1634, « A M. le comte de Belin, baron de Milly, seigneur du Bourg d'Averton, de Lorgerie, etc. »

« Souffrez, lui dit-il, que cette Doristée, *qui prit le jour en vostre maison* (1) aille s'y plaindre de la violence qu'on luy a faite ; elle espère de vous cette courtoisie par la connoissance de celles que son père en a receues et n'a de regret d'avoir été ravie par d'autres que pour le dessein qu'elle avoit de se donner à vous (2)..... En se donnant devant son malheur elle eut prétendu d'estre caressée, au lieu que honteuse qu'elle est à présent elle ne demande que d'estre receue. Obligez la fille pour l'amour du père et adjoutez, s'il vous plaist, cette faveur *aux infinies obligations* qui me font, outre votre mérite, être passionnément, Monsieur, vostre très humble, très obéissant et très obligé serviteur. »

La seconde dédicace adressée par Rotrou à son protecteur est encore plus explicite et montre bien que le grand seigneur, qui avait sans doute contribué à mettre Rotrou en pleine possession de sa liberté, se plaisait à compter le jeune poëte au nombre de ses hôtes. Cette dédicace est celle des *Ménechmes* de Plaute, la première comédie que le jeune auteur ait imitée du théâtre antique, et qui fut achevée d'imprimer le 30 avril 1636 :

« J'ai beau rechercher les moyens de vous payer en quelque sorte de ce que je vous doy, je trouve après tout que les obligations que je vous ay sont des debtes dont il faut que je demeure insolvable. *Les courtoisies que je reçoy*

____

(1) Cela donnerait à croire que dès 1630 M. le comte de Belin protégeait le jeune Rotrou et l'accueillait chez lui, soit à Paris, soit dans le Maine.

(2) Comme dans l'*Avertissement au lecteur*, Rotrou fait longuement allusion à la première édition furtive et non avouée par lui de *Cléagénor et Doristée*.

chez vous se donnent trop prodiguement pour me laisser aucune espérance de les mériter..... Je recognoy les bontez que vous avez pour moi de toutes les forces de mon ame.... Souffrez que ces deux jumeaux que j'ay habillez à la françoise se montrent sous votre protection. Je les ay flattez de cette espérance par la cognoissance que j'ay de l'honneur que vous leur faites *de les aymer.* »

Je passe les protestations de reconnaissance et les demandes de continuation de faveurs adressées par le poëte à son bienfaiteur. On voit que M. de Belin avait su goûter l'imitation, pour ne pas dire la traduction, que Rotrou avait faite de la pièce du grand comique latin, auquel il devait encore faire plus d'un emprunt. Aussi le poëte, heureux des courtoisies qu'il recevait chez le grand seigneur son patron, s'empressait-il de lui dédier celle des quatre pièces vendues par lui au libraire Sommaville, moyennant sept cent cinquante livres tournois, le 11 mars 1636, qui avait été la première imprimée (1).

Il est probable que dès lors Rotrou suivait parfois dans le Maine M. de Belin, qui ne faisait qu'un assez court séjour à Paris pendant l'hiver. A Paris leurs relations étaient d'autant plus faciles que le poëte habitait au Marais du Temple, rue Neuve-Saint-François, tout près de la rue Porte-Foin où le protecteur de Rotrou avait son hôtel, non loin du Théâtre du Marais, l'objet de ses faveurs (2). L'auteur des

---

(1) Ce contrat de vente, qu'a fait connaître Jal, comprend avec les *Ménechmes,* la *Céliane,* achevée d'imprimer le 13 février 1637, la *Célimène,* achevée le 8 octobre 1636 et l'*Amélie,* dont l'impression fut terminée seulement le 23 novembre 1637.

(2) La demeure de Rotrou, à cette date, nous est révélée par ses deux traités avec Sommaville, qui nous apprennent que noble homme Me Jean Rotrou, *advocat en la cour de Parlement,* demeure rue Neuve-Saint-François, paroisse Saint-Gervais. Celle de M. de Belin ressort du contrat de la vente de la terre de Vaux, qui lui est faite par le secrétaire de Richelieu, au nom du cardinal, en 1630, et où il est dit logé en son hôtel, à Paris, sis en la rue de Porte-Foing, paroisse Saint-Gervais. On

Ménechmes était alors en pleine renommée. En le patronnant
en même temps que Mairet, M. de Belin avait bien réelle-
ment pour protégés les deux plus éloquentes Muses du
Théâtre, les deux poëtes dramatiques les plus célèbres
alors, dont l'éclat reléguait dans l'ombre l'astre naissant de
Corneille. La gloire de Rotrou, on l'a vue proclamée en tête
de la *Célimène*, par les vers de son panégyriste déclarant
« qu'il est au bout de la carrière ». Elle ressort plus vive
encore peut-être de la curieuse page de la Pinelière, qui
met en scène les aspirants poëtes de son temps, se plaisant
à montrer à ceux de leur compagnie, à l'hôtel de Bourgogne,
les poëtes en vogue, leur répétant : « Voilà M. de Rotrou et
M. du Ryer », leur disant : « que l'*Innocente infidélité* est
la plus belle pièce de Rotrou, quoy qu'on ne s'imaginast pas
qu'il peust s'élever au-dessus de celles qu'il avoit desjà
faites » (1). M. de Belin pouvait donc être aussi fier de la jeune
réputation de l'auteur des *Ménechmes* que de la vieille
renommée de Mairet.

Indépendamment de ces deux poëtes, le Mécène manceau
entretenait d'étroites relations non seulement avec d'autres
auteurs dramatiques tels que Scudéry, mais avec les
principaux lettrés de son temps, ainsi que le prouve la
correspondance de Chapelain. Dès le commencement de
1635, Chapelain qui lui adresse d'assez nombreuses lettres,
l'appelle « le père nourricier des bien disants », et vante
« les grâces qu'ils reçoivent tous les jours de lui ». Il
le montre en relations avec Balzac, Mademoiselle de
Scudéry et son frère, Boisrobert, l'abbé de Cerisy, etc. (2).

sait que cette rue commence rue des Enfants-Rouges et finit rue du
Temple.

(1) *Le Parnasse*, p. 60 et 62.

(2) « M. de Balzac vous attendra à dix heures ». *Lettres de Chapelain*,
p. 94. Bien que non datée, cette lettre est de mars ou d'avril 1635. Le
22 avril 1635 le comte de Belin était lui même de retour au Mans, où
on lui présentait à cette date le vin de la ville. — « M. et Melle de Scudéry

Une des lettres les plus intéressantes qu'il ait adressées à M. de Belin, resté contre son habitude au fond du Maine pendant l'hiver, lettre que j'ai été le premier à faire connaître (1), donne de curieux renseignements sur l'intérêt qu'il témoignait au Théâtre du Marais, à la fin de l'année 1636. A cette époque Lenoir et sa femme avaient quitté la troupe de Mondory, sur l'ordre du roi, depuis deux ans déjà, ce qui montre bien, je le répète, que Tallemant s'est placé à côté de la vérité en disant que la protection du du comte de Belin envers le Théâtre du Marais tenait à la présence de la belle actrice.

« Monsieur, si les baises mains que Mairet m'a fait de vostre part sont effectifs et véritables, je ne fais que ce que je dois de vous en témoigner par escrit mon ressentiment!... Il est vray que j'aimerois bien mieux que vous vous souvinssiés de moy *dans vostre royaume du Marests* que dans votre empire du Mayne... A vostre retour, si les choses ne changent, vous trouverés les grands comédiens avoir regagné le dessus sur les petits, nonobstant la protection que vous avés donnée à M. de Mondory (2) auprès des puissances, et le restablissement de son crédit sera un ouvrage digne de l'affection que vous avés pour luy. Et de peur que vous ne croyés le mal plus grand qu'il n'est, mes originaux ne m'ont dit autre chose, sinon que l'hôtel de Bourgogne plaisoit plus que le tripost du Marests, au goust de ceux à qui chacun d'eux essaye le plus à satisfaire. C'est pourquoy vous vous consolerés aisément de ce malheur..... (3). »

L'année 1636 n'avait pas été bonne apparemment pour la troupe de Mondory, malgré la protection du Cardinal de Ri-

sont icy, qui se tuent de publier vos générosités et vos courtoisies. » *Lettres de Chapelain*, 22 janvier 1637, p. 134. Voir aussi p. 181.

(1) *La troupe du Roman comique*, p. 37.

(2) Mondory a eu d'illustres protecteurs dans la personne de Richelieu, du cardinal de La Valette, du comte de Belin, de Balzac.

(3) *Lettres de Chapelain*, p. 131, 8 décembre 1636. — Cette lettre peut servir à prouver que la représentation du *Cid* est postérieure au 8 décembre 1636.

chelieu. Heureusement Corneille avec le *Cid* allait ramener les beaux esprits au théâtre du Marais. Mais d'autre part, le succès de cette pièce, à jamais célèbre, allait faire naitre une querelle, restée obscure dans plusieurs de ses péripéties, parmi lesquelles il me faut raconter ce qui a trait au rôle qu'y jouèrent M. de Belin et les poètes de son entourage.

CHAPITRE CINQUIÈME

Rotrou dans le Maine, en février 1637. — La Correspondance de Chapelain. La représentation du *Cid* et des *Sosies*. — La part prise par Mairet dans le Maine à la querelle du *Cid*. — M. de Belin mêlé à cette querelle. — Un des *duumvirs* supposé ennemi de Corneille comme le Cardinal. — Les obscurités de la polémique du *Cid*. — Les *Moliéristes* à imiter. — Encore un innommé de la lutte ! — Corneille menacé de coups de bâton dans un jeu de paume à Rouen. — *Un factum inconnu de la querelle du Cid.* — Les Cornéliens et les Anti-Cornéliens. — Corneille accusé d'ingratitude envers les Comédiens du Marais. — La dédicace de la *Didon* de Scudéry à M. de Belin. — Le Maine, foyer de Conspiration contre le *Cid* et le Feuillant manceau André de Saint-Denis. — Rotrou dans ce milieu anti-Cornélien. Le rôle légendaire de Rotrou dans la querelle du *Cid*. — *Io contra todos, todos contra io.* — Fausseté de la légende. — Le rameau d'olivier. — Rotrou arbitre entre Corneille et Scudéry, et auteur probable de l'*Incognu et véritable ami de Messieurs de Scudéry et Corneille.* — Les appréciations contradictoires de cette pièce — Sa reproduction et sa critique. — Les dédicaces de la *Céliane* à la marquise de Pezé, et des *Sosies* à M. de Liancourt, marquis de Montfort-le-Rotrou. — La lettre apocryphe de Corneille à Rotrou du 14 juillet 1637. — Chagrins et maladie de M. de Belin. — Son testament dicté dans les jardins de M. de Beaumanoir, évêque du Mans. — Mairet inscrit au nombre de ses légataires. — Mort de M. de Belin. — La dispersion des Muses. — Mairet auprès de l'évêque du Mans, Mgr de la Ferté. — Les pièces de Rotrou après son retour à Paris. — Ses vers en tête des *Trahisons d'Arbiran* de d'Ouville, du *Coriolan* de Chapoton, de la *Belle Quixare* de Gillet de la Tessonnerie, de l'*Uranie* de Bridard. — La clôture de sa vie de jeunesse.

Nous voici arrivés, avec la fin de 1636, à l'apparition du *Cid*, qui éclate comme un coup de foudre dans un ciel serein.

Quelle part prirent à la polémique soulevée par le fameux chef-d'œuvre de Corneille, M. de Belin et Rotrou lui-même, voilà ce qu'on n'a pas dit jusqu'ici et ce que je voudrais essayer de mettre en lumière?

Une lettre de Chapelain, du 22 janvier 1637, écrite à M. de Belin, toujours retenu au Mans par la goutte ou par une faiblesse de jambes, met précisément en scène à la fois tous les noms de Corneille, de Mairet, de Scudéry et de Rotrou, à la veille de la célèbre querelle qui allait bientôt s'engager. Le prince de la critique annonce au grand seigneur la nouvelle de la représentation du *Cid*, sur la scène du Marais. Il nous montre Rotrou s'arrachant à Paris, au lendemain de la représentation de sa pièce des *Sosies*, jouée sur le théâtre de l'Hôtel de Bourgogne, alors que Rodrigue et Chimène sont en pleine fleur de jeunesse et de succès au Marais ; au lendemain du traité par lequel il vient de vendre, le 13 janvier, dix de ses pièces au libraire Antoine de Sommaville, et un mois avant la représentation de l'*Aveugle de Smyrne* au palais Cardinal.

L'auteur des *Sosies*, malgré tout ce qui devrait le retenir à Paris, pour jouir de son succès et plaire à Richelieu, s'en va en plein hiver, au fond du Maine, pour voir son protecteur, retenu par la maladie au Mans, loin du palais Cardinal et du théâtre de Mondory. C'est à lui que Chapelain confie le soin de rendre ses baisemains à M. de Belin. Le bel éloge qu'il fait du poète a d'autant plus de prix qu'il semble n'avoir donné que des louanges assez rares à Rotrou.

Voici la lettre de Chapelain (1) :

« A M. de Belin, au Mans. — Monsieur, Ne pouvant vous escrire éloquemment, et ne me pouvant empescher de vous escrire, je fay, ce me semble, adroittement de

____

(1) *Lettres de Chapelain*, p. 133.

donner ma lettre à porter à *M. de Rotrou*, entre les mains duquel elle passera sans doute pour bonne. *Je le tiens si officieux ami et d'ailleurs si riche des choses qui me manquent pour bien parler, qu'il couvrira volontiers mon deffaut par son abondance, et n'en sera pas plus pauvre pour cela. Je me remets donc à luy quant au bien dire* et me contenterai de vous dire véritablement que la continuacion de votre incommodité me touche tout ce qu'elle peut toucher un homme qui fait sincèrement profession de vous honorer.

» L'on m'a appris, à ma très grande douleur, que vous estiés tousjours faible de jambes et que si votre mal n'est pas la goutte, c'est quelque chose qui ne vaut pas mieux. Mais je me console dans l'observacion que j'ay faitte que ce mal mène un homme bien loin, et qu'il luy laisse beaucoup d'intervalles de santé dans lesquels il peut jouir de la vie et ses amis de luy. Je souhaitte de tout mon cœur que si celuy cy ne peut guérir entièrement qu'au moins il passe la durée de tous les autres et vous conserve, tout le temps qui me reste à vivre, pour l'objet de mon respect et de mon affection.

» Si Mʳ *Mairet* m'a traitté en ami, vous aurés sceu plus d'une fois, depuis que je vous ai écrist, le souvenir que j'ay de votre affection en mon endroit.

» Mʳ et Mˡˡᵉ *Scudéry* sont icy qui se tuent de publier vos générosités et vos courtoisies dont je suis bien extrêmement satisfait, mais non pas beaucoup étonné, connoissant comme je sais, ce que vous estes et ce que vous valés.

» Au reste, depuis quinze jours, le public a été diverti du *Cid* et des deux *Sosies* à un point de satisfaction qui ne se peut exprimer. Je vous ay fort désiré à la représentation de ces deux pièces, qui sans doute eussent fort contribué au soulagement de vostre mal, puisqu'ils ont servi à adoucir ceux du général, auxquels je prie Dieu d'apporter le parfait remède. Je suis, monsieur, vostre etc...

De Paris, 22 janvier 1637. »

On voit par là qu'au lendemain du premier mois des représentations du *Cid*, en février 1637, Mairet et Rotrou se sont trouvés réunis auprès de M. de Belin, protecteur du théâtre du Marais, et ami de Scudéry, dans la ville du Mans, où habitait alors aussi le jeune Scarron, et où ne s'est peut-être jamais revue pareille réunion de lettrés.

On sait quelle grande part prit Mairet dans la campagne ouverte contre l'auteur du *Cid*, à l'occasion de l'*Excuse à Ariste* que Corneille, il faut bien le reconnaître, eut le tort grave de publier, et de lancer à la face des poètes ses confrères, qui s'étaient montrés pleins de courtoisie à son égard. Ce fut l'auteur de la *Sophonisbe*, qui blessé par le ton de Matamore auquel s'était laissé aller l'auteur du *Cid* dans ses malencontreux vers *à Ariste*, ouvrit le feu contre lui en écrivant, du fond du Maine, l'*Auteur du vray Cid Espagnol à son traducteur françois*, qu'il signa du nom de Balthazar de la Verdad. Aussi Corneille lui disait-il, dans l'*Avertissement au besançonnois Mairet* : « Cette belle poésie que vous nous aviez envoyée *du Mans*, ne nous permettoit pas de douter que vous estes aussi savant en injures que votre ami Claveret. » A la suite de l'*Apologie de M. Mayret contre les calomnies du sieur Corneille de Rouen*. on trouve aussi précisément une lettre de lui, à l'adresse de Scudéry, contenant sa généalogie et datée de Belin le 30 septembre 1637 (1). Enfin c'est au Mans que lui écrit Boisrobert, le 5 octobre, pour l'inviter à mettre fin, sur l'ordre du Cardinal, à cette regrettable polémique, où les deux principaux champions s'étaient donné des torts réciproques.

Mairet, hôte et protégé de M. de Belin, ayant ainsi figuré au premier rang des adversaires de Corneille dans la querelle du *Cid*, et ayant écrit dans le Maine la plupart de ses factums contre le jeune rival qui venait d'éclipser sa vieille renommée, il est difficile d'admettre que le nom du comte de

(1) Mairet ne fut cependant pas sans faire des échappées à Paris pendant la durée de la querelle. *L'Epistre familière du s^r Mayret au s^r Corneille sur la tragi-comédie du Cid* est datée de Paris, 4 juillet 1637.

Belin ne se trouve pas dans la célèbre polémique, bien qu'on ne l'ait pas remarqué jusqu'ici. On l'y rencontre en effet, dans les écrits des deux adversaires. Mairet dans son *Apologie* parle « des bienfaits de son Éminence et *de la protection présente d'un généreux ami, que le monde connoît assez* (1). » Corneille de son côté, dans sa *Lettre du Désintéressé*, dit à Mairet : « tombez d'accord avec tout le monde que vous êtes exclu du Parnasse, si vous ne restituez la plus grande partie de votre réputation à un maître qui, par excès de bonté, ne s'est pas contenté de vous recevoir chez lui généreusement au fort de vos misères, mais qui, par son approbation et par l'honneur qu'il vous a fait en vous regardant d'assez bon œil, a obligé tous ses amis à dire du bien de vos ouvrages. C'est de lui seul que vous tenez le peu d'estime que vous possédez (2). » Ces allusions de l'auteur du *Cid* au protecteur de Mairet semblent mieux convenir à M. de Belin qu'au duc de Montmorency, mort depuis cinq ans, et montrent que Corneille savait fort bien quel était le patron de son principal adversaire.

Mais en dehors de ces allusions, M. de Belin ne figura-t-il pas dans la lutte d'une façon plus directe et plus personnelle?

Il semble qu'à côté du Cardinal de Richelieu un autre grand personnage ait pris part à la querelle du *Cid*. Bien qu'il soit resté dans la coulisse et que son nom n'ait pas été prononcé, il est plus d'une fois question de lui dans la polémique d'alors. On lit dans l'*Histoire de l'Académie* de Pellisson : « M. Corneille a toujours cru que le Cardinal et *une autre personne de grande qualité* avaient suscité cette persécution contre le *Cid* (3). »

Dans sa *Lettre apologétique* à Scudéry, Corneille disait

(1) Voir *Apologie pour M. Mairet*, p. 9. On sait que cette pièce rarissime a échappé aux recherches de M. Marty-Laveaux.

(2) Voir *Lettre du Désintéressé au sieur Mairet* dans les *Œuvres de Corneille*, édition Marty-Laveaux, t. III, p. 65.

(3) *Relation contenant l'histoire de l'Académie*, p. 138.

déjà : « Pour moi, bien que je n'aye guère de jugement, si l'on s'en rapporte à vous, je n'en ai pas si peu que d'offenser une personne de haute condition *dont je n'ai pas l'honneur d'être connu, et de craindre moins ses ressentimens que les vostres.* »

« Cette personne est inconnue » a écrit le dernier éditeur de cette pièce, M. Marty-Laveaux (1). C'est peut-être de M. de Belin tout simplement qu'il s'agit ici. — Chose surprenante, il reste encore bien des points obscurs dans la polémique du *Cid*. Bien des gens, et des plus lettrés, peuvent croire que la plus éclatante lumière règne en un pareil sujet, grâce à ce qu'ont écrit l'abbé Iraïlh, Granet, l'abbé Gorjet, Niceron, Voltaire, et de notre temps Taschereau, Hippolyte Lucas, MM. Marty-Laveaux, Jules Levallois, Deschanel et tous les autres commentateurs de Corneille. C'est une erreur. Si ceux qui ont participé à la querelle du *Cid* y ont semé à dessein les obscurités, les écrivains qui en ont parlé n'ont pas eu assez à cœur de les éclaircir. On ne connait ni les auteurs de la plupart des pièces de cette polémique, ni les personnages auxquels elles font allusion.

Les Moliéristes n'ont rien laissé à savoir de ce qui a trait aux luttes dans lesquelles fut engagé l'auteur de *l'Ecole des femmes.* Ils ont eux-mêmes publié les pamphlets dirigés contre Molière. Les Cornéliens, au contraire, semblent avoir voulu organiser le silence autour des écrits des adversaires de l'auteur du *Cid;* ceux-mêmes qui ont mis en lumière

---

(1) *Œuvres de Corneille*, t. III, p. 2 ; t. X, p. 329. Quelle était la pièce qui avait piqué Scudéry et que désavouait Corneille, en y faisant l'allusion qu'on vient de lire? On a cru qu'il s'agissait de la *Deffense du Cid.* J'ai parcouru les 28 pages in-4° de cette pièce, que M. Picot croit être sortie de chez L. Maury, de Rouen, et qui jusqu'à lui est restée inconnue de tous les critiques de Corneille; j'y ai trouvé une réfutation de Scudéry et de sa jalousie, critique plutôt littéraire que personnelle de son factum, mais rien qui me parut avoir trait au grand personnage auquel Corneille fait allusion. Peut-être s'agit-il de la pièce fort énigmatique parue sous le titre de *Lettre pour M. de Corneille contre ces mots de la lettre sous le nom d'Ariste?*

Mairet, Scudéry et leurs écrits et les ont ainsi pris sous leur patronage, ont paru avoir honte de parler longuement de cette prise d'armes contre Rodrigue et Chimène et n'en ont dit qu'un mot en passant. Ils se sont abstenus bien entendu de reproduire les divers factums du temps, comme si cette publication rétrospective eut pu faire pâlir la gloire de Corneille auprès de la postérité, comme si les critiques de ces pamphlets pouvaient entamer le bronze de sa statue (1).

Il y a là une lacune sur laquelle j'appelle l'attention des Curieux. Il faut que cette querelle soit enfin connue dans ses plus petits recoins, que toutes les pièces rares qui s'y rapportent soient enfin publiées et éclairées par des notes critiques, qui permettent de voir clair à travers les sous-entendus et de lire entre toutes les lignes. M. Picot qui, lui du moins, a porté tant de lumière sur cette querelle, et fait connaître l'existence de bien des pièces rarissimes ou même uniques de cette polémique, a singulièrement facilité la tâche des lettrés. Grâce aux précieuses indications de sa *Bibliographie Cornélienne*, dont on ne saurait lui être assez reconnaissant, il a permis de retrouver bien des factums émanés des amis de Corneille ou de ses adversaires. Il reste à les publier, en y intéressant le grand public, au moyen d'un commentaire inédit et piquant tout à la fois, tel que pourrait l'écrire plus d'un critique de Corneille et du *Cid*, dont le nom me vient en ce moment au bout de la plume.

Pour en revenir au personnage de grande qualité auquel il est fait allusion dans la querelle du *Cid*, il y a lieu de se demander si au lieu d'un seul, il n'y en a même pas

(1) Voir M. Bizos, *Etude sur Jean de Mairet* ; M. Livet, *Précieux et Précieuses*, in-12, p. 206 et suiv. Seul Théophile Gautier, dans les *Grotesques*, Michel Lévy, in-12, p. 292, a bravement pris la défense de Scudéry. — A part les *Observations sur le Cid* de Scudéry, les stances de Mairet sur l'*Autheur du vray Cid espagnol*, et le *Jugement du Cid par un bourgeois de Paris, marguillier de sa paroisse*, il n'a guère été reproduit de nos jours, parmi les factums sans nombre de cette polémique, que des pièces entièrement favorables à Corneille.

deux dont il soit question. M. Marty-Laveaux a pensé que ces diverses allusions pouvaient se rapporter à une seule personne; je serais porté a croire, qu'indépendamment du cardinal et de M. de Belin, un autre grand personnage est visé dans ce trop fameux tournoi littéraire.

Je veux parler ici, puisque j'en trouve l'occasion, d'un point bien obscur de cette polémique, et de la question de l'auteur de la *Lettre à .*. sous le nom d'Ariste*, pièce par laquelle les adversaires de Corneille répliquèrent aux vanteries arrogantes de l'*Excuse*. Cet auteur est resté inconnu, malgré les allusions faites à sa personne dans les deux réponses des Cornéliens, *Lettre pour Monsieur de Corneille contre les mots de la lettre sous le nom d'Ariste*, et *Response de *** à *** sous le nom d'Ariste*. Son nom ne ressort pas non plus des factums de Mairet, qui réfute ces deux derniers écrits, et désavoue la paternité de la *Lettre sous le nom d'Ariste*, que lui attribuaient Corneille ou ses amis.

Dans toutes ces différentes pièces, il s'agit d'un personnage semblant vouloir rester dans la coulisse, être à la fois invisible et présent, et qui, de part et d'autre demeure innommé. On me pardonnera de m'arrêter quelque temps à signaler, sinon à deviner cette énigme.

A la fin de la *Lettre à .*. sous le nom d'Ariste,* (Ariste qui n'est autre, ainsi que l'a justement deviné M. Marty-Laveaux que le feuillant André de Saint-Denys, l'ancien adversaire de Balzac (1),) on lit déjà cette phrase énigmatique : « Vous avez eu assez de complaisance pour mesdire d'une personne que vous ne cogneustes de votre vie (2)... Afin que vous ne tombiez plus en pareille extravagance, j'ay bien voulu vous apprendre par cette lettre de ne forcer plus une personne au ressentiment qui n'a pas songé à vous offenser. Adieu (3). » Cette personne, dont on conseille à Ariste, ou

----

(1) *Œuvres de Corneille*, t. III, p. 25 et 41.
(2) *Œuvres de Corneille*, t. III, p. 29 et suiv.
(3) *Lettre à .*. sous le nom d'Ariste*, 1637, p. in-8º, *in fine*.

plutôt à Corneille de ne pas provoquer le ressentiment, m'a tout l'air d'être l'auteur de la lettre en personne.

Mais quel est-il donc et pourquoi les voiles dont il se couvre? Si l'on s'en rapporte à la première réponse des Cornéliens, il s'agirait d'un jeune homme, moins pauvre que Claveret, mais d'une origine fort contestable, commensal habituel de Scudéry et très assidu à ses conférences. On l'appelle renégat, parce qu'après avoir d'abord donné des louanges au *Cid*, il s'est rangé du côté de Scudéry, qui avait approuvé cinq ou six mauvaises pièces rimées de ce soi-disant auteur.

Dans la seconde réponse de Corneille ou des Cornéliens, c'est au contraire Mairet qui est considéré comme le père de la pièce en question.

Vient à son tour Mairet lui-même. Dans son *Epistre familière* il se défend d'en être l'auteur, proteste de son estime et de sa déférence pour Ariste, et, de plus, déclare que Corneille en l'attaquant dans son second factum ne l'a fait que pour donner le change, et se mettre à couvert de l'orage qu'il appréhendait à cause de sa première *Lettre*: « car enfin, dit-il, celui qu'il y désigne et qu'il offense est de telle qualité qu'il a des domestiques d'aussi bonne condition que vous... et le rang qu'il tient dans la province où vous demeurez (en Normandie) est si haut, que si vous étiez bien avisé, vous iriez lui demander pardon du zèle indiscret de votre ami, qui vous peut être injurieux. »

Corneille se regimbe de son côté contre cette attribution que son adversaire veut faire de sa première *Lettre*, et lui réplique de la sorte dans l'*Avertissement au besançonnois Mairet* :

« Vous ne vous contentez pas de lui attribuer les deux réponses au libelle que vous désavouez : vous taschez de lui faire des ennemis dans sa province, en expliquant la première sur une personne de haute condition que vous n'osez nommer de peur de ses ressentimens contre une explication si impertinente. Ne recourez point à cette artificieuse imposture ; je puis asseurer que j'ai vu depuis deux jours écrit de sa main, qu'il n'a fait aucune des deux, et que non seulement il ne scait qui c'est que son ami dépeint dans la première, ni de qui vous parlez dans la vostre, mais qu'il tient mesme pour certain que cette réponse n'attaque personne dans la province (1). »

Cela devient de plus en plus obscur et prend des allures de sphinx. Mairet tient bon devant les allégations de Corneille et lui réplique dans l'*Apologie pour M. Mairet contre les calomnies du s^r Corneille de Rouen*, par ces curieuses allégations, que je n'ai vues reproduites nulle part et qui semblent mériter hélas ! d'avoir trouvé place dans le *Rôle des coups de bâton dans l'histoire littéraire :* « Quant à la deuxième lettre, on vous la pardonne, vous avez été contraint de la luy donner (2) pour satisfaire à la personne de condition qui, dans vostre bonne ville :

> Vous menaça d'un chastiment,
> Contre qui l'âme la plus lasche
> Frémiroit du ressentiment.
> Ce fut au jeu de paume en un coin, ce dit-on,
> Où dame Corneille enfermée
> Tremblant sous la main du Faucon (3)
> Pour la deuxième fois crut être déplumée.
> Le bruit mesme en court un petit
> Que la pauvrette en esmuttit.

..... Sans la générosité de M. de Scudéry qui se contente de vous avoir accablé de raisons, le chastiment et la menace dont je vous parle eussent été la mesme chose et certes

(1) *Œuvres de Corneille*, t. III, p. 30 et 68.

(2) C'est-à-dire de l'attribuer à Mairet, voir l'*Apologie*, p. 28.

(3) « Le sieur Corneille comprendra cette allusion, s'il lui plaît », est-il dit en note.

vous l'eussiez bien mérité pour avoir eu l'impudence de médire d'une maison qui se peut justement vanter d'une noblesse de quatre ou cinq siècles (1). »

Voilà tout ce qui a trait à ce personnage de grande qualité, habitant la Normandie, Rouen même à ce qu'il semble, et dont on n'a pas cherché à savoir le nom jusqu'à ce jour. Il ne saurait être ici nullement question du comte de Belin, ce qui m'a fait dire qu'il n'était pas le seul haut personnage, auquel, sans parler du cardinal, il était fait allusion dans la polémique du *Cid*. De qui s'agit-il ? Il serait trop long de s'en enquérir à cette place. Je préfère laisser les érudits normands, ceux qui comme M. F. Bouquet connaissent si bien l'histoire du théâtre de Rouen, dire le dernier mot de cette curieuse énigme et je reviens à M. de Belin (2).

(1) Mairet dit qu'il a su ces détails par une lettre de *M. de Charleval*, qui ne craint, ni n'estime Corneille. Il rappelle à son adversaire « les particuliers et les familles entières qu'il a offensés à cause du *Cid* » et dit que Corneille « n'a aucune disposition à la raillerie des honnestes gens, qu'il a trop de bile pour railler de bonne grâce. »

La pièce principale de la polémique où il soit question de menaces de coups de bâton à l'adresse de Corneille, n'a jamais été citée par personne, pas même dans la *Bibliographie Cornélienne* de M. Picot, c'est tout dire. C'est *la suite du Cid en abrégé, ou le triomphe de son auteur en despit des envieux à Villiers Cotrets, chez Martin Baston, à l'enseigne du Vert Galand, vis à vis la rue des Mauvaises paroles*, 8 p. in-8°. Cette suite, c'est la menace pour Corneille, de cinquante coups de bâton bien appliqués. On trouvera à la fin du tirage à part de cette étude la reproduction de ce pamphlet inconnu.

(2) Qu'on me permette cependant d'indiquer que les allusions de la *Lettre pour Monsieur de Corneille contre les mots de la Lettre sous le nom d'Ariste*, semblent pouvoir se rapporter à Sarrasin. — Sarrasin a été l'ami, le caudataire de Scudéry qu'il a défendu contre Corneille dans son curieux *Discours de la Tragédie* publié en tête de l'*Amour Tyrannique* (1639), sous le nom de Sillac d'Arbois. On sait ce que Tallemant dit de sa naissance, malgré ses prétentions à une origine plus relevée et son titre d'écuyer, sieur d'Hermanville. D'origine normande, après avoir fait ses études à Caen, il avait su plaire à M. de Chavigny, secrétaire d'Etat, et n'avait pas tardé à faire partie de sa maison. Répondant à une interrogation de Balzac, Chapelain (*Lettres*, p. 488) lui écrit le 28 août 1639 : « Sarrasin est un homme honoraire de

Le grand seigneur manceau était tout naturellement appelé à prendre part à la trop fameuse querelle, non seulement par suite de son amitié pour Mairet, mais à cause de sa sympathie bien connue pour les comédiens du Marais.

On n'a pas remarqué non plus les reproches faits à Corneille à l'occasion de l'impression hâtive du *Cid* au lendemain même des premières représentations (1), ce qui,

M. de Chavigny, fils d'un trésorier de France à Caen, qui m'a surpris par l'expression heureuse des maximes de la haute poésie qu'on ne peut nier qu'il n'ait maniées fort agréablement. » Corneille devait bien connaître tout ce qui avait trait à son compatriote, qu'on sait d'ailleurs avoir été alors le correspondant de Mairet. En s'en prenant à Sarrasin, appartenant à la maison de M. de Chavigny, on peut dire que l'auteur du *Cid* offensait aussi ce dernier et le comprenait dans ses attaques. Claude Le Bouthilier, secrétaire d'Etat, comte de Chavigny, s'intéressait à la poésie. On le voit se rendre chez M. de Liancourt le 29 avril 1637 pour entendre la lecture de la *Pucelle*. (*Lettres* de Chapelain, p. 152.) — S'agit-il de quelque poète du duc de Longueville, gouverneur de Normandie, mais qui semble avoir été absent alors de cette province ? Ne fait-on pas allusion au comte de Fiesque ? — On n'a pas même cherché à savoir quelle part avaient pu prendre à la querelle les poètes ou les auteurs sectateurs d'Aristote, La Mesnardière qui eut pu passer pour *M. le Médecin* qui se vante de « *guérir les idolâtres* », d'Aubignac, qui ne semble pas avoir été alors un des adversaires de Corneille, puisqu'il fut invité par lui avec Chapelain, Baro, Charpi, Faret, Lestoile à entendre la lecture d'*Horace* chez Boisrobert. — On n'a pas même dit non plus si le Cornélien auteur du *Souhait du Cid en faveur de Scudéri*, qui signe *Mon ris*, était ou non un des Sirmond, dont cet anagramme semble ne cacher le nom que d'une façon assez transparente, bien que Jean Sirmond l'académicien fut un des familiers les plus intimes du cardinal. — L'étude que j'appelle de tous mes vœux sur la querelle du *Cid* devrait indiquer quels furent, parmi les contemporains de Corneille et principalement parmi les auteurs de la cour académique du Palais Cardinal, ses amis, ses adversaires, et ceux qui se rangèrent parmi les neutres, ceux qui furent pour ou contre les soi-disant règles d'Aristote. Il est vraiment surprenant que cette étude soit encore *à faire*.

(2) Le privilège du *Cid* est du 21 janvier 1637 et l'achevé d'imprimer du 23 mars. — Je possède, dans ma bibliothèque, reliée à la suite de la rarissime édition originale des *Œuvres de Corneille*, première partie 1644, une édition du *Cid* restée inconnue jusqu'ici : Le *Cid* tragi-comédie sur l'imprimé à Paris, chés Augustin Courbé, Pierre Petit, au Palais, avec frontispice gravé, s. d. in-12 de IV ff. et 88 pp.

contre l'usage généralement suivi, privait la troupe de
Mondory de la jouissance exclusive de cette pièce et permettait aux troupes rivales de la jouer à son détriment.

Mairet dans sa lettre datée de Belin, 30 septembre 1637,
lui jette à la tête « l'excès de cette avarice qui lui fit imprimer le *Cid* contre la foi promise aux comédiens à la male
heure pour son honneur » et lui reproche d'avoir voulu
tirer cent bonnes livres de l'imprimeur (1). Déjà dans sa
Lettre familière du 4 juillet, il avait critiqué le procédé de
Corneille comme « un des la de maire à MM. les Comédiens qui l'avoient obligé et qui d'abord ne reconnurent pas
assez largement le bienheureux succès de sa pièce ». Ce
reproche d'ingratitude envers les Comédiens dont les intérêts
se trouvaient ainsi vraiment sacrifiés, revient souvent dans
la querelle (2). Il n'est pas douteux que M. de Belin n'ait
regretté la manière d'agir de Corneille à l'égard de la troupe
qu'il honorait de sa protection, comme il avait dû déplorer
l'*Excuse à Ariste*, ce qui pouvait ne pas l'empêcher de
rendre justice au mérite du *Cid* et de son auteur.

Ceux qui étudieront cette interminable polémique pourront
même se demander s'il n'y aurait pas lieu de lui attribuer le
*Discours à Cliton sur les observations du Cid, avec un traité
de la disposition du poème dramatique et de la prétendue
règle de vingt-quatre heures* (3). Je ne pense cependant pas,

(1) Voir l'*Apologie pour M. Mairet*, p. 26.

(2) D'un autre coté, Claveret dans un de ses factums (*Lettre du
Sʳ Claveret au Sʳ Corneille soy disant Autheur du Cid*, p. 10) reproche à
Corneille de *servir les comédiens*.

(3) A Paris, imprimé aux dépens de l'auteur, in-8ᵒ de 103 pages.
C'est la pièce parue aussi sous le titre d'*Examen de ce qui s'est fait
pour et contre le Cid*. L'auteur dit qu'il a fait par profès des vers et
qu'il favorise ceux qui s'en mêlent ». L'attribution de cet opuscule à
Mairet est sans aucun fondement. — Il fait partie d'un *Recueil de bonnes
pièces qui ont esté faites pour et contre le Cid par les bons esprits de ce
temps*, à Paris, 1676, in-8ᵒ chez Cardin Besongne, au Palais en la
Gallerie des Prisonniers, aux roses vermeilles, recueil factice, dans lequel le libraire s'est uniquement contenté de réunir et de faire précéder

pour ma part, que M. de Belin soit l'auteur de cette pièce
qui respire une grande impartialité, et ne manquerait pas
de lui faire beaucoup d'honneur. Mais ce n'est toutefois
qu'après une sérieuse enquête qu'on sera en droit de l'attribuer à d'autres qu'à lui.

Ce qui achève de montrer que les adversaires de
Corneille considéraient M. de Belin comme un de leurs
alliés, c'est qu'au plus fort de la lutte Scudéry lui adresse
la dédicace de sa *Didon* (1). Le poète le connaissait de vieille
date ; il le vantait déjà dans ses vers en tête des *Heureuses
advantures* de Le Hayer du Perron et nous avons vu Chapelain
parler de leurs relations. Voici cette dédicace qui pour
l'emphase et la morgue gasconne ne le cède en rien aux
autres écrits de Scudéry :

Monsieur,

Ce n'est point pour vous obliger à la deffense de ce livre
que je vous le desdie, je serois injuste si je recherchois une
aussi haute protection pour un ouvrage qui n'en est pas
digne et quelque pénétrants que soient les traicts de l'envie
je ne veux point combattre sous des armes qui me ren-
droient invulnérable, ny vous porter en ma faveur à deffaire
un monstre immortel. Qu'il vomisse donc (s'il lui plaist)
tout son venin sur ce poëme et qu'il employe toute sa fureur
à le deschirer. Je rirai de sa colère et de ma blessure,
pourveu que la France sache que j'ai l'honneur d'être aimé
de vous.

Cet avantage que je tiens de vostre seule bonté satisfaict
si bien mon âme qu'après l'avoir obtenu, les plus grandes
faveurs de la fortune ne scauroyent me donner seulement
un désir et je méprise pour luy tout ce que les autres
adorent. Cette vertu si peu commune qu'on voit en vous a

d'une page de titre douze pièces, ayant chacune leur pagination à part,
de la célèbre polémique.

(1) *Didon*, Courbé, 1637, in-4°. L'achevé d'imprimer est du 23 mai.

des charmes si puissants pour moy que je peux dire qu'elle seule fait mes félicitez. Et certainement c'estoit des hommes tels que vous estes dont l'antiquité la moins idolatre faisoit ses Dieux les plus grands et les plus vénérés. En effect, Monsieur, si cette aveugle qu'on dit qui dispense les prospérités humaines n'avoit le jugement aussi mauvais que la veue, elle cognoistroit enfin que votre main est digne d'avoir et capable de soutenir *cet illustre baston ou cette fameuse épée* dont nos rois font leurs dernières libéralitez. C'est une gloire que vous posséderez un jour, si le Ciel authorise les vœux plus justes qu'ait jamais poussés, Monsieur, votre très humble et très fidèle serviteur,

DE SCUDÉRY.

On voit que par ses accointances avec Scudéry, avec Mairet présent à ses côtés, avec Mondory et la troupe du Marais, M. de Belin se trouvait dans un milieu anti-Cornélien, et que le Maine, en s'intéressant à la querelle du *Cid*, dût compter plus d'adversaires que d'amis de Corneille et être considéré comme un centre de conspiration contre lui, à l'exemple du Palais Cardinal. Joignez à cela, pour expliquer plus clairement encore combien cette lutte dut passionner les lettrés du Maine, que l'*Excuse à Ariste*, cause de tout ce bruit, avait été adressée à *un manceau* le feuillant André de Saint-Denis, dont la personalité fut mise en cause pendant presque toute la durée de la polémique (1).

C'était dans ce milieu que tombait Rotrou, en février 1637, à son arrivée dans le Maine, où il venait rendre visite à son protecteur, retenu loin de Paris par la maladie.

On se prend à croire *à priori*, que le jeune poète, en face de ce protecteur et de l'auteur de *la Sylvie* et de *la Sophonisbe*, qui passait alors pour le véritable roi de la

(1) Je me suis déjà rendu coupable de trop de digressions pour pouvoir parler ici d'André de Saint-Denis. La notice la plus complète qui le concerne a été écrite par M. de Certain, *Bibliothèque de l'Ecole des Chartes*, t. 23, p. 373-389.

scène tragique, a pu naturellement subir leur influence et se trouver appelé, quasi malgré lui, à participer à cette lutte devenue plus célèbre que celle de Rodrigue de Bivar et des Maures.

Quel fut donc le rôle de Rotrou dans la querelle du Cid ?

C'est ici qu'on se trouve en présence d'une légende, tellement accréditée et si profondément ancrée dans notre histoire littéraire, qu'il n'y a guère lieu d'espérer qu'on puisse l'éliminer d'un seul cours de litterature, ou simplement faire consentir la critique à la discuter.

D'après cette légende, aussi tenace que si elle était gravée sur l'airain, Rotrou n'a pas imité les anciens amis de Corneille qui l'ont attaqué par jalousie au lendemain du succès du *Cid;* bien plus, il n'est resté ni indifférent ni neutre dans la lutte, il a défendu Corneille contre ses adversaires. Il l'a soutenu envers et contre tous, contre le Cardinal lui-même; que dis-je, il a été seul à le défendre. *Io contra todos, todos contra io*, lui font dire à ce propos tous ses panégyristes.

Je ne saurais rappeler combien on a semé de fleurs de rhétorique, quels excès de lyrisme on a atteint pour célébrer ce prétendu rôle de Rotrou dans la querelle du *Cid.* On est allé jusqu'aux dernières limites de l'emphase et de l'hyperbole pour vanter son attitude soi-disant héroïque, dont on lui a fait presque autant d'honneur que de sa mort Il n'est guère de critique du *Cid* ou de biographe de Rotrou qui ait échappé à cette épidémie de la légende et de l'éloge. Je n'en cite aucun parce qu'il faudrait les citer tous.

Et cependant cette légende sur quoi est-elle fondée? A-t-elle une base, fut-elle des plus frêles, sur quoi s'appuyer? J'avoue, pour ma part, que je ne connais rien, absolument rien, qui ait pu lui donner naissance et motiver sa vaste expansion.

On n'a cité ni intervention formelle, ni démonstration explicite de Rotrou en faveur de Corneille dans cette polémique, rien en un mot qui explique ce rôle spécial, exceptionnel, unique qu'on veut lui attribuer. Je ne sache pas que tous les lettrés du temps aient été ligués contre l'auteur du *Cid*. Sans doute Corneille par ses grands airs castillans et cette arrogante supériorité qu'il se donnait sur ses égaux d'hier dût se faire de nombreux ennemis. Néanmoins on ne cite parmi ses adversaires déclarés que Mairet, Scudéry et Claveret. Ajoutez-y même encore Boisrobert l'écho et l'instrument docile des rancunes de Richelieu et Sarrasin l'avocat de l'*Amour tyrannique*, et puis c'est tout. Dans la polémique on peut compter autant d'impartiaux et de neutres que d'adversaires du *Cid*. Quant aux membres de l'Académie appelée à exprimer ses sentiments sur cette fleur de jeunesse et d'héroisme, sur cette fraiche et radieuse aurore de notre tragédie française, on ne saurait dire qu'ils se sont comportés en ennemis. Ils ont fait acte de juges, de juges trop complaisants, je le veux bien, à l'égard des volontés de Richelieu, mais enfin ils ne sont pas ravalés à être les bas exécuteurs de ses ordres, les complices serviles de toutes ses rancunes. Hélas, dans les choses de la politique le Cardinal trouvait des instruments moins indépendants, j'allais dire de plats valets résistant moins à ses volontés, lorsqu'il s'agissait de faire tomber des têtes et de le débarasser d'un Marillac ou de tout autre adversaire !

La correspondance de Chapelain montre clairement que l'auteur de la *Pucelle* n'est point resté insensible aux beautés du *Cid*. Pour ce qui est des autres membres de l'Académie, dont les noms figurent dans le procès du *Cid*, à part le clan des *domestiques* les plus intimes du Cardinal, Boisrobert, Bautru, Desmarests, je ne sache pas que MM. de Bourseys, de Cerisy, de Gombauld, Baro, de Lestoile, Sirmond, de Serizay, puissent pour la plupart, être rangés parmi les ennemis de Corneille (1).

(1) Jusqu'ici on n'a pas encore relevé ce passage d'une lettre de Gombauld à Boisrobert (*Lettres* de Gombauld, 1647, in-8°, p. 308) : « C'est un

On pourrait, autour de Balzac et de Julie d'Angennes, qui a exprimé ses sentiments dans sa lettre au cardinal de la Valette, ranger ceux qui ne se déclarèrent pas de l'avis de Mairet et de Scudéry, et l'on grouperait certes autour d'eux plus d'un nom parmi ceux des nombreux auteurs, et des membres de la société polie du temps.

Je ne vois donc rien, je le répête, qui autorise à dire que Rotrou ait défendu Corneille et qu'il ait été *le seul* à le défendre.

Ah! je sais bien qu'on cite comme preuve des sentiments de Rotrou l'Élégie en tête de la *Veuve*, et le témoignage d'admiration et d'estime plus noble et plus éclatant encore qu'il a inscrit dans sa belle scène de *Saint-Genest*. Mais l'Élégie adressée à l'auteur de la *Veuve* est du commencement de 1634, et les vers du *Saint-Genest* sont de 1646. Entre ces deux dates, il y a douze ans de distance, et toutes les amitiés, aussi fidèles qu'on les suppose, peuvent compter des instants de relâche et des éclipses momentanées. Scudéry et Boisrobert d'abord amis de Corneille, puis ses adversaires dans la fameuse querelle, se sont bien réconciliés avec lui, et sont redevenus ses amis. Rotrou eut pu agir tout comme eux et cependant faire débiter, par la bouche de Saint-Genest, neuf à dix ans après, son magnifique éloge de l'auteur de *Cinna* et de *La mort de Pompée*.

En somme, tant qu'on n'aura pas cité un témoignage permettant de juger ses sentiments en faveur de Corneille et leurs relations communes pendant l'année du *Cid*, (je ne parle pas en ce moment de la lettre apocryphe de Corneille, du 14 juillet 1637), on ne sera pas en droit de dire qu'il a pris la défense de son illustre émule. Au contraire, quand on se met en présence des faits, et quand aussi, *à priori*,

fâcheux avantage pour l'Académie qu'il faille que le premier ouvrage qu'elle met au jour soit la censure d'un autre et ce n'est pas le moyen d'attirer les suffrages du peuple que de blâmer ce qu'il approuve. »

on présume quel a du être le rôle de Rotrou, on arrive à une conclusion toute contraire à celle de la légende.

Qu'on n'oublie pas qu'en février 1637, Rotrou arrive quasi au moment psychologique de la lutte, dans le Maine, dans un milieu anti-cornélien, auprès de M. de Belin son protecteur, de Mairet, son aîné, son ancêtre, j'allais dire son modèle. Ami d'ailleurs de Scudéry, lui aussi doit-être justement froissé par le ton de fatuité de l'*Excuse à Ariste*, que rien ne saurait justifier (1), et blessé par l'arrogance de Corneille, qui répondait par des rodomontades, dignes du Matamore de l'*Illusion comique*, aux éloges si pleins de courtoisie qu'il lui avait adressés, comme ses autres confrères en Apollon. N'est-on pas amené à présumer que subissant l'influence de son entourage, et pour lui complaire, il a été entraîné à s'unir aux adversaires de Corneille (2). C'est là le rôle qu'on est amené tout naturellement à lui supposer.

Eh bien ! ce n'est ni le rôle héroïque de la légende, ni celui d'humble complaisance ou de mesquine jalousie, qu'on serait au contraire tenté de lui attribuer, ce n'est aucun de ces deux rôles qu'a joué Rotrou dans le grand tournoi littéraire de 1637. Quand on consulte les pièces du procès, on penche à conclure qu'il a rempli simplement un rôle *plus humain*, répondant mieux à son caractère ennemi de la guerre et plein de sociabilité, celui d'un

(1) Surtout auprès des contemporains. La postérité, après toute la longue suite de chefs-d'œuvres de Corneille, et l'éclat sans pareil de son génie, peut amnistier les coups d'encensoir qu'il se donnait et ne parler que de sa noble fierté. Les contemporains et surtout les confrères en Apollon ne pouvaient tolérer cette déification de Corneille par lui-même. M. Taschereau a été forcé d'écrire (*Vie de Corneille*, p. 61, édition Jeannet): « Nous avons peine à croire que Richelieu et ses poètes attitrés aient lu sans une sorte d'indigdation les vers peu modestes peut-être, mais moins courtisans encore de l'*Excuse à Ariste* ».

(2) Sans l'*Excuse à Ariste*, sans l'influence de ses entours, Rotrou fut probablement resté étranger à la lutte ; car il ne devait être ni partisan des soi-disant règles d'Aristote, ni ennemi des emprunts faits au théâtre espagnol.

conciliateur, voulant mettre fin à cette regrettable polémique. Ce qu'il a cherché, c'est à faire la part des torts de chacun, en invitant les deux adversaires à ne pas se discréditer à la grande joie de la galerie des envieux, à se réconcilier en se donnant au moins un baiser *Lamourette*, comme nous disons aujourd'hui. Certes ce rôle d'arbitre, tenant la balance entre les deux rivaux, pesant le fort et le faible de chacun, est moins héroïque que celui de Bayard littéraire, de chevalier sans peur et sans reproche qu'on lui attribue. Mais il est plus naturel, et dès lors plus probable. Car on est réduit la plupart du temps à prendre les hommes comme ils sont. Ami tout à la fois de Corneille et de Scudéry, il était tout simple que Rotrou voulut les amener à renoncer à leur dispute. Il devait échouer, bien entendu, dans sa louable tentative. C'est le sort inévitable des gens calmes, raisonnables qui se mêlent des querelles d'autrui pour le bon motif, et ne récoltent que la mauvaise humeur et les horions des deux camps et en plus les rires des indifférents, qui se moquent de leur naïve bonté d'âme et de leur excès de candeur. Ce n'est pas moins un honneur pour le poète d'avoir voulu mettre fin à cette lutte déplorable, où ses anciens amis laissaient de part et d'autre des lambeaux de leur honneur.

Ce rameau d'olivier que Rotrou venait apporter aux deux lutteurs, pour leur faire mettre bas les armes, c'est l'*Incognu et véritable amy de messieurs de Scudéry et Corneille* (1).

Ici, qu'on me permette de le dire, il est impossible de ne pas se laisser aller à un sourire inévitable, mêlé d'un scepticisme sans bornes, lorsqu'on songe à tout ce qui a été écrit au sujet de ce petit factum bien oublié de la querelle du *Cid*. Gavarni inscrivait souvent au bas de ses dessins : « Les hommes me font toujours rire ». Que n'eût-il pas dit des auteurs, s'il avait lu ce qui a été écrit en différents sens à propos de cette petite plaquette ?

(1) A Paris, 1637, 7 pages in-8°.

Rien de plus plaisant en effet que de voir comment chacun, selon ses tendances, a reconnu dans cette pièce un libelle pour ou contre Corneille. Il faut bien, quoiqu'il m'en coûte, rapporter les diverses appréciations dont elle a été l'objet.

Niceron est le premier qui en l'année 1731 proclama Rotrou son auteur. Le motif de cette attribution, est sans contredit la signature de la pièce, qui est signée D. R. (1). Cette signature peut en effet fort bien se rapporter à l'auteur du *Saint-Genest*, que nous avons vu indifféremment et à n'importe quelle époque de sa vie signer au bas de ses pièces, *De Rotrou* ou simplement *Rotrou* (2). Elle se rapporte même plutôt à lui qu'à Du Ryer, à qui on pourrait être également tenté de l'attribuer.

Parmi les rares auteurs qui en ont parlé, les uns ont adopté l'opinion de Niceron, d'autres ont nié au contraire qu'on pût en donner la paternité à Rotrou, et, je le répète, ce n'est pas une petite curisiosité de voir comme chacun trouve de choses différentes dans le petit factum en question. M. Didot, qui du moins n'a pas omis de le citer dans sa biographie du poète, y voit une manifestation des sentiments d'amitié qu'il professait pour Corneille, et un blâme à l'égard de Scudéry (3). Un autre auteur dit qu'il y témoigne des regrets que lui inspirent les attaques contre

(1) *Mémoires pour servir à l'histoire des hommes illustres*, t. XX, p. 90 et 96. « Rotrou se mit alors sur les rangs et prétendit rendre justice au mérite de M. de Scudéry et de M. Corneille dans une pièce fort courte qu'il donna sous le titre de l'*Incognu*, etc. »

(2) Bien que, dans la plupart des actes qui le concernent, il se fasse qualifier *Jean de Rotrou*, les signatures autographes qu'on a de lui portent simplement Rotrou. (Voir les registres des baptêmes de Saint-Pierre de Dreux, et le contrat de vente à Sommaville cité par Jal.) Mais ses vers sont, je le répète, dès ses débuts, signés aussi bien *De Rotrou* que *Rotrou* seulement. C'est par erreur que M. Paul Lacroix (*Catalogue Soleinne*, 1843, t. 1, p. 228), dit qu'il ne s'intitule *de Rotrou* que vers 1640, quand il eut reçu du roi des lettres de noblesse.

(3) *Nouvelle Biographie générale*, art. *Rotrou*.

le *Cid*. Plus affirmatif encore M. Hémon écrivait tout récemment : « Seul Rotrou défend Corneille contre tous et pour le mieux défendre se jette dans la mêlée, se fait satyrique et pamphlétaire. » L'un des écrits qu'a vu naître la querelle du *Cid* a paru à certains critiques porter la marque, sinon la signature de Rotrou (1).

Voilà pour ceux qui ont pris cette pièce pour un libelle en faveur de Corneille. Ecoutons maintenant ceux qui la considèrent comme écrite en faveur de Scudéry.

Voici d'abord ce que dit M. Taschereau : « *L'incognu et véritable ami de Messieurs de Scudéry et Corneille*, qui semble cependant un peu plus celui de Scudéry, dont il préfère l'*Amant libéral* au *Cid*, tance à la fois l'auteur de *la Voix publique* et ses prétendus amis. Niceron et Laya (l'auteur de l'article *Rotrou* dans la *Biographie Michaud*) prétendent que Rotrou en est l'auteur. Il est facile de démontrer le peu de fondement de cette conjecture. Le voyant signé D. R. ils n'ont pas hésité à le mettre sur le compte de Rotrou. Ils eussent évité cette méprise en lisant cet écrit. Il leur eût été facile de reconnaître que l'écrivain qui préférait l'*Amant libéral* au *Cid* ne pouvait être l'ami de Corneille..... (2). »

M. Marty-Laveaux, toujours si consciencieux, et le seul probablement, avec Didot et Taschereau, qui ait lu l'*Incognu*, en parle à peu près dans les mêmes termes (3) : « L'auteur cherche les prétextes les moins vraisemblables pour justifier l'odieuse conduite de Scudéry ; enfin il ne se montre l'ami de Corneille que sur le titre. Aussi paraît-il impossible malgré les initiales D. R., dont son écrit est signé, de voir en lui Rotrou (4). »

(1) M. Hémon, *Théâtre choisi de Rotrou*, p. 20. Il y a là une erreur de M. Hémon, car on a plutôt dit que cet écrit portait la signature que la marque de Rotrou.

(2) Taschereau, *Vie de Corneille*, Bibliothèque elzévirienne, p. 75 et 306.

(3) *Œuvres de Corneille*, t. III, 26.

(4) Bien des écrivains. tels que les frères Parfait, qui ont parlé de cette pièce à propos du *Cid,* n'ont rien dit de son auteur. C'est ce qu'a

Que M. Marty-Laveaux, dont personne plus que moi n'estime la sagacité et l'érudition de si bon aloi, me permette de lui dire que c'est là tout simplement résoudre la question par la question elle-même. Ce qui reste à savoir, c'est si Rotrou ne s'est point un instant, je ne dirai pas détaché de Corneille, mais établi en arbitre pour apprécier les torts de chacun, et arriver à mettre fin à cette pénible querelle. On répond : « C'est impossible, il n'a pu agir de la sorte, il était trop ami de Corneille pour cela » — Mais prouvez-là donc cette amitié inaltérable, montrez que Rotrou n'a pas eu de justes raisons d'être froissé, comme ses pareils, de l'arrogance de Corneille, et que celui-ci s'étant donné les premiers torts, il n'a pas eu le droit de juger froidement les choses sans faire acte d'hostilité. Ah ! si la lettre de Corneille du 14 juillet était authentique, comme elle établirait les relations cordiales et affectueuses des deux poètes à ce moment décisif, je comprendrais, je partagerais même l'opinion de ceux qui se refusent à croire qu'un ami de l'auteur du *Cid* ait écrit ces quelques pages ; mais cette lettre, elle est fausse, c'est M. Marty-Laveaux lui-même qui le déclare (1). Dès lors il y a absence complète de ren-

---

fait M. Person lui-même qui, p. 114 de ses *Notes critiques*, se contente de dire que c'est Niceron « sujet à caution » qui attribue à Rotrou « cette *insipide* plaquette ». — M. Jarry, p. 167, s'exprime de la sorte : « Cet opuscule n'est pas non plus parfaitement authentique ; l'auteur s'y montre trop froid, trop circonspect, trop flottant entre le radieux tragique et son insolent provocateur. Rotrou au lieu de s'envelopper d'adresse et de circonlocution aurait éclaté net. *Il dut* prendre parti pour le *Cid*, rompre plus d'une lance en faveur de Corneille. *Seul* en effet de tous les écrivains il soutint son rival devenu son maître. » C'est toujours la répétition de la même légende.

(1) Je suis étonné pour ma part de la rareté des preuves de l'amitié de Corneille envers Rotrou. En mettant de côté la phrase du *Ménagiana* « M. de Rotrou et moi nous ferions vivre des saltimbanques », je ne vois comme témoignage de sa sympathie, que le titre de *père* qu'il aurait donné à Rotrou d'après Voltaire, les frères Parfait et bien d'autres. Ce nom de père, s'il est authentique, en dit beaucoup, je le veux bien ; mais un mot du cœur en faveur de Rotrou, ou une épitaphe authentique seraient une preuve d'amitié peut-être plus explicite.

seignements sur l'attitude des deux poètes l'un envers
l'autre pendant l'année 1637. Dès lors l'impossibilité morale
qu'on allègue n'existe plus. Je crois avoir au contraire fait
entrevoir que, d'après les données de la raison et de la
critique naturelle, d'après les présomptions tirées des faits,
le rôle de Rotrou dans la querelle avait dû s'écarter de
celui que lui attribue la légende. J'ajoute tout de suite, que
bien peu de temps après 1637, on trouve ses vers à côté
de ceux de Scudéry, en tête de la *Quixare* de Gillet de la
Tessonnerie, ce qui s'expliquerait difficilement s'il avait
défendu Corneille envers et contre tous, et ce qui comprend
bien mieux au contraire s'il a joué le rôle honorable
d'arbitre.

Je reproduis du reste la pièce elle-même, bien peu
connue, puisqu'elle est *rarissime*. De la sorte chacun
pourra l'apprécier en parfaite connaissance de cause, ce
qu'il a été impossible de faire jusqu'ici.

Je dirai seulement, pour l'expliquer, qu'elle répond à la
Lettre Apologétique du s^r Corneille, et surtout à *la Voix
publique à M. de Scudéry sur les Observations du Cid* (1).
Elle a dû être écrite vers le mois de juillet 1637.

Messieurs,

Puisque tout Paris n'ignore plus maintenant le différend
qui est entre Messieurs de Scudéry et Monsieur Corneille
pour s'estre entrepris et engagez insensiblement à escrire
l'un contre l'autre, je ne croy pas aujourd'hui estre blas-
mable de témoigner à chacun combien j'honore leurs vertus;
je les estime tous deux et le desplaisir que j'ay de les voir

(1) Sur cette dernière pièce bien peu connue (7 p. in-8), voir les
frères Parfait, t. V, 272 ; Taschereau, *Vie de Corneille*, p. 75 ; M. Marty-
Laveaux, *Œuvres de Corneille*, t. III, p. 26 ; M. Picot, *Bibliographie
Cornélienne*, n° 1355. — *L'Amant libéral*, de Scudéry, dont il va être
question, joué, dit-on, dès 1636, ne fut imprimé qu'en 1637, Quinet,
in-4°. Le privilège est du 31 juillet et l'achevé d'imprimer du 15
septembre.

tous les jours se beguetter et pincer en plusieurs façons, par
l'advis de certaines personnes, qui ne les poussent à ce peu
glorieux dessein là, que pour apprendre, aux despens de
leur réputation et de leur plaisir, jusques où deux des premiers poètes de notre siècle peuvent porter leur inimitié et
leur hayne, estans offencez l'un par l'autre. J'advoue bien
que M. de Scudéry, selon le sentiment des plus honnestes
gens, n'a pas eu autant de raison d'escrire contre le *Cid*
comme il en auroit eu de taire les fautes qu'il a remarquées effectivement, parce qu'a moins que de se déclarer
ennemy juré de M. de Corneille, il ne devoit pas mettre
aux yeux du public une chose qui fist préjudice à un homme
de sa profession et de sa compagnie, d'autant que, sans
toutes ces marques là de la vivacité de son esprit, on n'a
jamais douté qu'il ne fust très-scavant et qu'il n'eust advan-
tage sur beaucoup d'autres du mesme mestier, qui sont bien
ayse pourtant de se divertir par la nouveauté des lettres et
responces qui se font journellement tant d'un costé que de
l'autre, auxquelles ils donnent telles couleurs que bon leur
semble suivant leurs inclinations. D'ailleurs on trouve fort
estrange que Monsieur Corneille, qui est sage et doit estre
sans présomption et vaine gloire, voulut prétendre un dégré
de prééminence au dessus de M. de Scudéry, qui a fait une
infinité des plus beaux Poèmes qui se jouent à présent sur
le théâtre. Et n'y a personne qui ne die que c'est luy faire
tort de blasmer ce qu'il nous donne et qu'il laisse à la
mémoire, qui est (n'en desplaise au *Cid*) aussi bon ou
meilleur que luy, soit en gros ou en détail, de loing ou de
près ; encore qu'il y ayt pleu à celuy qui a fait responce
pour la *Voix publique*, sans en avoir eu charge ni procuration, de rendre une injustice à l'*Amant libéral*, qui
appelle de son jugement unique. C'est une des plus belles
et riches pièces que nous ayons et dont l'invention est
inestimable. Ce joly personnage sans commission ne l'a pas
bien considéré ou il n'a pas l'esprit assez fort et le jugement
assez solide pour remarquer sa valeur, que les plus
grossiers et les moins entendus à ce divin mestier reco-
gnoissent ; il me semble qu'il ne fera jamais de honte au
Cid de marcher paire à paire avec luy, non pas mesme
quand il prendroit la droicte.

Je ne nie pas neantmoins la beauté du *Cid*, non plus que le mérite de son Auteur ; il n'y a point de créatures qui selon son tempéramment n'ayme des sujets convenables à ses humeurs et tel trouvera et aura l'*Amant libéral* à son goût qui ne donnera pas sa voix au *Cid* au contraire, de façon qu'en cela, comme en la plus part des choses du monde, chacun suit son inclination naturelle et supporte les légères fautes des Autheurs, ou les fait passer pour grandes auprès de ceux qui n'y entendent rien. Pour moy qui ayme les deux Poètes, les deux sujets et qui ne me picque pas de grand esprit, je les trouve tous deux excellents et les estime extresmement, aussi bien que quantité de gens doctes qui en parlent sans intérêt. Quand au sieur Claveret il n'est pas bien fondé de se faire veoir en cette dispute qui ne peut augmenter sa gloire ; il faut qu'il travaille autrement qu'il n'a fait du passé pour faire approuver la légitimation du sujet contenu aux lettres qui courent maintenant les rues de sa part. Je luy conseille de demeurer neutre et de se contenter d'avoir eu l'honneur d'attaquer M. Corneille et d'avoir pensé fortifier les raisons que M. de Scudéry a escrites touchant l'observation du *Cid*, les quelles sont assez pertinentes et n'ont besoin d'aide. Mais, je ne puis croire neammoins que M. Corneille ne l'aye sollicité à en prendre la peine par quelque mespris qu'il peut avoir fait de sa personne ou de ses œuvres, à quoi il y a peu à redire ; bien qu'il y ait quantité de gens dénaturés et sans jugement qui ont adversion pour les beautez et qui trouvent mauvais que Bellerose sur son théâtre donne nom à l'*Amant libéral* le chef d'œuvre de M. de Scudéry, ce beau poëme ne perd rien de son esclat, pour cela non plus qu'un diamant de son prix pour estre chèrement vendu. Et cet excellent et agréable trompeur semble faire (au jugement de tous les désintéressés) un acte de justice et de son adresse, quand il loue le dit sieur de Scudéry non pas autant qu'il le doit estre, mais autant qu'il en a de pouvoir, tesmoignant en son discours sa recognoissance, sans toutes fois vouloir toucher ni préjudicier à la réputation de M. Corneille, comme font d'autres tout hautement à celle du dit sieur de Scudéry, qui possède tout seul les perfections que le Ciel, la naissance et le travail pourroient donner à trois excellents hommes. Il est vray qu'on ne les peut trop chérir ny l'un ny l'autre et qu'ayant receu et veu tant de belles choses de la fertilité de leur scavoir, la voix publique leur doit conseiller, comme je fais de sa part, d'employer cy après leur temps à des ouvrages dignes de leurs capacités et non pas s'arrester à se faire la guerre l'un l'autre à la persuasion de ceux qui aiment le trouble et qui craignent de les voir escrire mieux qu'eux. Ne croyez pas, Messieurs, que j'aye mis la main à la plume pour en acquérir de la gloire ny pour me faire cognoistre homme de bien, puisque je parle simplement ainsi que des gens de mon mestier le doivent et le peuvent et que je vous laisse mon nom en blanc et que je ne suis pas seulement cognu en particulier des dits deux poètes. Je l'entreprends donc pour les asseurer que si je trouvois l'occasion de les obliger et servir je m'y emploieroi de tout mon cœur et serois ravy de voir l'amitié et l'intelligence restablie entre eux et le souvenir de ce qui s'est passé depuis deux mois effacé de leur mémoire. Je leur en prie de toute mon affection, de la véritable voix publique et tant pour l'amour d'eux mesmes que de moy qui suis

Leur très affectionné serviteur,

D. R.

On a maintenant sous les yeux la pièce du procès; que chacun juge à son gré.

Comme ceci est avant tout un livre de bonne foi, je ne dissimulerai pas les arguments, plus forts que ceux qu'on a mis en avant jusqu'ici, qui peuvent militer contre l'attribution de cette pièce à Rotrou. L'auteur y dit qu'il n'est pas seulement connu des deux poètes, qu'il y parle simplement ainsi que les gens de son métier le doivent et le peuvent, qu'il ne se picque pas de grand esprit. — Je répondrai en deux mots que ce n'est pas la seule pièce de la polémique du *Cid* où l'auteur ait précisément voulu donner le change, et cherché à dérouter les curieux. Dans la plupart des nombreux libelles attribués à Corneille, et où il s'est dissimulé derrière un masque transparent, il a eu lui-même recours à des précautions ou à des artifices du même genre (1). En étudiant la pièce de près, on voit qu'elle est faite par un lettré, familier avec le théâtre, « avec le divin mestier » de la poésie, par un ami des deux poètes, amené tout naturellement dès lors à chercher à les réconcilier, ce qui répond très bien à la personne de Rotrou (2).

En voilà bien trop long, qu'on me le pardonne, sur cet épisode inconnu de la querelle du *Cid*, à laquelle le séjour de Rotrou dans le Maine, auprès de M. de Belin, l'appela sans doute à prendre part (3).

Son passage dans cette province, et ses attaches à M. de Belin furent encore la cause déterminante de la dédicace de *La Céliane* à Madame la marquise de Pezé (4). Rotrou lui dédia cette pièce au lendemain même de son arrivée au Mans.

Marie de Saint-Gelais, marquise de Pezé, était une des grandes dames du Maine. Fille de Françoise de Souvré (la

(1) Mairet, dans la *Response à l'ami du Cid sur ses invectives contre Claveret* lui dit, p. 35: «Vous paroissez en cette querelle et sur ce théâtre le masque sur le nez et comme un Zany, où les trois autres y font leurs personnages à visages descouvers. »

(2) Quant au style de la pièce, on peut le comparer aux phrases traînantes des dédicaces et des arguments des pièces de l'auteur de *Saint-Genest*. Par son ton de bonne compagnie elle tranche avec le ton violent et injurieux de bien d'autres pièces écrites soi-disant par des conciliateurs, telle que l'*Accommodement du Cid et de son censeur*, Paris, 1637, in-8° de 7 pp., pièce rarissime, que j'ai pu consulter ailleurs qu'au Musée britannique, où l'a connue M. Picot.

(3) En se posant comme arbitre, Rotrou pouvait n'être aussi qu'un écho de M. de Belin, qui n'a peut être pas pris parti plus avant contre Corneille, mais que ce dernier, à cause de ses relations avec Mairet, put considérer comme le chef de la conspiration ourdie contre lui dans le Maine, alors que Richelieu dirigeait celle du Palais Cardinal. — Une autre fois je pourrai examiner s'il n'y a pas lieu aussi d'attribuer au jeune Scarron, alors au Mans, une des pièces de la curieuse polémique, bien qu'il ait célébré plus tard « l'inimitable M. Corneille ».

(4) *La Céliane*, Quinet, 1637. Le privilège est du 27 janvier et l'achevé d'imprimer du 13 février.

sœur de la marquise de Sablé) et d'Artus de Saint-Gelais
sieur de Lansac, elle avait épousé René de Courtarvel,
seigneur de Pezé. Sa sœur était la femme du marquis de
Toussy. Tallemant des Réaux a fait force contes sur elle,
comme sur la plupart des autres femmes de son temps (1).
Elle était l'amie de M. de Belin, avec qui on la voit tenir le
21 décembre 1634 sur les fonts de l'église Saint-Pierre-
l'Enterré, au Mans, un enfant du provost provincial du
Maine, Daniel Neveu. Ce fut cette amitié et aussi sa parenté
avec le cardinal de Richelieu, dont parle Tallemant, qui
déterminèrent Rotrou à faire d'elle un trop pompeux éloge
dans cette dédicace de la *Céliane :*

Madame,

Ce n'est pas icy le présent dont je m'estois obligé et je
devois au lieu de cette comédie vous envoyer cet immortel
ouvrage dont vous serez la matière, veu que dès l'abord
que j'eus l'honneur de vous faire la révérence la première
fois, les merveilles que je vis en vostre visage m'imposèrent
une secrette loy de les publier et de faire un de ces
tableaux parlants où les dames voyent ce qu'elles sont bien
mieux que dans leurs miroirs..... En attendant, Madame,
prenez la peine de vous divertir avec ma *Céliane* et de
juger par elle si je dois réussir à ce grand poème où je veux
dire aussi éloquemment à toute la France ce que vous estes,
que véritablement je vous vays dire icy que je suis, Madame,
votre très humble et très obéissant serviteur.

Les *Sosies* furent aussi dédiés à un personnage qui tenait
un haut rang dans le Maine, et à qui les poètes ne ména-
gèrent pas plus les dédicaces qu'à sa femme, Jeanne de
Schomberg. Je veux parler de messire Roger du Plessis,

____

(1) Tallemant, *Historiettes*, t. IV, 428, 443. Il dit aussi que Mme de Pezé
était parente du cardinal de Richelieu.

marquis de Liancourt, premier gentilhomme du roi, seigneur de Montfort-le-Rotrou.

S'intéressant aux lettres et surtout aux poètes de théâtre, il avait promis à Rotrou qu'il parlerait des *Ménechmes* au roi ; le poète reconnaissant lui dédiait la nouvelle pièce qu'il venait de tirer de Plaute, et que devait imiter Molière (1). Dom Liron cite du reste M. le duc de Liancourt, à côté de M. de Belin, parmi les amis que Rotrou avait à la cour et dit qu'il ne faisait paraître aucun ouvrage qu'il ne leur en eut fait la lecture. Il ajoute : « Il fut lié d'une étroite amitié avec M. Scarron (2). » Scarron habitait alors dans le Maine, ce qui lui permit de connaître M. de Belin, et de célébrer dans ses vers la veuve de son fils. Ce fut là, et à cette époque que se cimenta son amitié avec Rotrou, dont les vers avaient figuré du reste de bonne heure à côté des siens, en tête du *Ligdamon et Lydias* de Scudéry.

L'auteur des *Sosies* prolongea sans doute assez longtemps son séjour dans le Maine, auprès de M. de Belin malade, et qu'un cruel malheur, la mort de son fils Emmanuel, vint bientôt frapper d'un coup terrible, au mois d'août. C'est à quelques jours plus tôt, au 14 juillet 1637, que se rapporte la lettre apocryphe de Corneille à Rotrou, qui fait aujourd'hui partie des manuscrits du British Museum.

On peut trouver dans l'édition de Corneille de M. Marty-Laveaux l'histoire de cette lettre, et divers arguments qui établissent son défaut d'authenticité (3); il serait possible d'en

---

(1) Le privilège des *Sosies* est du 7 février 1637, mais l'achevé d'imprimer est du 27 juin 1638. Voir à propos des rapports de MM. de Belin et de Liancourt, *Lettres de Chapelain*, p. 131. Mairet a prononcé le nom de M. de Liancourt dans la polémique du *Cid*.

(2) D. Liron, *Singularités*, I, 331 et 332.

(3) *Œuvres de Corneille*, t. X, p. 417, 503; III, 248. Je ne sais où M. Hémon, *Théâtre choisi de Rotrou*, est allé prendre que cette lettre, dont il ne suspecte pas l'authenticité, nous apprend que c'est l'*Honrado Ermano* de Lope de Vega qui suggéra à Corneille l'idée des *Horaces*. Il a sans doute mal compris une phrase de M. Gustave Merlet, *Etudes, littéraires sur les classiques français*, édition de 1883, Hachette in-12 p. 37 et 38.

9

ajouter bien d'autres encore. On fait dire à Corneille qu'il a grande envie d'aller voir Rotrou, à Dreux, dans sa belle famille. Quelle était cette belle famille, et le poète n'était-il pas plutôt ailleurs qu'à Dreux? Corneille, à la date du 14 juillet, parle de Sirmond comme d'un membre de l'Académie chargé d'exprimer son sentiment sur le *Cid* ; ce fut seulement le 17 de ce mois que Sirmond fut choisi par ses confrères pour être un des réviseurs du mémoire rédigé par Chapelain. En un mot, c'est une pièce qui ne tient pas debout, et dont la fausseté ressort de tous les côtés.

C'est le 1er août 1637 qu'avait succombé le fils du comte de Belin, Emmanuel d'Averton (1), atteint d'une blessure le 23 juillet. Les témoignages de sympathique condoléance ne firent pas défaut à son père. Chapelain lui écrivait dès le 5 août :

« A M. de Belin, au Maine.

« Monsieur, Dans une si grande douleur que la vostre et après la perte d'une personne si chère et si pleine de bonnes parties qu'estoit feu M. vostre fils, je croy que ceux qui penseront vous consoler en vous représentant la fermeté que le monde attend de vostre vertu, ne vous consoleront pas comme le bon père que vous estes et feront injure à vostre bon naturel... »

Il lui rappelle qu'à sa mort son fils a donné toutes les marques d'un homme de bien et d'un chrétien véritable et c'est en lui conseillant d'attendre des consolations de Dieu qu'il aime, qu'il termine sa lettre, écrite, dit-il, d'un « style qui me sied bien moins qu'il ne feroit au directeur de votre conscience (2). »

Boisrobert de son côté, en écrivant à Mairet, le 5 octo-

<hr>

(1) Et non Louis. comme l'a supposé M. Tamizey de Larroque, *Lettres de Chapelain*, p. 180.

(2) Lettres de Chapelain, mss. de la Bib. nat. F. Franc., nouvelles acquisitions, n° 1885, t. 1, f° 204.

bre 1637, pour l'inviter à cesser sa polémique avec
Corneille, ajoute à l'adresse du comte de Belin quelques
lignes de consolation, qui prouvent qu'il était aussi un des
fidèles du Mécène manceau, dont le nom se trouve ainsi,
une dernière fois, rattaché à la querelle du *Cid* :

« Cependant conservez moi, s'il vous plaît, quelque place
dans le souvenir de M. de Belin; faites moi de plus l'honneur
de lui témoigner que je prends grande part à son affliction et
que je suis autant touché que pas un de ses serviteurs de la
perte qu'il a fait. Si j'avois l'esprit assez libre, je la lui témoi-
gnerois à lui-même; mais je me console quand je pense que
ma douleur sera plus éloquente en votre bouche qu'en la
mienne et que vous n'oublierez rien pour témoigner les véritables sentiments de celui qui est avec passion, monsieur,
votre très humble et très fidèle serviteur

BOISROBERT.

Quelques mois plus tard Chapelain, en écrivant à Mairet
au sujet de sa pension, le prie de remettre à M. de Belin une
nouvelle lettre, où il lui dit à propos de ce protecteur des
muses : « c'est une personne selon mon cœur et de qui les
biens et les maux me seront toujours communs. »

Dans cette lettre que voici, le nom de Rotrou se trouve
heureusement encore une fois prononcé :

« A M. de Belin, au Mans, ce 12 décembre 1637.

« Monsieur, Je ne retouche point vos vieilles douleurs... Je
ne vous parle que du desplaisir que j'ay des divers maux qui
ont suivi ce premier et de l'estat où j'ay appris que vous estes
encore à cette heure. Il est fascheux pour vous et pour ceux
qui vous honorent comme je fay, et d'autant plus que cela les
prive de vostre présence en un temps qu'ils espéroient
toute leur consolation de vous.

« Par le discours *de M. Rotrou*, je reconnois qu'il sera mal
aisé que de cet hyver nous vous voyons à Paris, c'est-à-dire

que nous y trouverons à perdre l'une de nos plus pures joyes.
Il ne nous seroit point inutille pour toutes choses de nous
voir auprès de vous. Mais afin que vous ne m'estimiés
pas vain, quant je dis nous, j'entends les hostels de Rambouillet et de Clermont, desquels je sçay bien que vous ne
vous passés pas volontiers et auxquels je suis addomestiqué
par leur bonté singulière.

» J'ay fait vos baise-mains, suivant l'ordre que vous m'en
aviés donné par M. Mairet et je vous asseure qu'ils y ont été
receus, comme vous le souhaités, avec plaisir et douleur tout
ensemble. L'abbé de Serisy sort de céans, auquel j'ai dit de
vos nouvelles. Il vous plaint infiniment et m'a prié de vous
marquer son zèle à vous honorer et servir. Vous en pouvés
faire estat comme d'une chose qui vous est parfaitement
acquise. J'abuse de vostre loisir ou plutôt j'en abuserois, si,
n'ayant plus rien à vous dire d'autrui, je vous disois de moi
autre chose que je suis parfaitememt, monsieur, etc. (1) »

Sans doute Rotrou était depuis peu de temps de retour à
à Paris, puisque c'était *d'après son discours* que Chapelain
reconnaissait l'impossiblité de voir M. de Belin venir passer
l'hiver dans la capitale. Était-il resté dans le Maine depuis
février? il ne peut y avoir que des présomptions à cet égard.
A partir de la fin de cette année 1637, les renseignements font
aussi défaut sur ses relations avec son bienfaiteur. M. de Belin, abattu par le chagrin et la maladie, restait confiné dans
le Maine.

En novembre 1637, au lendemain de la fin de la querelle
du *Cid*, il avait failli succomber lui même. Il était alors
retenu au Mans par ses infirmités ; son intime ami, l'évèque
Charles de Beaumanoir, malade comme lui, presque mourant
s'était fait transporter de son château d'Yvré en sa ville
épiscopale pour revoir une derniere fois son vieil ami. Le
comte de Belin, pour jouir d'un air meilleur, s'était fait
porter lui-même, (comme le fit Costar vingt-cinq ans après),

(1) Ut suprà, f° 227 et en extraits dans l'édition imprimée, p. 181.

aux jardins de l'évêque du Mans, situés aux faubourgs Saint-Vincent, à l'endroit où s'éleva plus tard l'hôtel du maréchal de Tessé, héritier des Lavardin, et où, après un intervalle de plus de deux siècles, les évêques du Mans ont vu s'élever leur nouvelle demeure. C'est, en cet endroit là même, que « détenu au lit par maladie corporelle » il dicta son testament, le 20 novembre 1637, à François Bourillon, notaire royal en la cour du Mans, demeurant paroisse de la Couture, en présence de honnête homme Jacques Cureau, maître apothicaire. De ce testament il n'a été malheureusement publié, dans la notice de MM. Bressin et Lamarre, qu'un extrait rempli d'erreurs, et ne contenant rien de ce qu'il renferme de plus intéressant. M. de Belin y léguait des souvenirs à la plupart de ses parents, de ses amis, et des gens de sa maison. Il n'eut garde, (particularité bien curieuse) d'oublier Mairet, parmi ses domestiques, comme on disait alors. On lit en effet dans cet acte contenant l'expression de ses dernières volontés, qu'il lègue « *à Monsieur Mairet son cheval hacquenée pour avoir souvenance de lui.* »

Sa maladie fut si grave que le bruit de sa mort courut même à Paris. Bautru écrivait alors au cardinal de la Vallette : « Nous croyons que M. de Belin le père est mort de maladie en son pays du Maine, *où il disoit les meilleurs mots de la province.* »

Il se rétablit un instant, mais bien imparfaitement, ainsi qu'on a pu le voir par la lettre du 12 décembre écrite par Chapelain, qui le 25 disait encore à son adresse dans un billet à Mairet : « Je souhaite la consolation et la santé de M. de Belin et de me mander comment il est de l'un et de l'autre et de l'asseurer toujours de ma passion (1). »

M. de Belin ne devait survivre longtemps ni à cette terrible attaque de maladie, ni à la perte de son ami, l'évêque du Mans, mort de la pierre le 21 novembre (2).

(1) *Lettres de Chapelain*, p. 187.

(2) Avant de mourir, M. de Belin, en 1637, voulut faire refaire l'autel du chevet à la cathédrale du Mans; cet autel n'était pas commencé à sa mort.

La mort semble cependant l'avoir surpris brusquement. Le 27 septembre 1637, il ajoutait à son testament un codicille fait en sa maison de l'Orgerie, dans la forêt Segréal de Pail, devant Julien Chaillou, notaire au bourg d'Averton. Il fallait qu'une recrudescence de maladie fut venue s'abattre sur lui bien à l'improviste et bien gravement, peut-être au lendemain d'une chasse, pour qu'il dictat en ce lieu ses dernières volontés (1). Il mourut deux jours plus tard le 29 septembre. Il fut pleuré « comme le seigneur de la plus heureuse mémoire qu'on eut pu jamais souhaiter. »

Chapelain écrivait au sujet de cette mort à Mairet, le 27 novembre (2) :

« Je ne me consoleray jamais de la perte que nous avons faitte de M. le comte de Belin, qui m'a esté d'autant plus sensible que la crainte de sa mort m'étoit passée et que je l'avois creu absolument guéry, parce que vous m'en dittes la dernière fois que j'eus l'heur de vous voir.

» Ce n'est pas icy le lieu de m'estendre sur sa vertu et sur sa générosité incomparable ; aussy ne vous diray-je autre chose que je n'ay jamais veu d'âme plus noble ny d'amitié plus souhaittable que la sienne et par conséquent d'homme plus regrettable que luy à une disposition d'esprit comme la mienne. Je vous loue de la résolution que vous avez prise de luy rendre les derniers devoirs et de l'accompagner à la sépulture (3). *Sa bonté et les divers témoignages qu'il vous a donnés de son affection* exigent cela de vostre gratitude. Au

Il ordonna dans son codicille qu'il fut exécuté le plus tôt possible, et que le marché en fut fait avec le grand doyen par un de ses exécuteurs testamentaires. Cet autel subsista jusqu'à la fin du XVIIIe siècle. Les armes de M. de Belin y étaient posées en bosse et son portrait était placé du côté de l'Evangile.

(1) Peut-être (et c'est probable) habitait-il l'Orgerie pendant les travaux de reconstruction du château d'Averton ?

(2) *Lettres* de Chapelain, p. 328.

(3) M. de Belin avait ordonné par son testament que son corps fut conduit dans l'église de Milly (en Gâtinais), « pour y être inhumé et mis dans la cave et proche la sépulture de madame son épouse. »

milieu de vostre douleur, vous sentirés le plaisir de faire ce que vous devés et je m'asseure que vous n'en demeurerés pas là et donnerés à sa mémoire autre chose que des larmes.

» J'ay sceu la peine que vous avez prise de venir chez moi devant que de partir pour le Maine... Je vous félicite de l'avancement de l'*Athénaïs* et me prépare à une grande joie quant vous la marirés à l'hostel de Rambouillet. »

La plupart des auteurs se sont trompés, jusqu'à ce jour, sur l'époque de la mort de M. de Belin, et n'ont su le distinguer ni de son père, ni d'un fils qui lui survécut et mourut d'une façon tragique à la fin de 1642 (1). Ce fils, René de Faudoas d'Averton, qu'il avait intitulé son héritier, fut assassiné traitreusement le 7 décembre 1642, à la porte St-Honoré, par son beau-frère François de Rochechouart, marquis de Bonnivet (2). Les souhaits de bonheur qu'avait faits pour lui Mairet dans sa dédicace de *Roland furieux* en 1640, après la mort de son père, ne s'étaient pas hélas réalisés !

La mort de M. de Belin dispersa les « Muses éloquentes » qui s'étaient un instant abritées dans ses châteaux du Maine. Mairet ne put se consoler de cette perte ; sa verve demeura ensevelie dans le tombeau de son protecteur. Bien qu'il ne

(1) M. Paulin Paris dans ses notes sur Tallemant, t. VII, p. 172, le confond avec ce fils et le fait mourir en 1642. M. Edouard Fournier l'avait au contraire d'abord confondu avec son père le gouverneur de Paris pendant la Ligue, *Chansons de Gautier Garguille*, p. 163. Plus récemment M. Marty-Laveaux, *Œuvres de Corneille*, t. III, p. 42, l'a confondu à la fois avec le gouverneur de Paris et avec la victime de l'assassinat du 7 décembre 1642. Cette dernière erreur a été répétée par M. Bizos, *Etude sur Mairet*, p. 26. — Voir encore les notes de M. Tamizey de Larroque, sur les *Lettres de Chapelain*, p. 131 et 328.

(2) Voir sur cette mort une curieuse lettre de l'abbé de Rancé, dont le jeune comte de Belin avait épousé la sœur, Claude Catherine Le Bouthilier de Rancé. Gonod, *Lettres de l'abbé de Rancé*, p. 5 ; l'abbé Dubois, *Histoire de l'abbé de Rancé*, 1866, in-8°, p. 36. Je pourrai fournir ailleurs sur la famille de M. de Belin et aussi sur son testament les renseignements qu'il m'est impossible de donner ici.

dùt mourir qu'en 1680, il se condamna désormais au silence et se contenta de faire imprimer les pièces qu'il avait composées dans les dernières années de son séjour auprès de M. de Belin, et qui n'avaient reçu du public qu'un froid accueil, au lendemain de la révolution dramatique accomplie par le *Cid*. Il fut dès lors, le témoin résigné de la gloire de son illustre rival qui, d'un seul bond, s'était élancé au premier rang des poètes autrefois ses maîtres ou ses égaux (1).

Au lendemain de la mort de M. de Belin, l'ombre s'étend pour un instant aussi sur Rotrou, qui perd un protecteur dévoué et dont les liens avec le Maine sont désormais brisés.

En 1637, il avait fait représenter sa tragi-comédie de *Laure persécutée*, un de ses drames les plus modernes, une de ses pièces qui nous offre le plus de charme et d'intérêt et qu'a finement appréciée Saint-Marc Girardin. Il l'avait imitée de l'Espagnol Bermudez. Le théâtre espagnol était toujours la source où il allait de préférence puiser ses inspirations, depuis qu'il l'avait exploité dès la première heure de ses débuts. Il venait d'emprunter à une Nouvelle de Cervantes ses *Deux*

(1) Après la mort de M. de Belin, Mairet passa quatre ou cinq mois à l'évêché du Mans auprès de Monseigneur Marc de La Ferté, à qui il dédia l'*Athénaïs,* dans une curieuse préface, (l'achevé d'imprimer est du 2 mai 1642,) comme il dédia un an plus tard (30 septembre 1643) la *Sidonie* à une autre célébrité du Maine, Melle de Hautefort. M. Bizos a omis de parler de ces deux dédicaces pourtant bien intéressantes. M. Livet (*Précieux et Précieuses,* p. 65) reproduit par M. Tamizey, (*Lettres de Chapelain,* p. 328) s'est trompé en disant l'*Athénaïs* dédiée à *M. de Lavardin,* évêque du Mans. M. de La Ferté, qui a joué un curieux rôle dans la société *précieuse et polie* d'alors et qui a été célébré par les lettrés, n'a pas à se louer de bien des auteurs de ce temps. C'est ainsi que dans la lettre de Chapelain, adressée à la fin de 1647 à Melle de Scudéry pour lui demander son appui auprès de M. de La Ferté, évêque du Mans, pour l'obtention d'un petit bénéfice dans le Maine à lui donné par Melle de Longueville, son nom a été remplacé par l'éditeur de cette lettre par celui de M. de Beaumanoir. Voir *Bulletin du Bibliophile,* 1872, p. 493. — Pour en finir avec Mairet, son mariage avec la fille de Jacques Cordouan (dont le contrat est du 8 juillet 1647), fut le dernier résultat de son séjour dans le Maine et de ses liens avec M. de Belin.

Pucelles et de tirer l'*Agésilan* d'un épisode de l'*Amadis*, que Gougenot avait déjà utilisé deux ans auparavant pour la *Fidèle tromperie*. La manière dont il tirait parti du sujet qu'il empruntait aux auteurs d'Espagne, la supériorité d'exécution de son œuvre, lui tenaient lieu d'invention littéraire, et faisaient oublier ses emprunts tout fréquents qu'ils étaient.

Cette même année Sommaville avait pressé l'impression de ses pièces, dont sept furent publiées en 1637 (1).

L'*Amélie*, qui ne parut qu'au commencement de 1638, avait même été achevée d'imprimer le 23 novembre précédent ; elle fut suivie quelques mois plus tard de la publicatiou des *Sosies* (2).

En 1628, Rotrou revint à l'imitation du théâtre antique, et même à la tragédie qu'il avait abandonnée depuis *Hercule mourant* et *Chrisante*. *Antigone*, imitée de Senèque comme l'*Hercule,* devait aussi beaucoup à Euripide et même à Stace Ce mélange de plusieurs pièces en une seule est d'ailleurs très familier au poëte et très visible dans un bon nombre de ses œuvres. La même année furent joués les *Captifs* ou les *Esclaves*, tirés de Plaute. Sa fécondité semblait un peu se ralentir ; il ne paraît avoir fait représenter ancune œuvre nouvelle en 1639. Cette année là, quatre de ses pièces sortirent encore des presses de l'imprimeur (3). *Chrisante* achevée d'imprimer le 2 décembre 1639, ne parut qu'en 1640, de même que les *Captifs*, dont le privilège est de février 1639 et l'achevé d'imprimer du 10 février 1640.

On trouve heureusement quelques traces de Rotrou dans

(1) Les voici avec l'achevé d'imprimer : La *Céliane*, 13 février. — L'*Heureux naufrage*, 12 février. — La *Pélerine amoureuse*, 20 février. L'*Innocente infidélité*, 4 mars.— *Filandre*, 24 mars.— *Agésilan,*12 août. *Clorinde*, 16 octobre.— C'est dans cette dernière pièce que se trouve le sonnet de Rotrou à Mlle Marie Pourat.

(2) L'achevé d'imprimer des *Sosies* est du 27 juin 1638.

(3) La *Belle Alphrède*, avec la jolie dédicace à Sylvie, 27 janvier 1639. — Les *Deux Pucelles*, 30 mars. — *Antigone*, 8 juin. — *Laure*, 16 juin.— *Chrisante,* 2 décembre.

les vers dont il faisait hommage aux poètes ses confrères, pour les placer en tête de leurs pièces de théâtre ; à défaut de valeur intrinsèque, ils nous renseignent du moins sur ses relations et ses amitiés.

On trouve de ces vers de Rotrou en tête de la première pièce du frère de Boisrobert, les *Trahisons d'Arbiran*, de Le Métel d'Ouville, l'auteur des *Contes*. Cela montre que Rotrou était dans de bons termes avec Boisrobert ; d'ailleurs d'Ouville était alors un des poètes de la cour dramatique de Richelieu. Il dit lui-même de son œuvre :

« Considérés que c'est la première pièce que j'ay faitte, ce que je n'eusse jamais osé entreprendre sans le commandement d'un maistre à qui personne ne peut ny ne doit désobéir et dont il semble que les commandements portent avec soy, à celuy qui les reçoit, le pouvoir de les exécuter. Si elle a plu c'est parce qu'il m'a commandé qu'elle fut faitte. »

En tête des *Trahisons d'Arbiran* se lisent des vers de Colletet, Chappothon, de Maleval, Rotrou (1).

Voici ceux du futur auteur de *Venceslas* :

A M. d'Ouville sur les *Trahisons d'Arbiran*,

Ton coup d'essay, d'Ouville, est un coup sans égal,
Qui nous oste et t'acquiert la gloire du théâtre.
Arbiran nous ravit, mesme en faisant du mal
Et de ses Trahisons la France est idolâtre.

ROTROU.

Chapoton qui, à la même époque, aspirait aussi à faire partie du cénacle de Richelieu, et dédiait en 1638 au cardinal son *Coriolan*, le fit imprimer précédé des hommages

---

(1) Les *Trahisons d'Arbiran*, de d'Ouville, Courbé 1638, in-4°, dédiées à M. de Bouthillier, surintendant des finances. Le privilège est du 23 février 1638, et l'achevé d'imprimer du 30 avril.

poétiques de J. Baudoin, Beys, Rotrou Colletet, Regnault, Mareschal, de Rouvière (1).

Je reproduis ici les vers de Rotrou :

A. M. Chapoton.

Ne nous demande point de vers.
Tu t'es acquis assez de gloire,
Pour faire durer ta mémoire
Aussi longtemps que l'univers.
Ce beau coup d'essay rend nos Muses
Si muettes et si confuses,
Que voulant te louer, nous ne le pouvons plus,
Et que voyant ici les noms de tant d'Orfées,
On dira ce sont ses vaincus
Qu'il a gravez sur ses trophéés.

Je citerai encore du même poète les vers qui se trouvent en tête de la *Belle Quixare* de Gillet de la Tessonnerie, et qui datent de 1639 (2).

A M. Gillet, sur sa *Quixare*.

Cher Gillet, ma Muse interditte
Ne me veut point fournir de vers
Et t'accorde à regret ces rameaux toujours verds,
Qu'elle ne peut nier à ton rare mérite.
Non qu'en effet, à son advis,
On ne t'en doive une couronne,
Mais crois-tu qu'un rival sans desplaisir te donne
La gloire que tu luy ravis?

ROTROU.

(1) V. *Coriolan* de Chapoton, Quinet, 1638, in-4°. L'achevé d'imprimer est du 12 février 1638.

(2) La *Belle Quixare*, tragi-comédie, Quinet, 1640, iu-4°. Le privilège est du 15 décembre 1639, et l'achevé d'imprimer du 2 janvier 1640.

Les poètes dont les noms figurent à côté du sien, c'est Scudéry, c'est Tristan, c'est Sallebray ; ils adressent à l'auteur qui des stances, qui des épigrammes ; c'est Regnault, Leconte, La Case, Provais, noms bien oubliés aujourd'hui. On voit qu'il ne lui répugnait pas de figurer à côté de Scudéry, l'adversaire de Corneille, qui venait de faire imprimer son *Amour tyrannique*, auquel Richelieu et Sarrasin s'étaient empressés de faire une gloire et un succès fictifs, pour l'opposer au chef-d'œuvre de l'auteur du *Cid*. On voit aussi que Rotrou n'épargnait pas les éloges aux nouvelles recrues du Parnasse, et qu'il les prodiguait même assez largement. Ces louanges étaient le résultat d'une camaraderie littéraire à laquelle son passé ne lui permettait guère d'échapper.

Il faut descendre jusqu'aux poètes les plus inconnus, si l'on veut retrouver la trace de tous ses vers. C'est ainsi que j'ai rencontré un quatrain de lui en tête d'*Uranie*, tragi-comédie pastorale de Bridard, quatrain que j'ai omis de citer à sa date et que je rappelle en passant à cette place : (1)

> Tes escrits m'ont charmé les sens ;
> Ta princesse m'a ravi l'âme.
> Que la gloire et l'amour ont des attraicts puissans !
> Je meurs que je ne suis Bridard ou Florilame.

Heureusement pour Rotrou, sa vie de jeunesse était désormais close. Arrivé à trente ans, il avait senti la nécessité de ne pas rester exclusivement poète, et de changer son existence un peu vagabonde contre le calme de la vie de famille et du foyer domestique. C'est dans les premiers mois de 1639 que Dreux voyait revenir dans ses murs l'enfant prodigue

---

(1) Cette pièce de Bridard, *Paris, J. Martin*, 1631 in-8°, est dédiée à Mlle de Bourbon. La dédicace est suivie de vers laudatifs signés de Rotrou, S. Corneillau, avocat et Damours.

assagi. Bientôt il y achetait l'office de lieutenant particulier et devenait à son tour magistrat, comme plusieurs de ses ancêtres, qu'il allait faire profiter de l'illustration et de la gloire de son nom (1).

CHAPITRE SIXIÈME

Rotrou achète l'office de lieutenant-particulier au bailliage de Dreux. Le poète devenu magistrat et père de famille. — Rotrou a-t-il plus fréquenté les tavernes que l'hôtel de Rambouillet ? A t-il été admis dans la chambre bleue d'*Arthenice* ? Une lettre de Chapelain au marquis de Montausier, et un éditeur impeccable en défaut. — Vers inédits de Rotrou écrits pour Mlle de Mézières à Julie d'Angennes. — Un autographe du poète ? — Les châtelains de Mézières. Henri de Balsac d'Entragues, Madame de Clermont et ses deux filles. — Les hôtes et les poètes du château de Mézières. Les vers de Montausier et d'Arnaud de Corbeville adressés à Mlles de Clermont ou composés pour elles — Godeau, hôte préféré du château. — Rotrou à Mézières. La lettre de Chapelain. — Madame de Clermont offre à Rotrou un asile contre la peste en 1650. Mort d'Angélique Paulet. — Ce que devinrent Mlles de Clermont. — Les dix dernières années de la vie de Rotrou à Dreux et ses dernières œuvres. — L'*Adrien Martyr* et le *Cosroès* du P. jésuite Louis Cellot. — Mort de Rotrou. Sa tombe, ses épitaphes, ses héritiers. — L'impression de ses dernières œuvres ; renseignements sur sa famille tirés des registres de l'état-civil de Dreux. — L'iconographie de Rotrou. — La gravure de Desrochers. — Le buste de Caffieri. — Le portrait resté dans la famille. — La vraie figure de Rotrou.

On a longtemps ignoré l'époque précise à laquelle Rotrou rentra à Dreux, et s'y fixa en achetant l'office de lieutenant-

(1) Les noms de Thomas et de Pierre Rotrou, lieutenants-généraux de Dreux au XVIe siècle, celui même de Charles Rotrou, capitaine et gouverneur de Dreux en 1589, seraient oubliés aujourd'hui sans la célébrité qu'est venue leur communiquer pour toujours l'auteur de *Saint-Genest*. Il reste à savoir d'une façon précise quel est le lien qui

particulier (1). L'impression de l'*Inventaire des archives
départementales d'Eure-et-Loir*, et la publication du premier
volume de la correspondance de Chapelain sont venues
mettre un terme aux fables qui avaient cours sur cet évène-
ment décisif dans la trop courte existence du poète et dater
le moment où il s'accomplit. La lettre de Chapelain qui nous
apprend que Rotrou est devenu lieutenant au bailliage de
Dreux, lettre dont je parlerai tout à l'heure plus longuement,
est du 20 novembre 1639 (2). Les registres de l'état-civil de
Dreux mentionnent la présence du poète en cette ville à
partir du 17 mars. Il ne prend pas dès lors le titre de lieutenant-particulier, tandis que le mardi 16 août, trois mois
avant la lettre de l'auteur de la *Pucelle*, il figure en qualité
de parrain avec les titres de *noble* homme, maître Jehan de
Rotrou, gentilhomme ordinaire de Msr l'éminentissime cardinal de Richelieu et *lieutenant-particulier* au comté et bailliage de Dreux (3). Les 28 janvier, 5 et 28 mai, 8 août 1641,
25 février 1642, 22 juin 1643, il est dit aussi seigneur de
Thoisy, conseiller du roi, lieutenant-particulier civil et criminel, assesseur et examinateur au comté et bailliage de
Dreux (4).

rattache le pcète à ces Rotrou. On sait qu'il est petit-fils d'honorable
homme Jean Rotrou et de Jeanne de la Censerie, déjà veuve le 27
octobre 1603 ; mais si l'on veut remonter plus haut avec une complète
certitude, il y aurait lieu de contrôler sa généalogie à l'aide des Registres
de l'État-civil et de substituer une parfaite exactitude à de simples
probabilités.

(1) Voir ce qu'en dit M. Hémon lui-même, *Théâtre choisi de Rotrou*,
p. 27 et suiv.

(2) *Lettres de Chapelain*, p. 531.

(3) Il tient sur les fonts un fils du poète Mathurin Bourlier, auteur des
Poésies chrétiennes (Paris, Sommaville, 1640, in-12), conseiller et pro-
cureur du roi en l'élection de Dreux ; voir M. Merlet, *Bibliothèque
Chartraine*, p. 48.

(4) Voir les registres de baptême de Saint-Pierre de Dreux et l'*Inventaire des Archives d'Eure-et-Loir*, t. IV, 1877, p. 231. Les actes des
28 janvier et 5 mai 1641, 25 février 1642, dans lesquels Rotrou figure
comme parrain sont inédits. Il semble qu'à cette époque les habitants

Il ne devait cependant pas être difficile aux *Druides* de suivre la filière des lieutenants-particuliers de leur bailliage et de connaître la date à laquelle cet office fut acquis par le poète. A la fin du XVIe siècle il est occupé par maître Daniel Petit, marié à Charlotte Edeline, qui lui survécut. La charge de lieutenant-particulier au siège de Dreux passa probablement par suite d'un mariage à noble homme maître Charles Le Bègue, écuyer, conseiller du roi, seigneur de Majainville, époux d'Anne Edeline. En octobre 1637, ce lieutenant est dit de plus trésorier des bâtiments du roi, et tient sur les fonts, avec une des filles de M. de Clermont, Louise de Balsac, un fils d'honorable femme Marie Rotrou et de Laurent Maufrais. Rotrou est lui-même parrain à Dreux le 17 mars 1639 avec la veuve de Louis Le Bègue (1). Il avait des liens avec cette famille, qui occupait un des plus hauts rangs dans sa ville natale ; car, le 24 décembre 1644, son fils Jean est tenu sur les fonts de baptême par le mari de Catherine Le Bègue, noble homme Robert de Courseule, écuyer, sieur de Saint Rémi. En résumé, on voit qu'il avait acheté l'office de lieutenant-particulier, vers le milieu de 1639, de Charles Le Bègue ou de ses héritiers (2).

C'est ce changement opéré dans sa vie qui est la cause évidente de l'absence de pièces nouvelles de Rotrou en 1639.

Il ne renonça pas cependant à la poésie, puisque c'est de cette dernière période de sa vie, de ce temps de puissante maturité, que datent tous ses chefs-d'œuvres dans les diffé-

de Dreux ont montré un grand empressement à l'égard du gentilhomme ordinaire du puissant cardinal. — Son frère a porté aussi le titre de seigneur de Thoisy.

(1) En 1640 un autre Louis Le Bègue est président de l'élection de Dreux.

(2) Le successeur immédiat de Rotrou dans cet office fut sans doute noble Bernard Legrand, conseiller du roi, lieutenant-particulier au bailliage, président de l'élection et maire de la ville, mort le 25 avril 1680 à l'âge de 61 ans. Voir l'*Inventaire des archives d'Eure-et-Loir*, t. IV. p. 240 et 241. — Le 17 juin 1649 la mère de Rotrou est marraine d'un de ses enfants.

rents genres qu'il ait abordés, dans la tragédie et la comédie, comme dans la tragi-comédie elle-même (1).

Ses liens avec le théâtre furent seulement sensiblement relâchés ; mais moins pressé de produire, placé désormais dans une atmosphère plus calme, il ne faisait plus du *métier*. Dès lors il pût écrire des œuvres plus fortes, plus durables, plus mûres, et songer moins au présent qu'à sa gloire future et à la postérité. *Modo fami, nunc famæ inserviebat.*

Rotrou s'était dès lors dédoublé en deux hommes, le magistrat et le poète ; ses aveux mêmes montrent qu'il avait pris sa nouvelle fonction au sérieux, et qu'il ne s'occupait de poésie qu'à ses moments de loisir.

Dans sa préface de *Clarice*, la seconde pièce qu'il ait écrite depuis son séjour à Dreux (2), il annonce qu'il se propose de faire admirer encore sur la scène française deux ou trois pièces de Plaute, cet incomparable comique, « si, dit-il, l'inclination qui me reste pour le théâtre et la passion que j'ay d'avoir l'honneur de divertir encore le premier esprit de la terre *me peuvent faire trouver parmy mes occupations nécessaires* le temps de leur version (3) ».

Dans la dédicace de la tragédie de *Bélissaire* à Henri de Lorraine, duc de Guise, en 1644, il dit : « L'établissement de mes affaires ne m'a pas permis depuis longtemps un grand commerce avec les Muses (4) ».

L'achat d'un office de magistrature n'avait pas été le seul

(1) C'est en effet à dater de 1645 qu'il produit la *Sœur*, le *véritable Saint-Genest, Don Bernard de Cabrère, Venceslas, Cosroès, Don Lope de Cardone.*

(2) La première est la tragédie d'*Iphygénie en Aulide*, dont le privilège est du 13 novembre 1640 et l'achevé d'imprimer du 25 mars 1641.

(3) *Clarice*, dont le privilège est du 22 février 1642, et l'achevé d'imprimer du 28 octobre, ne parut qu'en 1643, chez Quinet. Dans cette même préface, il s'excuse des fautes d'impression en alléguant qu'il demeure à seize lieues de l'imprimerie.

(4) Aussi dans l'avis au lecteur, en tête de *La Sidonie*, Mairet en 1643 dit-il qu'il se retire de la scène « à l'exemple de Messieurs de Scudéry, du Ryer, Rotrou et autres fameux auteurs ».

événement nouveau de sa vie ; il avait désormais un foyer et une famille. Marié non loin de Dreux, à Mantes, le 9 juillet 1640, à Marguerite Camus, fille de noble homme Jehan Camus, conseiller du roi et élu en l'élection de Mantes, et d'honorable femme dame Françoise Apoil, il n'avait pas tardé à être père, et l'avenir des siens avait dû dès lors être une des graves préoccupations de Rotrou devenu magistrat et père de famille.

Je serais tenté d'arrêter là cette étude sur la jeunesse de l'émule de Corneille, et sur ses rapports avec ses protecteurs et les poètes de son temps, sans deux lignes curieuses à plus d'un titre d'une lettre de Chapelain, qui permettent d'apprécier des relations de Rotrou, sur lesquelles il n'existe que diverses allégations légendaires.

Tandis que Sainte-Beuve prétend que le poète avait plus fréquenté les tavernes que l'hôtel de Rambouillet, tous ceux, au contraire, qui ont écrit sur le célèbre hôtel de la rue Saint-Thomas-du-Louvre, ont placé Rotrou parmi les habitués de la chambre bleue de la célèbre marquise. Ont ils fourni une seule preuve de sa présence à côté de Chapelain, de Voiture et des autres gens de lettres qui avaient l'honneur, bien envié et difficilement accordé, de pénétrer dans ce sanctuaire de la société polie du temps, dans ce temple des Muses de l'honneur et de la vertu, comme dit Balzac ? Je n'ai rencontré à cet égard qu'une simple allégation bientôt passée à l'état de légende et de lieu commun chez tous les chroniqueurs, qui ont à l'envi l'un de l'autre célébré la gloire de Catherine de Vivonne et de Julie d'Angennes. Ils ne se sont pas fait faute, du reste, selon leur fantaisie, d'ouvrir les portes du fameux hôtel à bien des gens qui n'y ont jamais mis les pieds pour une raison ou pour une autre, tels que Costár, Balzac, Fléchier et bien d'autres. Ils ont oublié que l'accès de ce palais de l'élégance et de la politesse n'était pas ouvert à tous, et qu'on était souvent obligé à une longue quarantaine avant d'y être admis, ainsi que le montre la correspondance de Chapelain.

Rotrou a-t-il été plus heureux que bien des refusés ou des ajournés ? A-t-il eu oui ou non des relations avec Madame de Rambouillet et les autres grandes dames, qui, à l'exemple de la marquise, se piquaient d'aimer le bel esprit et de faire bon accueil aux gens de lettres du temps ? Je ne savais moi-même rien sur ce point, quand je lus dans le premier volume de la correspondance de Chapelain, publiée par M. Tamizey de Larroque, les lignes que voici, écrites de Paris à la date du 20 novembre 1639 et adressées à M. le marquis de Montausier :

« *Les dames (de Clermont d'Entragues) sont revenues de Meizières. Si M. de Chavaroche fait bien, il vous envoyera la lettre en rime que* RATION *escrivit, au nom de M. de Mezière, à M*ᶫᶫᵉ *de Rambouillet. Elle est jolie.* Le docteur de poète comique se fait lieutenant au bailliage de Dreux (1) ».

Là se trouve la preuve des rapports de Rotrou avec l'hôtel de Rambouillet ; mais cette preuve il faut la dégager de sa gangue. Le savant éditeur de ces lettres, impeccable s'il en fut, n'a pas reconnu le poète là où Chapelain a parlé de lui. Trompé par une erreur de copie, il n'a pas rétabli le vrai texte sorti de la plume de l'auteur de la *Pucelle*. Que celui qui est sans péché lui jette la première pierre. Ce n'est pas moi qui fais cas plus que personne de son érudition si sûre, si universelle et de son aimable courtoisie, qui lui adresserai le plus léger reproche ; quand on édite un aussi vaste recueil que cette volumineuse correspondance, il est matériellement impossible de se garer de tous les pièges que vous tend l'inattention du scribe, et le lecteur aurait mauvaise grâce à se choquer de ces bagatelles, *quas humana parum cavit natura.*

Cela dit, j'espère que M. Tamizey de Larroque ne m'en voudra pas d'avoir la chance rare, unique peut-être, de le prendre une fois en défaut et qu'il sera heureux même de voir rendre à Rotrou ce qui lui appartient. *Suum cuique.*

(1) *Lettres de Chapelain,* p. 531.

Qu'était-ce que ce *Ration*, qui adressait, au nom d'un des hôtes du château de Mézières, une jolie lettre en vers à Julie d'Angennes. Induit en erreur par ce nom baroque, M. Tamizey écrivait « je ne connais ni cette lettre ni son auteur », et M. Person passait aussi devant ces lignes sans les remarquer.

En lisant cette phrase qui me semblait altérée, ou plutôt ce nom qui me paraissait défiguré, je songeai immédiatement à Rotrou, dont il était question dans la ligne suivante.

C'est la châtelaine de Mézières, c'est Madame de Clermont d'Entragues elle-même que bien peu de jours avant sa mort, résultat de son noble dévouement, Rotrou remerciait, « de la grâce qu'elle lui vouloit faire de lui donner un logement dans ce château, qui n'étoit éloigné que d'une lieue de Dreux (1) ». N'était-il pas probable dès lors qu'il était question dans la lettre de Chapelain du poète de Dreux, nouvellement revenu dans sa ville natale, et accueilli dans ce château hospitalier aux beaux esprits, émule on pourrait dire de l'hôtel de Rambouillet, et où Godeau, Chapelain, Mlle Paulet, Arnaud de Corbeville et bien d'autres venaient prendre leurs ébats et contribuer aux plaisirs de la comtesse et de ses deux charmantes filles ?

J'étais sûr de ne pas me tromper ; mais il y avait un moyen d'en être plus certain encore, c'était de trouver les vers de Rotrou écrits à Julie d'Angennes au nom d'un des châtelains de Mézières. J'ouvris aussitôt l'excellent catalogue des manuscrits de Conrart, rédigé par M. Paul Lacroix, et j'eus le plaisir, pourquoi ne pas dire le bonheur, de voir confirmer mes conjectures. Le savant bibliophile mentionnait en effet, aux pages 367-369 du tome XIX des manuscrits de Conrart in-4°, les vers écrits par Rotrou, sous le nom de *Sœur Morale*, pour Mademoiselle de Mézières, à Julie d'Angennes.

(1) Dom Liron, *Singularités*, I, 334.

Je ne m'étais donc pas trompé, et le texte de la lettre de Chapelain renfermait encore une deuxième erreur, qu'il ne m'avait pas été difficile non plus de relever tout d'abord. Cette lettre était adressée à Mlle et non à M. de Mézières. Il n'y a jamais eu de M. de Mézières. Le châtelain, Henri de Balsac d'Entragues, n'a jamais été désigné que sous ce nom de Balsac et sous celui de M. de Clermont. Sa fille cadette, Marie, était seule connue sous le nom de Mlle de Mézières, tandis qu'on appelait l'aînée Mlle de Clermont, suivant l'usage, généralement suivi dans les familles jusqu'à la révolution, de dénommer chacun de leurs enfants par un nom de terre différent.

Cette reconnaissance opérée, il me restait à trouver dans le manuscrit de Conrart les vers inédits de Rotrou, qui nous le révèlent sous un aspect nouveau, prêtant sa plume à l'amie, j'allais dire à la rivale de Julie d'Angennes, se dérobant aux sombres horreurs du théâtre tragique, aux fureurs ou aux larmes d'Hercule, d'Antigone ou d'Iphigénie, pour écrire des petits vers de société, à l'adresse de la fine fleur des précieuses du temps, à l'exemple de Corneille collaborant à la *Guirlande de Julie*.

Voici ces vers de Rotrou sauvés de l'oubli grâce à Conrart (1) :

(1) Il existe à Dreux, dit-on, une pièce de vers de Rotrou, autographe. Adressés à un ami, ces vers auraient été obligeamment donnés, par la famille du destinataire, à la femme du dernier maire de Dreux du nom de Rotrou pendant ce siècle, et sont restés depuis dans sa famille. Ils seraient peut-être de la sorte le seul autographe connu du poéte, en dehors de sa signature. S'ils ne sont pas apocryphes à la différence des lettres fausses attribuées à Rotrou, qui toutes ne sont pas sorties de l'officine de Vrain-Lucas, et mettent les gens en défiance, leur place serait aux manuscrits de la Bibliothèque nationale, dans la vitrine qui renferme les autographes de toutes nos grandes illustrations. Dans le volume qui réunira ces articles, on trouvera reproduits à *titre de curiosité*, mais sans garantie d'authenticité, ces vers que je connais seulement *par une copie* qu'a bien voulu me transmettre M. Henri Tellot, l'obligeant collectionneur de Dreux.

« Vers de Rotrou sous le nom de Sœur Morale, par Mlle *de Mézières, à Julie d'Angennes.*

Julie, admirez un pouvoir,
Que vous ne croyez pas avoir,
En un miracle que vous faites
De faire parler les muettes.
J'achète bien cher toutesfois
Ce bénéfice de la voix.
Vos offenses sont bien cruelles,
Puisque vos amitiez sont telles
Et qu'une de vos charitez
Est si pleine de cruautez.
Ce n'est pas qu'en effet j'ignore
Combien cette faveur m'honore.
Elle est sans mesure et sans prix,   .
En m'en pleignant je la chéris.
Mais pleut à Dieu m'eussiez-vous veue,
En l'état où je l'ay receue !
Vous eussiez veu combien fut prompt
Mon sang à me monter au front ;
On eut pris pour de la peinture
Ce vif coloris de nature,
Et pour diamans précieux
Le feu qui me sortoit des yeux ;
Enfin ce changement extresme,
De moy fit une autre moy mesme.
J'eusse fait rire et fait pitié,
Et je battis si fort du pié,
En cette fureur sans égale
Que j'en ay dépavé la sale.
O combien j'eus de déplaisir
Quand ce couroux me vint saisir,
De ne pouvoir sans injustice
Rien dire à vostre préjudice,
Et combien il m'eut esté doux
De treuver un défaut en vous.
Mais vostre vertu sans seconde,
L'étonnement de tout le monde,
Et l'ornement de nostre cour,
Me joua alors un mauvais tour.

Il a donc falu sans murmure,
Souffrir cette honorable injure
Et solliciter mon pouvoir
De satisfaire à mon devoir.
Mais depuis que j'ay pris la plume,
Un autre auroit fait un volume.
Je croy qu'Hercule en ses travaux
Funestes à tant d'animaux,
Sous le fardeau de sa massue
Ne suoit point comme je sue.
Aussy, si je puis avoir fait,
Je seroy plus vaine en effet,
De voir tant de réponces prestes,
Que ce héros de ses conquestes.
Grâce au bon démon de ce lieu
C'en est fait, j'en suis quitte, à Dieu.

Sœur Morale (1). »

Voilà ces vers qui n'ajouteront rien à la renommée de Rotrou, mais qui ne sont pas moins lestement tournés que ceux de tous les poètes qui hantaient l'hôtel de Rambouillet.

Maintenant qu'il sont connus, arrivons à leur histoire et à celle de Madame et de Mesdemoiselles de Clermont. Il est surprenant qu'après tant d'encre dépensée à portraiter la société polie du XVIIe siècle, Madame de Clermont soit encore si peu connue ainsi que sa famille. On peut dire que jusqu'à la publication des lettres de Chapelain, malgré ce qu'avaient pu raconter Tallemant, Cousin et M. Livet, son nom seul avait surnagé, et qu'on ne savait presque rien de l'histoire de cette protectrice de Rotrou.

La correspondance de Chapelain débute par une lettre écrite « *Aux Aymables bergères Druides Célidée, Diane et Philis* », c'est-à-dire à Madame de Clermont d'Entragues et à ses deux filles. Il leur écrit dans un style digne des

____

(1) On lit en note : « Rotrou a fait cette pièce, sous le nom de Mlle de Mézières, à Mlle de Rambouillet. »

bergers de l'*Astrée* : « Depuis que nous eusmes quitté les bords de vos belles prairies, il sembla que le ciel m'eust pris pour l'objet de son courroux et qu'il me voulust punir des plaisirs que j'avois goustés en vostre compagnie, comme s'ils n'eussent pas esté innocents... Vous me faisiés un climat tempéré, dont la douceur me passoit jusque dans l'âme, un orizon d'où le soleil chassoit également les ténèbres et les soucis, un séjour inaccessible à tout ce qui est capable de troubler la tranquilité de la vie ». Quelques jours plus tard, le 18 octobre 1632, en écrivant au jeune Godeau qui l'avait remplacé au château de Mézières, il avait grand soin de rappeler le souvenir « des belles druides » (1). Depuis ce temps il n'est guère de ses lettres au futur évêque de Grasse, ou bien au marquis de Montausier, où il ne soit question des châtelaines de Mézières.

Madame de Clermont, fille de Louis Luillier, seigneur de Boulaincourt, et président en la chambre des comptes, avait épousé Henri de Balsac, marquis de Clermont, d'Entragues, seigneur de Mézières en Drouais, comte de Graville, gentilhomme de la chambre du roi etc. Les Balsac d'Entragues avaient joué un grand rôle au XVIe siècle. La célèbre marquise de Verneuil, qui ne mourut qu'en 1633, était de leur famille ; Charles de Balsac, chevalier des ordres du roi, avait été tué le 14 mars 1590 à la bataille d'Ivry (2).

Son fils Henri de Balsac était un de ces maris, qui ont eu la malechance d'être effacés, absorbés par leur femme, et de disparaître quasi derrière elle, comme le mari de Madame Geoffrin et celui de Madame Récamier. Tallemant n'en a pas fait grand éloge, et le dit « fort sot homme du reste (3) ».

(1) *Lettres de Chapelain*, p. 1.

(2) Il avait été inhumé dans l'église de Mézières, là où dit Souchet (*Histoire du diocèse de Chartres*, t. IV, p. 182, 1876 in-8°), « se voit son tombeau de marbre, autour duquel cette bataille est représentée en demie bosse ». Sur les tombes du caveau de la chapelle de Mézières, voir *Inventaire des Archives d'Eure-et-Loir*, t. IV, p. 302.

(3) Tallemant, III. 15.

Mademoiselle de Montpensier en a tracé au contraire un assez beau portrait et prétend qu'étant jeune il était bien fait, fort agréable et parfaitement galant (1).

En revanche, Tallemant a rendu pleine justice à Madame de Clermont, qu'il dit une femme de grande vertu. Madame de Clermont était en effet une personne d'une vertu exemplaire et du caractère le plus aimable ; c'était, et l'éloge n'est pas mince , la bonne amie de Madame la marquise de Rambouillet (2).

Elle avait deux charmantes filles, l'aînée Françoise-Louise Mlle de Clermont, la cadette Marie Mlle de Mézières, qui toutes deux étaient les compagnes de Julie d'Angennes, et associées à tous ses plaisirs.

Madame de Clermont habitait à Paris, au Marais, rue de Touraine, où elle tenait cercle, comme la célèbre *Arthenice*; chaque année à la fin de l'automne, elle faisait une courte échappée à son château situé tout près de Dreux (à cinq kilomètres), et où les habitués de son salon venaient la rejoindre et prendre leur part des délices de Mézières, comme dit l'auteur de la *Pucelle* (3).

Elle s'était étroitement liée avec Mlle Angélique Paulet, la célèbre *Lionne*, qu'elle avait décidée à venir demeurer avec elle, et qui avait introduit à Mézières le jeune Godeau, alors simple avocat en parlement comme Rotrou, et destiné à rester toute sa vie l'hôte préféré des aimables châtelaines (4). Le souvenir de Madame de Clermont resta longtemps parmi

---

(1) Voir *Galerie des Portraits de Mlle de Montpensier*, édition de M. Ed. de Barthélemy, Didier, in-8°, p. 140-143.

(2) Tallemant, III, 18, 23 ; IV, 163.

(3) Les registres de l'état-civil de Mézières, à partir de 1602, contiennent plus d'un renseignement sur la famille de Clermont. En 1637, Mlle de Mézières fut marraine à Mézières et à Dreux. Voir *Inventaire des Archives d'Eure-et-Loir*, p. 313 et suiv. et p. 233.

(4) Les registres de l'état-civil de Dreux mentionnent plus d'une fois le nom de Godeau ; on le voit parrain le 20 juillet 1626. Il signe et est qualifié déjà avocat en parlement.

la société polie du XVIIe siécle et dans son *Dictionnaire des précieuses* Somaize disait d'elle : « Cassandre est une ancienne prétieuse du temps de *Valère* (Voiture) ; elle a deux filles qui sont aussi du nombre des prétieuses et qui ont toutes deux beaucoup d'esprit (1) ».

Sarrasin a célébré les forêts, les ombrages, les promenoirs de Mézières chers à Mlle Paulet. Mlle de Scudéry, dans ses lettres écrites de Provence, a bien soin de n'oublier ni la mère, ni les deux filles. Conrart et Voiture étaient de leur société, ainsi que M. le comte de Belin ; le marquis de Pisani faisait le galant auprès d'elles (2).

Mlle de Clermont, l'aînée de deux filles de la marquise, paraît même avoir disputé à Julie d'Angennes le cœur du marquis de Montausier. « Elle croyoit, dit Tallemant, que Montausier lui en vouloit et n'osoit le dire (3) ». On l'appelait même en *badinant* la femme du marquis. Ce sont les nombreuses lettres écrites par Chapelain à Montausier, lorsque ce dernier eut quitté Paris pour prendre la lieutenance du gouvernement d'Alsace, qui nous mettent au courant de ce galant badinage.

Dès la première lettre qu'il lui adresse à Colmar, le 24 août 1638, il lui parle des personnes aimées qu'il vient de quitter, de Mlle Paulet, de Mlle de Clermont qu'il désigne par ces mots *Madame votre femme*, en ajoutant : « Mademoiselle sa sœur ne veut pas que vous croyés son amitié moins violente (4) ». C'étaient bel et bien les rivales de Julie. Quelques jours plus tard il écrivait au marquis : « Madame de Clermont, vos femmes et la *Lionne* partent aujourd'hui pour Graville (5) ».

Il y avait parfois de la jalousie entre les deux hôtels.

(1) *Dictionnaire des précieuses*, édition Livet, I, 55 ; II, 205.
(2) Voir Tallemant, III, 235 ; VIII, 87 et suiv. M. Bourgeois, *Valentin Conrart*, p. 63. *Lettres de Chapelain*, p. 79 et 49 etc.
(3) Tallemant, IV, 475.
(4) *Lettres de Chapelain*, pp. 226, 233.
(5) *Ut suprà*, p. 233.

Montausier plus familier avec Mesdemoiselles de Clermont semblait parfois les sacrifier à l'altière Julie d'Angennes. Il lui arriva même de laisser échapper un manque de tact, que Chapelain lui reprocha dans sa lettre du 12 juin : « Je vous avise que l'hostel de Clermont est un peu scandalisé de ce que vous vous repentés d'avoir parlé de la princesse Julie comme d'une chose trop eslevée pour vous et que vous dites ensuite qu'il vaut mieux parler *à l'ordinaire* ; après quoy vous parlés des deux belles sœurs et d'Angélique l'unique. Et en vérité, quoyque cela soit dit innocemment, cela est néantmoins dit un peu sèchement (1) ».

Montausier, devenu poète par amour, écrivait de son côté en vers aux amies qu'il avait quittées. Dans cette lettre du 12 juin Chapelain parle du poème que le marquis a envoyé « aux quatre nymphes de ces eaux » la princesse Julie, les deux demoiselles de Clermont, et Mlle Paulet. Ce poème, le mot est bien prétentieux, nous a été conservé dans les manuscrits de Conrart (2). M. Amédée Roux l'a reproduit, mais sans l'accompagner d'aucunes notes et sans donner aucun renseignement sur les relations de l'auteur avec l'hôtel de Clermont (3).

En voici le début : « *Lettre*

> Aux quatres filles dont les yeux
> Plus clairs que les flambeaux des cieux,
> Dans mes pleurs et sur mon visage
> Virent lors que je les quitté
> La faiblesse de mon courage,
> Et la force de leur beauté.
> Divines et chastes beautez,
> De qui les seules volontez

---

(1) *Lettres de Chapelain*, p. 249 ; M. Livet, *Précieux et Précieuses*, p. 44, note 1. Dans sa lettre du 18 juin, Chapelain revenant encore sur ce point écrit à Montausier, p. 255 ; « la belle *Lionne*, accompagnée des deux aimables sœurs, que vous avés traitées en filles à l'ordinaire, entra dans ma grotte.... »

(2) Manuscrits de Conrart, in-4°, t. X, p. 1017.

(3) *Montausier, sa vie et son temps*, p. 47, 231 et suiv.

Sont mes loix et mes destinées,
Nymphes aimables et bien nées,
Qui pouvez blesser et guérir,
Qui faistes et vivre et mourir,
Qui méritez d'estre adorées,
Admirables, comme admirées,
Et de qui les rares vertus,
Tiennent les vices abattus.

Montausier, tant sont grands ses ennuis et la vivacité des
regrets que lui cause son éloignement, va jusqu'à envier le
sort de Jean de Werth, alors prisonnier à Paris, ce qui lui
procurerait le plaisir de voir celles dont il est éloigné.

J'aurois souvent l'honneur de voir...,
Quand le jour auroit un beau soir,
Venir dans le bois de Vincennes
L'illustre famille d'Angennes,
Avecque celle de Clermont,
Personnes de qui le seul nom
A pour moy de si puissants charmes
Qu'il arrêta aussi mes larmes.....

Je verrois deux aymables sœurs,
A qui les plus barbares cœurs
Font gloire de se venir rendre,
N'ayant pas de quoy s'en défendre ;
L'air s'embellit par leurs appas,
Les fleurs naissent dessous leur pas,
Ainsi que des regars de Flore
Ou des larmes de l'Aurore ;
Les yeux, les grâces et l'amour
Les servent et leur font la cour ;
Leur esprit plus meur que leur âge
Semble démentir leur visage.
Mais hélas ! leur jeune beauté,
Est jointe à tant de cruauté,
Que quand nos cœurs ont du martyre,
Nos bouches n'oseroyent le dire

> Et que pour cacher nos douleurs
> Il faut aussi cacher nos pleurs.
> Je verrois la chaste Angelique
> Dont le courage est héroïque...... ».

Tous les poètes de Rambouillet se mirent de la partie pour répondre au marquis et prêtèrent leur plume aux quatre nymphes. Tout l'hôtel s'associa et il en résulta, aux dires de Chapelain, « plus de lettres en prose et en vers qu'il n'en faudroit pour faire une Arcadie de Sannazar (1) ».

Ce fut Chapelain lui-même qui répondit au nom des quatre filles illustrées par Montausier (2) :

> « Au chevalier morne et plaintif
> Que l'ambition rend captif,
> Dans l'état même qu'il commande ;
> Puisse bientôt et pleinement
> Du lieu d'où son cœur le demande
> Arriver tout contentement.

Il lui dit de maîtriser sa douleur, et de dissiper sa mélancolie ; car tel est le plaisir de Julie d'Angennes. Puis il ajoute pour le compte de Mesdemoiselles de Clermont, et de Mademoiselle Paulet :

> Gardez-vous bien d'estre infidelle,
> C'est la prière de la belle,
> De qui vous estes si chéry
> En qualité de *bon mary*.
> Celle, à qui son humeur égale
> A donné le nom de *Morale*,
> Vous charge en son particulier
> D'estre toujours franc chevalier.
> Angélique ne vous ordonne,
> Que d'avoir l'âme moins Néronne (3). »

(1) *Lettres de Chapelain*, 18 juin 1638, p. 254.

(2) *Mss. de Conrart*, in-4°. t. X, f° 1025-1028.

(3) Dans un billet du 10 juin à M. de Chavaroche, (*Lettres*, p. 248), Chapelain lui écrit : « Vous donnerés, s'il vous plait, à la princesse

Un des principaux habitués de l'hôtel de Rambouillet, Arnaud, maître de camp des carabiniers, que la marquise appelait son carabin poète ou son poète carabin, répondit à la fois pour Mademoiselle de Clermont et pour Mademoiselle de Mézières.

Ne pouvant tout citer, je me borne à reproduire ici, l'épitre pour Mademoiselle de Mézières, à qui Rotrou devait prêter aussi sa plume un an plus tard (1) :

« Hier, maman me voulut battre,
D'estre toute seule de quatre
Qui ne vous avois pas écrit,
Disant que je n'ay point d'esprit
Et que je dois mourir de honte
Qu'en cela ma sœur me surmonte,
Et vous face si galamment
En peu de vers son compliment.
Bien que l'entreprise en soit haute,
Sachez que ce n'est pas ma faute
Et qu'il n'arrive pas souvent
Qu'elle prenne ainsi le devant.
Qu'elle prêche sa diligence,
Je vous répons en récompense
Qu'elle auroit pour vous dans le cœur
Cent fois plus que moy de rigueur.
Et certes je veux bien vous dire
Que j'ay pris grand plaisir à lire
Ma beauté peinte dans vos vers
Avec tant d'ornemens divers.

Julie ces vers ou plustost ces pauvres rimes que j'ai esté quérir en poste sur le Parnasse pour lui obéir ». C'est probablement de ces vers qu'il est question dans cette lettre. On voit aussi par une lettre de Chapelain du 18, p. 255, que quatre des vers de Montausier avaient d'abord déplu à Mlles de Clermont et Paulet, qui, sans doute, ne s'étaient pas trouvées louées au même dégré que Julie ; mais le nuage fut bientôt dissipé.

(1) Voir *Mss. de Conrart*, t. X, in-4°, p. 1031-1032. Voir p. 1029-1030 la réponse pour Mlle de Clermont qui est plus lestement tournée.

Si j'étois faite de la sorte,
Je ne voudrois pas estre morte,
Et je vous dirois tout à plat,
Rien n'est si beau dans Scheleistdat.
Chacun vous conte des nouvelles,
Je n'en ai que de telles quelles,
Dont vous et moy nous passons bien,
C'est pourquoi je n'en diroy rien.
Excusez cette courte lettre,
Mon père ne veut pas permettre
Que j'aille toute seule au cours
Ni que je vous face un discours
Qui contienne plus d'une page ;
Vous en tirerez avantage,
Car il dit que tous les galans
Sont aujourd'huy d'étranges gens,
Et qu'avec leurs chaussure étrette
Plusieurs ont la teste mal faite.
Adieu, monsieur, et pour la fin
Je vous recommande au destin ».

Arnaud, dans ses épitres à Julie, n'oubliait pas non plus de parler de Mesdemoiselles de Clermont :

« Revenons au Marais du Temple
Et parlons des deux belles sœurs,
De leurs charmes, de leurs douceurs.
De leur maman et d'Angélique
Certes le souvenir me pique (1). »

Ces jeux d'esprit entre Montausier et Mlles de Clermont se prolongèrent assez longtemps. Il me serait facile d'extraire des manuscrits de Conrart le rondeau de M. de Montausier à Mademoiselle de Clermont, sa femme d'alliance, et la réponse au nom de Mademoiselle de Clermont, un second rondeau pour la même etc (2). Je me borne à citer un ron-

(1) *Mss. de Conrart*, in-4°, t. X, p. 1041.
(2) *Mss. de Conrart*, in-4°, t. XVIII, pp. 1070, 1071, 1083.

deau pour Mademoiselle de Mézières, qui m'a tout l'air d'être
sorti de la plume d'Arnaud (1).

Pour Mademoiselle Mézières.

« Que trop, que trop, dit le preux Masinisse,
Nous endurons de peine et de supplice
Depuis le jour si sombre et si pluvieux
Que nous avons éloigné ces beaux lieux,
Où règne en paix l'adorable Artenice.
　　Je donne au diable et bombarde et milice
Et ce pénible et brutal exercice
Qui ne nous fait chagrins, pauvres et vieux
　　　Que trop, que trop.

Que si je suy quelque jour mon caprice
Je quitteray, quoiqu'il en réussisse,
Ce point d'honneur qui fait les demy dieux
Et les plaisirs les plus délicieux
Pour oïr dire à la belle Mélisse
　　　Que trop, que trop. »

Voici encore, comme exemple des poésies de société
écloses dans l'hôtel de la rue de Touraine, des vers pour
une petite levrette nommée Marphise, adressés à Mgr l'évêque
de Grasse, qui l'avait donnée à Mademoiselle de Clermont (2) :

« Divin prélat qui souliez estre
Au temps jadis mon premier maistre,
Je vous écris comme je puis,
Et vous veux dire que je suis
La belle et gentille Marphise...

« La belle et gentille » se fait l'interprète de Mademoiselle

(1) *Ut suprà*, p. 1084.

(2) *Mss. de Conrart*, in-4º, t. XXII, p. 290-292. Marphise est aussi le
nom d'une jolie chienne de Madame de Sévigné.

de Clermont, qui, comme sa mère, regrettant l'absence de
Godeau, souhaite le retour et célèbre l'éloge du prélat :

> Hélas qui ne vous aymeroit
> Et qui ne vous souhaiteroit
> Prélat divin, prélat aymable
> Et dont l'esprit incomparable,
> Force chacun à vous aymer ! »

Le perroquet de Grasse répondait à son tour à Marphise
« très honorée chienne de Mademoiselle de Clermont (1) » :

> « Gentille et galante Marphise,
> En l'école où l'on vous a mise,
> Vous avez durant un esté,
> Non pas en taille profité,
> Mais en doctrine, en écriture.

Le perroquet bien stylé par Godeau, n'avait garde de ne
pas imiter la politesse de Marphise, et lui disait de son maître
en finissant :

> ... Je say qu'il n'aime rien tant
> Que cette incomparable fille
> Et toute la noble famille
> Où le chien du ciel est jaloux
> De n'habiter pas comme vous. »

Godeau était l'hôte préféré du château de Mézières. On y
aimait certes Chapelain, qui se disait adomestiqué à l'hôtel
de Clermont comme à celui de Rambouillet ; mais Godeau
était aimé par excellence, ainsi que le fait voir la correspondance de Chapelain lui-même. C'était à Mézières qu'il
allait s'établir le plus longuement quand il quittait son
évêché de Grasse pour revenir voir ses anciens amis, qu'il

(1) *Ut suprà*, pp. 293.-298.

n'avait pas oubliés et avec qui il entretenait les relations les plus suivies.

On regrette toutefois de ne rencontrer dans ses œuvres qu'une seule lettre à Mademoiselle de Mézières. Elle prouve qu'à côté des agréables délassements de la poésie, il ne perdait pas de vue son rôle d'évêque et sa houlette de pasteur de l'église. Dans cette lettre, datée de Grasse, 24 septembre 1641, il se réjouit d'apprendre qu'aux douceurs elle mêle l'amertume de la pénitence, et qu'au lieu d'occuper ses mains à écrire, elle les occupe à dresser sa confession(1). Dans ses *Epitres morales* il célèbre aussi la pieuse châtelaine, en même temps que la marquise de Rambouillet (2).

Habitué de Mézières dès sa jeunesse, il s'y reposait pour ainsi dire, comme en pleine famille ; il y revenait du fond de sa Provence « jouir des délices des Champs-Elysées sur cette claire rivière et dans ce beau palais où nous avons passé autrefois des heures si heureuses », comme le lui rappelait Chapelain le 13 juillet 1640 (3). Il s'y trouva à la fin de l'automne de 1639 en même temps que Rotrou.

Chapelain, qui rivalise avec la Gazette dans ses lettres à Montausier, écrit à ce dernier le 4 novembre 1639 en lui donnant des nouvelles de l'hôtel de Rambouillet, des hôtes préférés de la marquise, de son fils M. de Pisani, de l'abbé de Saint-Nicolas, d'Arnaud de Corbeville, de M. de Chavaroche etc. : « Mr de Grasse, qui est à Mézières à présent et qui s'en va estre deux fois évesqué, vous escrira à son arrivée (4) ». Le 20 novembre une lettre de Mr de Grasse était en effet envoyée à M. de Montausier. Comme tous les ans, au mois d'octobre, les dames de Clermont étaient venues passer quelques temps à leur château. Elles étaient ainsi éloignées de Madame de Rambouillet. Julie d'Angennes avait

(1) *Lettres de Godeau*, 1713, in-12, p. 212, lettre LXIV.
(2) *Poésies de Godeau*, 1660-1663, in-12, t. III, p. 69.
(3) *Lettres de Chapelain*, p. 642.
(4) *Ut supra*, p. 521.

été souffrante de la fièvre (1) ; son éloignement el son malaise appelaient naturellement une lettre de ses jeunes amies.

C'est à cette époque que se place le séjour de Rotrou à Mézières, dont parle Chapelain. C'est alors qu'il prête sa plume à l'une des filles de Madame de Clermont pour écrire à l'illustre Julie. Sa présence à Mézières était toute naturelle. Le château était à une lieue de Dreux. Les Balsac, on l'a vu, entretenaient des relations avec la haute bourgeoisie de la ville, et s'empressaient d'ouvrir les portes de leur demeure aux gens d'esprit. Madame de Clermont aimait le théâtre ; Tallemant nous parle de petits enfants jouant chez elle l'*Amaranthe* de Gombaud après souper (2). Rotrou, a plus d'un titre, comme magistrat, comme voisin, comme poète devait donc être bien accueilli, au lendemain de son retour à Dreux, par la famille de Clermont. Godeau ne devait pas non plus être fâché de se retrouver avec son compatriote. Il n'était pas devenu étranger aux choses du théâtre, comme on peut le voir grâce à une curieuse conversation, conservée dans les manuscrits de Conrart, entre l'évêque de Grasse, désigné sous le nom de *Théopompe* et son ami Léodamas, venu de Paris en Provence, vers la fin de 1637. J'en extrais un court passage où apparaît le nom de Rotrou : « Si vous voulez m'écouter je vous marqueray toutes les fautes du *Cid*, de la *Mort de César*, et de ces autres pièces fameuses qui ont fait des partis dans la cour. Je vous diray en quoy pèche Mairet, en quoi excelle Corneille, *ce que vaut Rotrou*, de quoi manque Scudéry. Je vous nommerai les pièces qui ont pleu au grand Alcidor, celles que Poliandre (le cardinal de Richelieu) a dressées et tous ces petits mystères qui ne sont connus que de peu de gens (3) ».

(1) *Ut suprà*, pp. 502, 507.
(2) Tallemant, IV, 242.
(3) *Mss. de Conrart*, in-4°, t. XI, p. 176, et *A. Godeau*, de M. l'abbé Tisserand, p. 95.

Le prélat put continuer, à Mézières, avec l'auteur d'*Anti-gone* et des *Sosies*, cette conversation sur le théâtre commencée dans les salons de son évêché avec un autre interlocuteur, et lui donner des conseils qui ne furent pas étrangers peut-être au choix d'une tragédie chrétienne et du sujet de *Saint-Genest*.

On a vu que les poètes admis chez Madame de Clermont se faisaient un plaisir d'adresser des vers de société aux charmantes filles de la comtesse ou de leur prêter leur plume pour les gracieux badinages qu'elles voulaient envoyer à des personnes amies. Rotrou fut mis à contribution, comme l'avaient été Voiture, Chapelain et Arnaud de Corbeville. Il rima à l'adresse de Julie d'Angennes pour Mlle de Mézières

> « A qui son humeur égale
> A donné le nom de *Morale* »,

les vers que j'ai fait connaître il y a un instant. Chapelain trouva jolie la lettre en vers du poëte druide, et la jugea digne d'être envoyée par le célèbre intendant de l'hôtel, M. de Chavaroche, à Montausier toujours en Alsace (1).

On voit par cette correspondance de Chapelain que Montausier connaissait Rotrou, puisqu'après avoir parlé de ses vers, l'auteur de la *Pucelle* l'entretient ensuite du changement de vie du poète.

C'est là le seul renseignement que nous ayons sur les relations de Rotrou avec l'hôtel de Rambouillet, une jolie lettre écrite à Julie d'Angennes et des nouvelles sur l'acquisition de sa charge de lieutenant particulier données à Montausier par Chapelain. C'est peu, mais cela suffit pour

---

(1) La correspondance de Chapelain nous apprend que M. de Chavaroche eut dans le Maine un bénéfice : « Le bon M. Chavaroche est devenu chapelain et possède désormais une chapelle au Maine de quatre-vingt ou cent escus de rente, qui ne l'oblige à estre prêtre ni marié. C'est un présent de M. le marquis de Rambouillet qui en est le patron ». *Lettres de Chapelain*, 27 octobre 1640, p. 711.

donner à penser qu'il faut se garder d'ajouter une foi absolue aux dires de Sainte-Beuve sur les fréquentations de Rotrou. Admis à l'hôtel de Clermont, dont les hôtes étaient ses compatriotes et les amis de son protecteur M. le comte de Belin, le poète put de la sorte avoir ses entrées chez la marquise de Rambouillet, de même que Godeau et Croisilles. Dans tous les cas il était digne d'y avoir place et de réussir « en honnête homme », dans la chambre bleue de la rue Saint-Thomas du Louvre, qui, comme le disait Chapelain, « était la pierre de touche de cette sorte de métal (1) ».

La lettre de Chapelain, qui nous renseigne sur les rapports de Rotrou avec le château de Mézières, ajoute : « Le docteur de poète comique se fait lieutenant au bailliage de Dreux ». Ce mot de *docteur* peut d'abord paraître singulier (2) ; mais lorsqu'on étudie la correspondance de Chapelain, on voit que c'est une expression qui revient fréquemment sous sa plume sans qu'il y attache aucune idée défavorable. Il l'applique la même année à Sarrasin, probablement aussi à un des frères Esprit, à François Guyet, etc. Je n'ai pas besoin de dire que toutefois le prince de la critique se croyait bien supérieur à un *poète comique* (3). Aussi ne se montre-t-il nullement empressé de donner son portrait à Scudéry pour le voir figurer à côté de ceux de Rotrou, de Mairet, du Ryer et Claveret, dont le voisinage semble devoir l'humilier, bien qu'il dise que ces personnages sont d'une hiérarchie si élevée au dessus de lui qu'il aurait honte pour eux et serait embarrassé pour lui s'ils se rencontraient ensemble (4).

(1) *Lettres de Chapelain*, p. 198.

(2) V. M. Person, *Notes critiques*, p. 135.

(3) La comédie, ainsi que la tragi-comédie, genres qu'avait surtout cultivés Rotrou, étaient regardées alors comme bien inférieures à la tragédie. Corneille lui-même, dans un factum de la querelle du *Cid*, est encore désigné sous le nom de poète comique.

(4) *Lettres de Chapelain*, p. 473, 482, 511. Il ne parait pas, chose étonnante, avoir entretenu de relations suivies avec Rotrou après celles de 1633. On ne trouve aucune lettre du poète dans la liste des correspondants de Chapelain, donnée par MM. Rathery et Briquet.

Fixé pour toujours dans sa ville natale, Rotrou dut continuer à entretenir des relations avec le château de Mézières, puisqu'à la veille de sa mort, la bonne châtelaine l'invitait à sortir de Dreux décimé par la peste et à venir chercher un abri contre le fléau sous les ombrages de Mézières. On pourrait même dire qu'on ne sait guère encore que deux choses du séjour du poète à Dreux, sa présence au château de Mme de Clermont au lendemain de son retour dans cette ville en 1639, et cette invitation d'y revenir pour échapper à la mort, ainsi que le constate le fragment de lettre à son frère qui est comme le chant du cygne de l'auteur du *Saint-Genest*.

Rappelons en passant que l'année 1650 fut doublement une année de larmes pour Madame de Clermont. C'est alors qu'elle perdit aussi sa fidèle amie Angélique Paulet. Elle était allée cette année là en Gascogne ; son amie la *Lionne* ou Madame de Grasse, comme on l'appelait, qui l'avait accompagnée dans ce voyage, ne devait pas en revenir. Godeau vint de Provence lui prodiguer les exhortations suprêmes, et adressa ensuite à Madame de Clermont des vers émus qui font à la fois honneur à l'évêque et au poète (1). L'époque de la mort de Mademoiselle Paulet n'a pas encore été bien précisée jusqu'à ce jour. M. Cousin a pensé avec raison, d'après les lettres de Mademoiselle de Scudéry à Godeau, qu'elle avait eu lieu de février à octobre 1650. Il est probable même qu'elle est postérieure au 28 juin, date de l'inhumation de Rotrou (2).

Hélas les charmantes nymphes de Mézières devaient elles aussi connaître les larmes ! En voyant les joyeux ébats de leurs

(1) *Poésies chrétiennes de Godeau*, 1663, t. III, p. 75.

(2) M. Cousin, *Etudes sur la société polie au XVIIe siècle*, I, 329. Avant lui, on rapportait la mort de Mlle Paulet à 1651 et même 1652. Depuis, M. Tisserand (*A Godeau*, p. 119), a écrit qu'elle était morte dans l'arrière saison de 1650 dans la terre d'Entragues, aux environs de Toulouse. V. Tallemant, t. VIII, p. 92 et 100. Mlle Paulet, d'après la correspondance de Mlle de Scudéry, paraît avoir encore existé le 8 octobre 1650, et ne serait donc morte qu'après Rotrou.

jeunes années, on eut pu croire qu'un long bonheur était réservé à Mesdemoiselles de Clermont. Il n'en fut rien ; après cette jeunesse radieuse , elles eurent une vie pleine d'épreuves et d'amertumes. L'aînée , Mademoiselle de Clermont, mariée à un mari vieux, altier et jaloux, Louis de Bretagne, marquis d'Avaugour, comte de Vertus, et releguée par lui en Bretagne à Clisson, paya cher la vanité du manteau ducal, qui, dit-on, l'avait déterminée à ce triste mariage. Elle dut regretter les belles années, pendant lesquelles entourée de sa cour de poètes, associée à tous les plaisirs de Julie d'Angennes, sa jeunesse n'avait été qu'une longue fête, et un véritable enchantement. Lorsqu'elle se maria, vers 1647, son ancien secrétaire, Arnaud, fit à cette occasion des vers moitié de compliments moitié de reproches, dont quelques-uns ont été reproduits par Tallemant (1). Voiture lui-même, y fit, parait-il, une réponse qu'on a perdue.

Ce furent sans doute les derniers vers, faits pour Mademoiselle de Clermont, qui vinrent résonner à ses oreilles. Elle gouta heureusement pour la consoler « l'exercice continuel d'une haute piété (2) ».

Quant à Marie de Balsac, Mademoiselle de Mézières, elle connut aussi des jours de tristesse et de malheur. Elle avait épousé en mai 1651 Jean-Gaspard-Ferdinand , comte de Marchin, liégeois enrôlé au service de la France, qui servit longtemps sous les ordres de Condé et fut même un de ses principaux lieutenants. Rebelle comme lui pendant la Fronde, il se réfugia en Espagne après la reprise de Bordeaux et la dispersion des chefs du parti des princes. Dès lors sa vie fut un long exil ; il resta hors de France en qualité de maitre de camp général aux Pays-Bas. Madame de Marchin mourut

(1) Tallemant, IIII, 476.

(2) Elle mourut sans enfants, le 26 février 1682, rue des Tournelles, à Paris, et fut inhumée à Mézières. Voir Jal pour sa mort et l'*Inventaire des Archives d'Eure-et-Loir*, t. IV p. 314 pour son inhumation dans la chapelle de Mézières avec ses ancêtres, le 4 mars 1682. Elle était âgée de 66 ans.

le 9 novembre 1691, à 74 ans. Elle avait hérité de tous les biens des d'Entragues après la mort de sa sœur. Son fils unique Ferdinand, rentré en grâce auprès de Louis XIV, devint le maréchal de Marchin (1). Le corps de Marie de Balsac ne vint pas reposer auprès des siens dans la chapelle de Mézières. Quand elle s'éteignit, il y avait déjà près de quarante ans, que le poète qui lui avait servi de galant secrétaire, en des jours plus heureux, avait couronné sa vie par une belle mort.

Je ne veux pas prolonger, au-delà de cet épisode de ses rapports avec le château de Mézières, l'histoire de l'auteur de *Saint-Genest*. Le récit du reste de sa vie est l'affaire des écrivains de Dreux. Ce n'est qu'à l'aide des papiers de famille, et des minutes des notaires qu'on peut connaître quelques particularités de son existence intime ; de même, ce n'est qu'en feuilletant ce qui peut rester des copies des registres du bailliage ou de l'hôtel de ville , dont les originaux n'existent plus, qu'il y a chance de recueillir quelques miettes de la vie du magistrat et de l'homme public.

Des dix dernières années qu'il vécut dans sa ville natale sur lesquelles on devrait avoir le plus de documents, on ne sait encore absolument rien, tant ses compatriotes ont été indifférents à garder le souvenir du poète, qui est l'honneur et la gloire de Dreux. La femme de Racine ne lut jamais, dit-on, une tragédie de son mari ; on serait presque tenté de croire que les druides du XVIIe siècle, les seuls dont je parle, ne se doutaient guère non plus qu'ils avaient dans leurs murs un émule du grand Corneille. Ils devaient considérer M. le lieutenant particulier beaucoup plus que le poète dramatique, comme avaient fait du reste les Manceaux du siècle précédent à l'égard d'un précurseur de Corneille et de

(1) Dès 1670 on voit parrain à Mézières Ferdinand de Marchin, fils de Jean Ferdinand Gaspard, comte de Marchin, comte du Saint-Empire, général de sa Majesté catholique aux Pays-Bas, marquis de Clermont etc.

Rotrou , à l'égard de Robert Garnier, lieutenant criminel au siège présidial et à la sénéchaussée du Maine (1).

Dans cette dernière période de sa vie, je l'ai déjà dit d'ailleurs, le magistrat semble primer le poète. Et pourtant c'est l'époque des chefs d'œuvre de Rotrou. C'est que, dans la tranquillité de son existence provinciale, sorti du milieu des auteurs dramatiques et de la vie de théâtre où il avait jusque-là surmené son génie, il songeait désormais à produire des œuvres qui pussent lui survivre, et assurer à son nom l'estime de la postérité (2). Lui-même semble plus détaché du présent. La plupart de ses pièces sont dépourvues alors de dédicaces; ce n'est qu'en tête de *Don Bernard de Cabrère* qu'il se sent repris par ses souvenirs de jeunesse, et que, comme nous dirions aujourd'hui, il sacrifie à l'actualité, en faisant l'éloge de Mazarin, comme il avait fait naguères celui de Richelieu. Il lui dédie l'*Elégie* en vers qui se lit en tête de cette tragi-comédie (3).

(1) Le théâtre de Garnier ne resta pas étranger à Rotrou, qui l'imita dans son *Antigone* (*V. Etude sur R. Garnier.* par M. Bernage, p. 122), de même que Racine devait imiter l'*Antigone* de Rotrou dans sa *Thébaïde*.

(2) Les dix dernières années de la vie du poète sont pour lui une période de progrès incessants, et chaque jour son vol ne cesse de monter plus haut. Il était loin du temps où il composait ses drames sur commande pour le compte de la troupe de Bellerose, comme Cervantes lui-même composait ses comédies pour la troupe de Rodrigo-Osorio, à la fois acteur et directeur de théâtre. Aussi ses trois dernières grandes tragédies, qui forment, on l'a dit, le couronnement austère de ses œuvres, ont-elles une toute autre valeur que les pièces qu'il écrivait, alors qu'il faisait partie de l'*Académie de campagne* de Richelieu, c'est-à-dire de la société des quatre ou cinq des plus familiers du cardinal, comme parle Boisrobert dans l'avis mis en tête de ses *Epistres en vers* de 1659. — Ajouter aux auteurs déjà cités à propos des rapports de Rotrou et du Cardinal, Eugène Maron, théâtre du cardinal de Richelieu, *Revue indépendante* du 25 décembre 1844; Aubery *Histoire du cardinal de Richelieu*, liv. VII, p. 2 ; Callet, *de l'administration en France sous le ministère du cardinal de Richelieu*, 1857, in-8°, p. 457-473.

(3) *Don Bernard de Cabrère*, Quinet 1648 ; le privilège est du 11 mars 1647 et l'achevé d'imprimer du 21 octobre. L'*Elégie* à « Monsei-

Le poète se déclarait prêt à épuiser sa veine à chanter les hauts faits du ministre

« Dont la haute intelligence
Maintient nos alliés et contient nos mutins ».

Il l'invitait à faire « remonter la paix sur le trône des lys » et aussi à protéger
« Ce noble théâtre
Dont nos fameux acteurs font la cour idolâtre ».

Mais « Jules » était peu disposé à suivre l'exemple de l'auteur de *Mirame* et à se délasser comme lui

« Des travaux de l'Estat sur les fleurs du Parnasse ».

En espérant trouver dans le successeur de Richelieu un nouveau Mécène, Rotrou se trompait fort et dut regretter son encre et ses éloges, comme Scarron et bien d'autres poètes du temps. Mais, ainsi qu'il le dit lui-même, il était passionné pour le service du roi ; l'indifférence du ministre ne dut pas influer sur son rôle pendant la première Fronde. Bien que ce rôle reste inconnu, il n'y a pas lieu de croire que le poète ait cessé d'être un zèlé royaliste en 1649.

On s'est étonné que Rotrou n'ait pas fait partie de l'Académie, à laquelle certes il a manqué. Je n'en suis pas plus surpris, pour ma part, que M. Person (1). Lors de la fondation de

gneur, Monseigneur l'Eminentissime cardinal de Mazarin, » placée en tête de la pièce a six pages non paginées. Cette *Elégie* et les vers « à M. le président de Chasteau-neuf », c'est-à-dire au poète du Lorens, lieutenant du roi à Châteauneuf en Thimerdis, son voisin et son ami, insérés en tête des *Trois coustumes voisines de Chasteau-neuf, Chartres, et Dreux, avec les notes du sieur du Lorens,* Chartres, Michel-Georges, 1645, in-4º, sont, en dehors de ses pièces de théâtre, les derniers vers que l'on connaisse de Rotrou. — On sait, pour en finir avec les dédicaces du poète, que *Venceslas* est dédié à M. de Créqui.

1) M. Person, *Notes critiques*, p. 146.

l'Académie, Rotrou était trop jeune encore et pas assez connu de Richelieu pour être admis dans ce sanctuaire des lettres qui, soit parmi les fondateurs de l'Académie, soit parmi les membres nommés par acclamation dès la première heure, comptait déjà comme auteurs dramatiques, ou soi-disant tels, Desmarets, Boisrobert, Colletet, Claude de Lestoile, Baro et Racan. Quant aux autres poètes de théâtre, émules et contemporains de Rotrou, qui y furent admis plus tard, du Ryer, Scudéry, Corneille, Tristan etc., ils n'y entrèrent guères que dans les années voisines de la mort de Rotrou, qu'une fin prématurée vint enlever avant l'heure, à quarante ans. S'il eut vécu davantage, il eut sans doute fait partie de la docte assemblée, où il est probable même qu'il fut entré avant 1650, si son éloignement de Paris et sa retraite en province n'eussent, conformément aux règlements, écarté de sa personne les suffrages de ses amis eux-mêmes.

Ce qui vaut mieux pour sa gloire qu'un fauteuil à l'Académie, ce sont les grandes œuvres de sa maturité, *La Sœur*, *Saint-Genest*, *Venceslas*, *Cosroès*, etc. *La Sœur*, cette charmante comédie, dont l'origine reste encore à découvrir ; le *Saint-Genest*, « la pièce la plus romantique qu'on puisse imaginer en plein dix-septième siècle », et dont grâce à MM. Person et Deschanel, les origines sont aujourd'hui bien connues (1) ; *Venceslas*, dont il emprunta le fonds à

(1) Dans cette étude faite au point de vue historique et où j'ai laissé de côté les considérations littéraires, j'ai le regret de ne pouvoir m'arrêter à parler de *Saint-Genest*. Tous les amis de Rotrou connaissent du reste *la découverte* faite par M. Person. Il a démontré que *Lo Fingido Verdadero* de Lope de Vega (*Comedia* qui date pour le moins de 1618, d'après M. Morel-Fatio, *Revue critique*, 11 octobre 1882) a servi de modèle à Rotrou pour sa pièce et que le même sujet avait déjà fait l'objet d'un mystère du moyen-âge. (Voir l'*Histoire du véritable Saint-Genest*). D'un autre côté, conformément à une remarque de M. Marty-Laveaux, qui avait signalé que, dans ses nombreuses imitations Rotrou, avait souvent fondu deux pièces en une seule, M. Deschanel (*le Romantisme des classiques*, p. 268) a trouvé l'origine de la tragédie d'*Adrien*, que Saint-Genest joue devant l'empereur. Cette pièce enfermée dans la tragédie totale, qui a pour titre *le véritable Saint-*

Francisco de Rojas, de même qu'il alla encore une fois en Espagne emprunter à Lope de Vega son *Bernard de Cabrère ;* *Cosroès,* qui n'est peut-être pas aussi original qu'on l'a dit, car Rotrou prit le sujet et les principaux personnages de cette pièce dans le *Cosroès* du Père jésuite Louis Cellot, sans toutefois pousser l'imitation aussi loin que dans le *Saint-Genest* (1).

La mort, en le frappant en pleine maturité, vint arrêter l'essor de son génie. Ne le regrettons cependant pas trop pour Rotrou. Sa noble fin a singulièrement relevé sa vie. Celui qui avait placé de si beaux accents dans la bouche de Saint-Genest courant, avec tant d'héroisme et de grandeur, à la mort, à la gloire, sut lui-même, à l'exemple de ses héros et du martyr chrétien qu'il avait si tragiquement mis en scène, mourir noblement et sans phrases, quand il plut à Dieu, rachetant par son dévouement à ses concitoyens et son sacrifice au devoir ce qu'il y avait eu de profane dans son passé (2).

Genest, comédien païen représentant le martyre d'Adrien, est une tragédie latine du jésuite Louis Cellot, *Sanctus Adrianus martyr.* Le recueil du Père Cellot qui était professeur au collège de la Flèche, où furent jouées ses tragédies sacrées, parut en 1630 et contient quatre pièces *Sanctus Adrianus martyr,* p. 1, *Sapor admonitus,* p. 108, *Chosroès,* p. 238, *Reviviscentes* (tragi-comédie), p. 319. V. *Opera poetica* du Père Cellot, Paris, Séb. Cramoisy, 1630, petit in-8°. On ne s'est pas préoccupé jusqu'à ce jour de rechercher les nombreuses imitations, qu'ont faites du théâtre des jésuites nos grands auteurs dramatiques et Shakspeare lui-même. C'est un point qu'a laissé complètement de côté M. Boysse dans *Le Théâtre des Jésuites,* 1880, in-12.

(1) M. Person avait dit p. 19 de son *Histoire du véritable Saint-Genest :* « La seule pièce vraiment originale de Rotrou, c'est *Cosroès* ; c'est peut-être la seule qu'il n'ait point imitée d'un devancier. C'est un événement dans l'histoire littéraire, une date dans la vie de Rotrou. Là il semble abandonner les Espagnols et ne se mesure plus qu'avec lui-même. Dix lignes des *Annales ecclésiastiques* de Baronius avaient suffi à notre auteur pour dresser le plan de sa tragédie. C'était plus qu'une seconde manière, c'était une autre vie qui commençait pour lui ». M. Deschanel (*Le Romantisme des classiques,* p. 269), se contente d'écrire que Rotrou n'a emprunté que le sujet au jésuite Cellot.

(2) Grâce au changement intervenu dans sa vie et que nous a fait connaître dom Liron, (*Singularités,* I, 332), on peut dire de lui comme

Le **28** juin 1650 avait lieu l'inhumation « de M. le lieutenant-particulier de Rotrou », mort victime de la peste. Le magistrat chrétien, malgré les prières de Madame de Clermont d'Entragues et de son frère, qui le pressaient de se dérober au danger, de se conserver pour sa famille et pour ses jeunes enfants n'avait voulu, tant était profond chez lui le sentiment de l'honneur, abandonner ni son poste ni ses compatriotes. Il avait répondu à leurs prières par une lettre d'une simplicité héroïque, plus belle que toutes les additions de la légende et dont le résumé et la phrase finale nous ont été heureusement conservés par Dom Liron (1). La grâce elle aussi avait touché l'ancien fournisseur attitré du théâtre de Bellerose et nouveau Saint-Genest il mourait en martyr du devoir,

Sans qu'un certain frisson vint passer sur son cœur.

Au milieu des troubles de la Fronde le silence se fit sur cette belle mort, dont il ne parait pas qu'aient parlé les gazetiers ni les poètes de Paris (2). Christine de Suède disait

des jeunes martyrs dont il parle dans *Saint-Genest,* qu'il était « déjà mûr pour les cieux. »

(1) *Singularités historiques,* I, 334.

(2) Il faut cependant faire exception pour Scarron, qui fait dire au poète Roquebrune (*Roman comique,* première partie parue en 1651, VIII), « qu'il avait perdu un bon ami en feu Rotrou », et pour Colletet qui écrivit pour Rotrou l'épitaphe que j'ai citée. Voir sur les épitaphes de Rotrou, composées à différentes dates, dans la *Petite Bibliothèque des théâtres,* Paris, 1784, in-12, sa vie en tête de la pièce de *Venceslas,* p. 7. C'est là p. 8 qu'on attribue à Pierre Corneille une épitaphe de Rotrou, que je n'ai vu citée par aucun des éditeurs des œuvres de l'auteur de *Polyeucte,* pas même au nombre des vers apocryphes, bien que ce soit parmi eux qu'il faille sans aucun doute la ranger. Je la reproduis ici, dans l'espoir qu'un curieux pourra en faire connaître l'origine :

> « L'illustre *de Rotrou* renferme en ce cercueil
> Et l'honneur de Thémis et la gloire des Muses,
> Qui versent, à ses pieds, mille larmes confuses,
> Par le ressentiment de leur extrême deuil.

en voyant le nain de Julie : *Minuit præsentia famam*. On pouvait dire au contraire de Rotrou relegué hors de Paris dans l'obscurité de la vie de province : *Minuit absentia famam.*

Hélas ! Dreux, qui de nos jours lui a élevé une statue, n'a pas même conservé le souvenir de sa tombe (1). Dès 1706, du reste, s'éteignait le fils de Rotrou, qui avait embrassé

> Ce fut un grand génie, un juge incorruptible ;
> Mais son corps, comme un autre, et mortel et passible,
> Est sorti de la vie et repose en ce lieu ;
> Aussi, son bel esprit, tout rempli de lumière,
> Aspirant de courir à sa source première,
> S'élève de la terre et s'en retourne à Dieu. »

(1) Il est vrai que la peste, qui faisait alors tant de victimes, put empêcher Rotrou d'être enterré dans l'église Saint-Pierre, et qu'il dut être inhumé dans le cimetière, où le souvenir des morts se perd vite. On a cru, récemment, mais sans aucunes preuves, avoir retrouvé à Dreux le cercueil de Jean Rotrou dans une des chapelles de la nef latérale de droite de l'église Saint-Pierre, chapelle qui porte vulgairement le nom de chapelle des Rotrou, et où le blason de cette famille se trouve à la partie supérieure de la verrière à gauche (Voir le *Réveil de Dreux*, 17 octobre 1882, et *Bulletin de la société archéologique d'Eure-et-Loir*, procès-verbaux nº 163, juin 1883, p. 183. — M. Amb. Firmin-Didot dit que son père avait pu lire le nom de Rotrou dans le cimetière sur une pierre à moitié effacée par le temps. Etait-ce bien le tombeau du poète ? Quant à la tombe, qui se voyait faisant marche à la porte dite des morts ou de Metezeau, c'était, ainsi que nous l'apprennent les registres de l'état-civil, celle de Claude Rotrou, procureur du roi en l'hôtel de ville, mort le 3 octobre 1674 (et non pas 1694), âgé de 62 ans. C'est par erreur qu'on a dit qu'elle se rapportait à un Pierre Rotrou (*Histoire monumentale de Dreux*, par Emmanuel Paty, 1850. in-8º, p. 58). La date de 1695, indiquée par M. Didot, était celle de l'inscription funéraire de la femme de Claude Rotrou, Christine Lemaire. Il ne faut pas confondre ce Claude avec plusieurs autres Rotrou contemporains, portant le même prénom. Le maire de la ville qui mourut lui-même en 1650 victime de la peste et dont la femme, Marie Cousin, mit au monde un enfant posthume le 8 août, s'appelait lui-même Claude Rotrou.

Le 5 mars 1649 la femme du poète, Marguerite Camus, avait été marraine de Marguerite, fille de noble homme Claude Rotrou, maire de Dreux et receveur des deniers du grenier à sel et de Marie Cousin. Dans cet acte le poète est qualifié *d'escuyer*, sieur de Thoisy etc. Les autres actes, qui le concernent depuis 1639, se contentent de le qualifier de noble homme.

la carrière ecclésiastique (1). Le poète, dont les deux filles étaient entrées au couvent, n'avait plus d'héritiers directs pour prendre souci de ses restes et de sa mémoire (2).

Ce n'est que dans l'inventaire fait à sa mort et dans les actes relatifs à la tutelle de ses enfants ou à sa femme qu'il y a chance de retrouver quelques données sur l'état des biens qu'il laissait après lui.

Les registres de l'état civil, qu'on n'a consultés jusqu'ici ni avec assez de soin, ni avec assez d'esprit de suite, contiennent, les seuls autographes connus de lui jusqu'à ce jour, c'est à-dire de nombreuses signatures. Outre la signature du poète, ils font connaître celle de son père (il signe avec paraphe un acte de baptême du 2 janvier 1627); celle de

(1) Il mourut, je l'ai dit, cinquante-six ans après son père. « L'an 1706, le vendredy 12 novembre, vénérable et discrette personne *messire* Jean Rotrou, prestre, curé de Chesne, âgé de 62 ans ou environ, a esté inhumé dans l'église de céans (Saint-Pierre de Dreux). *Signé* : Brochard, Rotrou, Brisset, Rotrou du Cabinet, Decluzet, Rotrou, Hierosme Hervé, curé de Dreux.

Les registres de Saint-Pierre de Dreux renferment de nombreux renseignements sur les Rotrou ; mais comme ce ne sont que des parents collatéraux du poète, je pense qu'il n'est pas nécessaire de relever leur noms. Ceux des assistants à l'inhumation de son fils, qu'il ne serait pas difficile de bien spécifier, m'ont paru toutefois intéressants à mentionner.

(2) Au lendemain de la mort de Rotrou, il semble qu'on s'est un instant occupé de ses œuvres. Le privilège de *Don Lope* est de la fin d'août 1650 et postérieur à son décès. L'impression en fut achevée le 15 juillet 1650. Elle put toutefois, ainsi que celle de *Florimonde*, n'être que le fait du libraire, à qui le poète avait vendu cette dernière pièce depuis longtemps, comme il dut le faire avant sa mort pour *Don Lope*. Quant à l'*Amarillis*, la *Célimène* primitive de Rotrou, dont le manuscrit retrouvé fut accommodé au théâtre et augmenté de l'épisode des satyres par Tristan et qui fut jouée à l'Hôtel de Bourgogne vers la fin de 1652, on peut se demander qui avait communiqué ce manuscrit à l'auteur de *Marianne*. Peut-être ses liens avec les héritiers de la maison de Soissons lui créèrent-ils des relations avec Dreux, qui furent cause de son intervention dans la retouche de la pièce de Rotrou ? Il me faut aussi rappeler le *Dessin du poème de la grande machine de la naissance d'Hercule, dernier ouvrage de M. de Rotrou, représenté sur le théâtre du Marais*, 1650 in-4°.

sa mère, qui lui survécut probablement et signe *Elisabet Le Facheu,* bien que l'acte de naissance de son fils l'appelle *Ysabel Facheu.* (Voir sa signature le 8 août 1641 à l'acte de naissance de son petit fils Jean-Baptiste et le 17 juin 1649 à l'acte de baptême d'un fils de Bernard Legrand, conseiller et président en l'élection de Dreux) ; celle de sa grand-mère Jeanne de la Senserie, veuve de honnête homme Jean Rotrou (baptême du 2 juin 1611) ; celle de sa femme Marguerite Camus (20 janvier et 5 mars 1649) ; celle de sa sœur Jeanne Rotrou, fille de honorable Jean Rotrou, vivant marchand bourgeois (1), et qui signe *Janne Rotrou* le 16 janvier 1649, etc. (2). On pourrait former un album inté-ressant avec ces signatures et les reproductions photogra-phiées de quelques actes de naissance des enfants du poète. Si j'étais *druide,* mais je n'ai pas l'honneur de l'être, j'aurais bientôt fait le dépouillement des registres de Dreux, depuis 1608 environ, date du mariage du père du poète, jusqu'à la fin du siècle, pour y relever tout ce qui a trait à Rotrou et aux siens et bien les distinguer des autres branches de la famille. Jusqu'à présent on n'a fait que feuilleter ces registres sans en tirer tout ce qu'ils contiennent et c'est ce que j'ai fait moi-même, en un passage à Dreux, ce qui m'a cependant permis de connaître les actes inédits, que j'ai cités ici et dans le cours de cette étude.

Les registres de baptême de Dreux sont malheureusement les seuls actes de l'état-civil qui existent pour cette époque.

---

(1) Le frère de ce Jean Rotrou, honorable homme Germain Rotrou, oncle et parrain du poète, était lui-même marchand bourgeois de Dreux (acte de baptême du 5 juin 1610). Il fut maire de Dreux en 1623 ; il ne vivait plus en 1626. Son fils Claude, maire de Dreux dès 1644, mort de la peste en 1650 comme son cousin, est qualifié de noble homme. Il était marié à Marie Cousin (voir baptêmes des 2 mai 1648, 20 janvier 1649, 8 août 1650).

(2) Il faut ajouter cette Jeanne à la Barbe Rotrou, que j'ai fait con-naître comme sœur du poète. J'ai dit que sa troisième sœur s'appelait probablement Marie. D'après la généalogie dressée par L. Claude Rotrou, dernier maire de Dreux de ce nom, les trois sœurs du poète se seraient nommées Marguerite, Marie et Jeanne.

Les registres de décès font défaut ; ce qui en tient lieu ce sont les registres tenus par les curés de St. Pierre, pour mentionner les sommes reçues par eux à l'occasion de la mort de leurs paroissiens. C'est ce qui explique comment on ne trouve pas sur ces registres à la date du samedi 25 juin 1650, trois jours avant l'inhumation de Rotrou, ni le jour précédent, les vingt-deux décès dont parle le poète dans la lettre citée par dom Liron. Le curé de St-Pierre, pour ce jour-là, n'a inscrit que les sept ou huit inhumations et les services d'obit pour lesquels il a perçu des droits. Les décès des pauvres, les plus nombreux sans doute, n'ont pas été inscrits par lui sur son registre. Le mardy 28 juin, jour où il inscrit « l'inhumation de M. le lieutenant-particulier Rotrou, 3 l. 2 s. », il mentionne quatre ou cinq inhumations seulement, sans parler des services d'obit. Celui du poète, eut lieu le mardi suivant, 5 juillet, et coûta la même somme (1).

Il reste à connaître l'époque de la mort de la femme de Rotrou. Son fils, on l'a vu, mourut en 1706. Sa fille, Marguerite, religieuse à Chartres, cessa de vivre, dit-on, en 1711. Elisabeth, religieuse à Pont-de-l'Arche, lui survécut plus longtemps. On lit en effet dans le manuscrit de l'*Histoire de Dreux* de Jean de La Plane, prêtre, chanoine de Saint-Etienne, et principal du collège de Dreux, ci-devant curé d'Isle-Bouchard, histoire datant de 1718 : « Rotrou avoit trois enfants, entre autres une fille dont l'esprit étoit tout brillant et qui vit encore, religieuse au Pont-de-l'Arche. C'estoit l'aisnée ; les deux autres enfants n'avoient rien que fort commun (2) ».

(1) Cela peut servir de réponse aux dires de M. Merlet, *Bibliothèque Chartraine*, p. 382, qui fait remarquer que Rotrou, dans sa lettre à son frère, a exagéré le mal et que les registres de Saint-Pierre ne mentionnent par jour que quatre à cinq décès. Il faut aussi se rappeler qu'outre Saint-Pierre il y avait une seconde paroisse à Dreux,

(2) V. la page 265 de ce manuscrit déposé à l'Hôtel-de-Ville de Dreux. Jean de la Plane, en marge de son manuscrit, mentionne déjà la légende des fagots, mais il renvoie au *Dictionnaire des grands hommes*.

Les *druides* feraient bien aussi de préciser la maison qui fut habitée par le poète et où il mourut. Ce qu'a écrit M. E. Lefèvre de la maison où l'on croit qu'il est né rue au Lait, maintenant rue Rotrou, gagnerait même à être appuyé de nouvelles preuves (1).

Aujourd'hui la statue de Rotrou s'élève au bout de cette rue, sur une étroite place de Dreux (2). Le sculpteur s'est inspiré du buste en marbre de Caffieri, le plus beau peut-être de tous ceux du foyer de la Comédie française. Quant à Caffieri il s'était inspiré d'un portrait du poète qui lui avait été communiqué par la famille, par M. Rotrou, auditeur des comptes, arrière petit neveu du poète (3) ; mais il a certes idéalisé la tête de l'auteur de *Saint-Genest*, et a dû la faire plus belle que nature. « Vraie tête de poète et d'inspiré et en même temps type de cavalier accompli, presque de raffiné, tels sont les traits caractéristiques de ce chef-d'œuvre ; mais ce que les mots sont impuissants à rendre, c'est le jeu de la physionomie, l'intensité de vie et d'expression gravée dans tous les traits et surtout dans les yeux et la bouche (4) ».

Rien de plus mouvementé, de plus hardi, de plus pittoresque que ce chef-d'œuvre fait en 1783 par Jean Jacques Caffieri ; mais cette tête de si beau style, d'un caractère si noble et qui répond parfaitement à celle d'un précurseur de l'école romantique est-elle bien vraie, bien réelle ? Dès l'année où il fut exposé au salon le buste parut *outré* à quelques critiques. Aujourd'hui lorsqu'on le compare au Rotrou gravé par Desrochers , en robe, en rabat et en perruque de magistrat, à l'aspect si placide, presque naïf,

(1) Voir *Documents historiques sur le comté et la ville de Dreux*, par E. Lefèvre, Chartres, 1859.

(2) L'inauguration de cette statue (d'Allasseur) a eu lieu le 30 juin 1867.

(3) Titon de Tillet avait déjà dit que le président de Rotrou avait « un assez beau portrait de Rotrou son parent ».

(4) Voir M. Jules Guiffrey, *Les Caffieri*, Morgand, 1877, p, 232, 333, 337, 347. Voir encore sur ce buste M. Arsène Houssaye, *Histoire du 41e Fauteuil*, 1857, in-12, p. 74, et le *Dictionnaire de Jal*.

qui ne respire ni la vie ni la vérité et si différent du visage amaigri et passionné du Rotrou idéalisé par Caffieri, on se demande si la légende n'a pas pénétré jusque dans l'iconographie du grand poète (1), et si nous n'avons pas dans les deux œuvres un Rotrou de convention, au lieu de la reproduction réelle de ses traits véritables (2). Si le portrait peint, qui fut confié il y a un siècle à Caffieri, existe encore chez les représentants de la famille, on ne saurait trop les inviter à le faire graver ou reproduire par la photographie. C'est le seul moyen de mettre fin à un scepticisme qui ne peut que nuire auprès des curieux à leur illustre parent, et de nous permettre de connaître enfin le vrai Rotrou (3).

(1) Les portraits gravés de Rotrou, ainsi qu'on peut le voir aux Estampes de la Bibliothèque Nationale et que je l'ai dit déjà, dérivent tous du *Rotrou* de Desrochers et du buste de Caffieri. La gravure de Desrochers a inspiré 1º la gravure au trait de Landon ; 2º celle au bas de laquelle on lit : *Durupt pinxit, Coutenau sculpsit* ; 3º enfin celle de Lalauze, en tête de l'édition Jouaust du théâtre du poète. Le Rotrou de Caffieri a été gravé par Duponchel ; mais comme l'a fait remarquer M. Guiffrey, l'estampe rappelle aussi peu que possible le beau marbre de la comédie française. Elle a donné à l'émule de Corneille un air tout à fait matamore. Celle de Jacob s'est aussi inspirée du buste et est également mauvaise. La médaille de Rotrou, gravée pour les *Grands hommes*, dessinée par Normand fils, a voulu fusionner les deux types, qui ont été consultés par l'artiste. Enfin, le chef-d'œuvre de Caffieri a été récemment gravé à l'eau forte par Maurice Leloir ; on le trouve dans *Les Caffieri* de M. Guiffrey. Jusqu'à ce jour c'est le plus beau portrait gravé de Rotrou. *Se non e vero, e bene stampato.*

(2) On a vu de nos jours, idéalisés dans des médaillons de David, bien des personnages que des portraits réalistes nous montrent dépouillés de la noble physionomie dont les a revêtus le grand artiste, et qui sont cependant entrés dans la postérité avec cette grande allure.

Caffieri a *héroïsé* Rotrou, comme Houdon a idéalisé Molière. Son buste de Corneille semble plus empreint de vérité et de ressemblance. On a écrit bien des phrases à propos de la différence de physionomie des deux poètes, tels que les représentent leurs deux bustes du foyer de la Comédie française. — Sur les portraits de Corneille et son buste par Caffieri, d'après le portrait de Lebrun, voir la notice de M. Hellis, *Précis des travaux de l'Académie de Rouen*, 1847, pp. 161-210.

(3) Le grand public continuerait certes à préférer la belle tête, fine élégante dont Caffieri a pour ainsi dire fixé le modèle et dont M. Edouard

M. Person écrivait, il n'y a pas longtemps, en parlant de l'auteur de *Venceslas* (1) : « Il faudra se résigner sans doute à ne voir jamais cette intéressante figure que dans un profil perdu ». Je crois qu'avec de la peine, avec du temps, et le concours de ceux qui doivent détenir encore ses *Reliquiæ*, on pourrait pour le poète comme pour l'homme arriver à *un poco più di luce*. Que chacun apporte sa part de lumière, à l'exemple de ce que j'ai tenté de faire en un moment de loisir, attiré uniquement par la pénombre qui entourait l'émule de Corneille (2), et bientôt, je l'espère, la figure de Rotrou pourra se dresser devant nous vraie, réelle et vivante, dégagée des romanesques fictions de la légende qui ne valent jamais le simple éclat de la vérité (3).

Thierry a dit qu'elle « est devenue l'image authentique de Rotrou parce qu'elle est le portrait de son génie. ». C'est bien là en effet, tel qu'on le rêve, le poète de la galanterie espagnole et romanesque, le poète des raffinés de la cour de Louis XIII et des Importants de la Régence.—La reproduction du portrait serait réservée aux rares curieux qui aiment la vérité, toute la vérité, pour parler comme Sainte-Beuve, sans la prendre de travers ni en abuser.

(1) *Histoire de Venceslas*, avant-propos, p. 15.

(2) On pouvait en effet appliquer à Rotrou jusqu'à ces derniers temps, ce que M. Perrin a dit à l'Institut à propos de Molière et de ses portraits : « Il semble qu'il se soit établi autour de lui une sorte d'auréole d'obscurité ».

(3) Le volume qui réunira ces études, sous le titre de LA VIE DE ROTROU MIEUX CONNUE, *Documents inédits sur la société polie de son temps et la querelle du Cid*, contiendra, sans parler d'additions diverses, la reproduction de plusieurs factums de cette polémique et des renseignements nouveaux s'y rapportant, entre autres la preuve que le personnage de condition, resté inconnu jusqu'à présent et dont j'ai longuement parlé à propos de son intervention dans la querelle, n'est autre que Charleval.

(Extrait de la Revue historique et archéologique du Maine, 1883.)

APPENDICE [1]

-----

§ I.

DOCUMENTS INÉDITS, TIRÉS DES MINUTES DE NOTAIRES ET DES ARCHIVES DE DREUX, SUR LA VIE DE ROTROU.

Jusqu'à présent on n'a pas consulté, pour mettre une biographie vraie de Rotrou à la place des récits légendaires qui courent le monde sur son compte, la seule source où l'on ait chance de rencontrer la vérité ; je veux parler des minutes de notaires du temps, et des différents dépôts d'archives locales, où doivent se trouver des actes authentiques concernant le poète et sa famille. C'est cette mine inexplorée que j'ai voulu fouiller un instant. Voici le résultat des recherches que j'ai simplement entamées et qui pourront donner à d'autres, mieux placés que moi pour les faire à loisir, avec esprit de suite et à poste fixe, le goût de les poursuivre, et, une fois engagés sur cette piste, l'espoir d'y trouver tout un ensemble de documents inédits sur l'auteur de *Saint-Genest*.

J'avais rapporté au cours de l'année 1639 le retour de Rotrou à Dreux et l'achat fait par lui de l'office de lieutenant

-----

(1) Depuis l'impression des pages qu'on vient de lire, j'ai rassemblé divers documents tant sur la vie que sur les œuvres de Rotrou. Ce sont eux que je fais connaître dans cet appendice, avec les éclaircissements qu'ils comportent, ainsi que plusieurs pièces inédites de la polémique du *Cid*, qui n'avaient pu trouver place dans le cadre étroit d'une Revue.

particulier, dont Charles Le Bègue était précédemment pourvu ; je ne m'étais pas trompé. Une minute de M⁰ Brisset, notaire à Dreux, dont je parlerai plus loin, indique qu'il acheta cette charge de M⁰ Charles Le Bègue par traité fait entre eux, sous leurs seings, en date du 20 janvier 1639, « duquel écrit la minute fut passée le mesme jour, à Paris », devant deux notaires du Châtelet (1).

Un autre acte de la fin de la même année montre que le théâtre ne l'avait pas enrichi, et qu'il était obligé d'emprunter pour se libérer envers la famille du vendeur de son office. Une minute de M⁰ Périer, notaire au Châtelet de Paris, conservée aujourd'hui parmi celles de M⁰ Jousselin, nous fait voir, à la date du dernier décembre 1639, Rotrou empruntant à Guy Cailli, élu à Dreux, une somme de trois mille livres, pour la verser à M⁰ Louis Le Bègue, la dite somme due à raison de l'achat de l'office de conseiller du roi, lieutenant particulier au comté de Dreux. Rotrou demeurait alors à l'enseigne du Croissant, rue Montmartre, paroisse Saint-Eustache, c'est-à-dire plus près du théâtre de l'hôtel de Bourgogne que du Marais. Il constitue à son prêteur jusqu'à parfait remboursement 166 livres, 13 sous, 4 deniers de rente (2). Son mariage, qui eut lieu l'année suivante, lui permit de ne pas tarder à éteindre cette rente. La quittance de remboursement est en effet du 12 octobre 1640 (3).

(1) J'espère pouvoir faire connaître moi-même ultérieurement cette minute, si d'autres chercheurs ne se mettent pas en chasse d'après l'invitation que je leur adresse.

(2) Guy Cailly, conseiller du roi et élu en élection de Dreux, resta l'ami de Rotrou, puisque le 23 septembre 1646 il servit de parrain à sa fille Elisabeth. Voir l'*Inventaire des archives d'Eure-et-Loir*, t. IV, p. 235.

(3) Je dois la connaissance de l'acte d'emprunt de Rotrou à l'obligeance de mon confrère de la société archéologique du Maine, M. le vicomte Samuel Menjot d'Elbenne, qui en avait pris un extrait sur la minute conservée alors parmi celles de M. B. de Verron. C'est en vain, qu'afin de pouvoir la reproduire tout entière, je l'ai cherchée moi-même à l'étude de M⁰ Jousselin, son successeur. Le déplacement des

L'acte d'emprunt de la fin de l'année 1639 prouve, je le répète, que le théâtre n'avait pas enrichi Rotrou. On se rappelle, du reste, à quel prix modique il avait vendu quatorze de ses pièces aux libraires Sommaville et Quinet en 1636 et 1637 (1). Ce qui est plus étonnant, c'est que la protection de Richelieu ne paraît pas lui avoir rapporté grand profit, puisqu'il était resté pauvre et que malgré son état besogneux, il renonçait à Paris, comme avait fait Corneille, et s'éloignait du cardinal, qui était encore en sa pleine ferveur pour le théâtre et faisait représenter alors sa tragi-comédie de *Mirame*. La faveur de Desmarets avait donc bel et bien remplacé auprès du maître celle des cinq auteurs.

S'il faut en croire un historien de Dreux, allié à la famille de Rotrou et qui écrivait moins d'un siècle après la mort du poète, en 1740, l'auteur de *Venceslas* n'aurait pas eu beaucoup à se louer de son ancien patron (2). On lit en effet dans la notice qu'il consacre au poète druide Mathurin Bourlier, conseiller du roi et son procureur en l'élection de Dreux, ami de Rotrou, qui avait été parrain de son fils aîné le 16 août 1639 : « Il a fait quantité d'ouvrages tous pieux, si l'on en excepte un sonnet, qu'il fit en plaignant le sort de son amy Rotrou, que le cardinal de Richelieu avait trompé

minutes, provenant de celui de l'étude, n'a pas permis momentanément de retrouver celles du second semestre de 1639. C'est une raison de plus pour moi de remercier M. d'Elbenne de sa bienveillante communication.

(1) V. *Dictionnaire* de Jal, p. 1087.

(2) L'auteur, M. Dorat de Chameulles, auditeur en la chambre des Comptes, dit lui-même qu'il était devenu presque druide par son mariage avec Melle de Rotrou, fille de Mr de Rotrou président, lieutenant général de la ville de Dreux. Son beau-père, qui, comme on le verra, avait figuré dans des actes concernant une des filles du poète, n'était mort que le 4 mai 1738, âgé de 81 ans. On peut s'étonner que cette notice, émanée d'un allié des Rotrou, soit si maigre sur le compte de l'auteur de *Saint-Genest*, et qu'elle ne fasse guère que répéter le manuscrit du chanoine de La Planc. Voir les *Antiquités de Dreux*, ms. de l'Arsenal, p. 257, 261.

en luy promettant, pour se l'attacher à luy, beaucoup de choses qu'il ne luy tint pas ; ce qui luy fit quitter Paris pour revenir vivre tranquille en sa patrie, avec la femme qu'il épousa à Mantes après avoir quitté la cour (1). »

Le prix peu élevé auquel la veuve de Rotrou vendit l'office qu'avait acheté son mari montre aussi que cette charge ne dut pas être pour lui une source de richesse. On peut donc, jusqu'à preuve contraire, présumer que, comme Corneille, son émule, le poète de Dreux fut plutôt familier avec la gêne qu'avec la fortune.

J'aurais vivement désiré pouvoir faire connaître aujourd'hui l'inventaire dressé à la mort de Rotrou, et dans lequel on trouvera certes des renseignements détaillés et précis sur l'état de ses biens, sur sa vie intime, qui pourra seulement alors apparaître dans sa réalité vraie. Je l'ai vainement cherché dans l'étude de Mᵉ Dupont, notaire à Dreux, détenteur de presque toutes les minutes des nombreux notaires qui exerçaient alors dans cette ville (2).

A défaut de cet inventaire, j'ai eu cependant la chance de retrouver, parmi les minutes d'un de ces notaires, l'acte de la revente de l'office de lieutenant particulier du bailliage de Dreux fait par la veuve de Rotrou, six mois seulement après la mort de son mari. Voici le résumé de ses principales clauses.

(1) Je n'ai pas trouvé ce sonnet dans les œuvres de Bourlier, *Les Poésies chrétiennes*, 1640 et 1639, in-12, de 127 pages, Paris, A. de Sommaville. Une pièce du recueil de 1639 (le poème de la Passion seul est de 1640) pourrait se rapporter à Rotrou, c'est l'élégie à Tirsis, page 31 :

Tirsis, cher confident de mes affections,

dans laquelle l'auteur presse son ami le plus cher et le plus intime de cesser « d'adorer de la boue », de renoncer comme lui aux amours et à la poésie profanes, pour n'aimer et ne chanter que Dieu seul.

(2) Il est vrai que ces minutes n'étaient pas alors classées ; les quelques recherches que j'ai pu faire néanmoins parmi elles, grâce à la parfaite obligeance de Mᵉ Dupont, ont motivé leur classement, qui permettra dès lors aux chercheurs de l'avenir de trouver plus facilement les actes concernant Rotrou et sa famille.

Le vingt - troisième jour de décembre 1650 devant
M⁰ Brisset notaire, tabellion juré au bailliage et siège
royal de Dreux, furent présents en leurs personnes, dame
Marguerite Camus, veuve de feu noble homme M⁰ Jehan de
Rotrou, vivant conseiller du roi, lieutenant particulier,
assesseur criminel au comté et bailliage de Dreux, agissant
au nom et comme tutrice des enfants mineurs issus d'elle
et dudit défunt, et noble homme M⁰ Chrestien Adam,
avocat en la cour du parlement, curateur desdits mineurs (1),
lesquels en présence des parents, savoir : M⁰ Antoine
Camus, au nom et comme fondé de procuration de noble
homme Jehan Camus l'aîné, aïeul desdits mineurs, demeurant à Mantes ; Elisabeth Le Facheu, veuve de M⁰ Jehan
Rotrou, vivant bourgeois de Dreux, leur mère aïeule ;
noble M⁰ Michel Darticle, avocat en parlement, et honorable
homme Claude Etienne, bourgeois de Chartres, oncles des
dits enfants (2), vendirent et transportèrent à noble homme
M⁰ François (?) Mallet, demeurant en la ville de Dreux (3)
l'office de conseiller du roi, lieutenant particulier et
assesseur criminel au comté et bailliage de Dreux, avec tous
ses profits et émoluments, tel que ledit Rotrou l'avait
occupé après M⁰ Charles Le Bègue, le dernier pourvu de
ladite charge avant lui (4). La vente est consentie moyennant

(1) L'*Inventaire des archives d'Eure-et-Loir* nous montre M⁰ Chrétien
Adam, avocat en parlement, et aussi bailli de Beu, parrain à Dreux en
1649 et 1652, voir t. IV, p. 235.

(2) Claude Etienne leur oncle paternel par alliance, sans doute, avait
été parrain, le 22 juin 1643, de Françoise-Marie Rotrou. Michel Darticle
avait épousé Elisabeth Camus, leur tante maternelle, qui avait été
marraine d'Elisabeth Rotrou le 23 septembre 1646.

(3) La famille Mallet occupait un rang distingué à Dreux. A la fin du
siècle François Mallet est président en l'élection et plus tard maire de
la ville. On retrouvera ce nom au bas d'une donation faite à l'Hôtel-
Dieu par une des filles de Rotrou.

(4) C'est à cette place que cette curieuse minute relate la date du
traité intervenu entre Rotrou et Charles Le Bègue. Elle indique aussi la
date de l'avis de parents devant le bailliage, qui précéda la vente du
23 décembre 1650.

la somme de douze mille cent livres, que l'acheteur s'oblige sous les garanties de droit à payer en trois paiements successifs de 4,000, 2,000 et 6,100 livres. Dès le samedi 7 janvier 1651, Marguerite Camus lui donna quittance des 4,000 livres qu'il versa (1).

Jusqu'à présent c'est l'acte le plus important qu'on ait fait connaître sur le compte de Rotrou.

Marguerite Camus, devenue veuve prématurément, eut la lourde charge d'élever les trois jeunes orphelins que Rotrou laissait après lui, et auxquels il ne transmettait guère pour fortune que la gloire de son nom. Elle devait survivre longtemps à son mari. D'après une note de M. Bastardon, ancien maire et ancien notaire à Dreux, elle mourut le 15 juin 1691, âgée de 77 ans. Elle aurait donc eu 26 ans lors de son mariage avec le poète devenu lieutenant particulier (2).

Un acte postérieur à sa mort, et émané d'une des filles de Rotrou, montre bien clairement que les enfants du poète et de Marguerite Camus étaient restés dans une humble situation de fortune. J'en dois également la connaissance à l'obligeance de M. Bastardon, qui sait tant de choses sur les vieilles familles et les vieilles maisons de Dreux, et nous fera connaître un jour, je l'espère, la véritable maison de Rotrou, restée inconnue jusqu'à ce jour dans sa ville natale (3).

(1) On trouve au bas de la minute les signatures de Marguerite Camus, de Mallet, d'Adam, de Camus, de Darticle, des deux notaires de Dreux, Roulx et Brisset.

(2) Je n'ai pas trouvé à cette date son décès dans les registres de Saint-Pierre de Dreux ; on y voit seulement un décès sans nom, et la place laissée en blanc pour l'inscrire. Il reste à savoir quelle pouvait être la fortune personnelle de Marguerite Camus.

(3) Jusqu'à présent M. Lefèvre (*Documents historiques sur le comté et la ville de Dreux*, 1859, p. 391) dont les dires se retrouvent dans Lemenestrel, est le seul qui ait parlé de cette maison, et qui l'ait indiquée à tort, selon M. Bastardon, comme étant la deuxième à gauche de la rue Rotrou (ancienne rue au Lait,) en entrant dans cette rue, du

Cet acte est émané de Marguerite Rotrou. J'ai répété comme tout le monde qu'elle avait été religieuse. Il paraît que c'est une erreur. Elle habitait bien Chartres, comme le disait la tradition ; mais, si elle ne se maria pas, si elle resta fille, il ne s'ensuit pas qu'elle soit entrée dans aucun couvent. Seule Elisabeth Rotrou vécut religieuse, religieuse professe bénédictine à Pont-de-l'Arche ; comme le disait de La Plane, elle fut la dernière survivante des enfants du poète.

L'acte de Marguerite Rotrou, dont je veux parler, est une donation faite par elle, en 1702, à l'hôpital de Dreux, alors qu'elle était âgée de cinquante-trois ans (1). Tout son ensemble prouve bien qu'elle-même et sa sœur n'avaient trouvé qu'un état voisin de la gêne, *res angusta domi*, dans la succession paternelle.

Dans cette donation, Marguerite Rotrou expose qu'elle habite Chartres, et qu'elle a toujours demeuré dans cette ville ; mais dans la pensée qu'elle a de pouvoir venir plus tard habiter et finir ses jours à Dreux, (dans cette ville illustrée par son glorieux père, dont elle n'a connu que le nom et qu'elle se borne à dire mort depuis plus de trente ans) elle croit devoir faire un don à l'hôpital de sa ville

côté de celle de St-Pierre. Un propriétaire de deux maisons de cette rue a eu, d'ailleurs, la manie d'attribuer successivement à ses deux maisons, selon qu'il habitait l'une ou l'autre, l'honneur d'avoir vu naitre le poète. Dans la maison où se trouve aujourd'hui le café Rotrou, il a longtemps montré le bûcher où le joueur jetait ses écus parmi les fagots !

En faisant des recherches parmi les minutes des notaires de Dreux, aux dates voisines des décès du poète, de ses ascendants et de ses héritiers, il est impossible qu'on ne retrouve pas sa véritable maison et que la vérité ne fasse bientôt place à la légende. Si M. Auguste Vitu s'intéressait à Dreux, il aurait certes là le même bonheur que pour la maison de Molière. Mais M. Bastardon est naturellement appelé à faire cette découverte ; je craindrais même d'aller sur ses brisées, en insistant plus longtemps sur les détails qu'il a bien voulu me donner sur les fausses maisons de Rotrou, et dont je suis heureux de le remercier, ainsi que de ses autres communications.

(1) J'ai fait connaitre p. 16 son acte de baptême du 17 décembre 1648.

natale. Elle lui lègue donc une rente perpétuelle de cent livres tournois, mais en s'en réservant l'usufruit pendant sa vie, et en outre avec retention d'usufruit de soixante livres de rente pour sa sœur Elisabeth, religieuse bénédictine à Pont-de-l'Arche, et même de cent livres si cette dernière venait à sortir de son couvent. La donation est faite en outre à condition que si la donatrice vient habiter Dreux, elle n'aura pas à supporter de logements de gens de guerre, qu'elle n'aura pas à payer plus de dix livres de contributions, plus de dix livres de taille, et que si elle est imposée à une taxe plus élevée l'Hôtel-de-ville réduira cette taxe ou paiera pour elle l'excédant. Enfin une messe basse devra être dite annuellement pour elle à perpétuité, à la date du 7 septembre (1).

N'avais-je pas raison de dire que tout le contexte de cet acte était loin d'indiquer la richesse et révélait au contraire, par la minutie et la prévoyance de ses diverses clauses, en usage du reste alors dans de semblables donations, qu'un état presque voisin de la gêne avait été plutôt le lot des héritiers du grand poète ?

Marguerite Rotrou décéda le 8 septembre 1710, et le sort de sa donation fut même assez long à se décider. Les scellés furent apposés sur ses meubles par ses héritiers, contre lesquels l'hôpital de Dreux dut procéder et recourir à des actes conservatoires. Enfin au nom des dits héritiers, le 4 mai 1711, Mr Claude Rotrou (2) versa 2,000 livres à l'Hôtel-Dieu qui lui en donna quittance.

D'après les arrangements pris alors, ce dernier dut continuer de servir à Elisabeth Rotrou, la religieuse, la

(1) Au bas de l'acte de donation se lisent les signatures de Marguerite Rotrou, d'Eustache Rotrou et de Mallet. Il se trouve encore aujourd'hui dans les archives de l'hopital de Dreux.

(2) Il s'agit sans doute de Claude-Bernard Rotrou, inspecteur des eaux et forêts, fils de Claude, président en l'élection et de Françoise Cagnié, descendant de Germain Rotrou, oncle et parrain du poète. Il y a à cette époque plusieurs Claude Rotrou.

rente qui lui avait été léguée par sa sœur, ainsi qu'il résulte d'une délibération de l'Hôtel-Dieu de Dreux du 27 janvier 1713.

On voit par tous les actes que je viens de rapporter que, contrairement à ce qu'on a écrit, les archives de tout genre à Dreux ne sont pas muettes sur le compte de Rotrou et de sa famille. Un séjour de quelques heures m'a permis de glaner ce que je viens de mentionner, et d'autres pièces encore. Je citerai, entre autres, une minute du notaire Etienne Roux, du 2 juillet 1650, qui vient à l'appui de ce que j'ai dit de l'état de gêne de la famille Rotrou. A cette date, c'est-à-dire quatre ou cinq jours après la mort de son fils, Elisabeth Le Facheu cède et transporte à noble homme Me Jacques Brisseau, élu à Dreux (1), une rente fort minime à prendre chaque année à la saint Nicolas sur un nommé Bauffin, en échange d'un petit capital que lui versa en espèces sonnantes ledit Brisseau, cession nécessitée peut être par l'obligation de venir en aide à ses petits enfants, et qui en tous cas indique des besoins d'argent (2). Je ne doute pas que des recherches suivies, faites à loisir dans les minutes des notaires, n'amènent d'autres trouvailles de nature à porter enfin la lumière dans la vie de Rotrou et qu'on ne découvre aussi à Mantes son contrat de mariage et plus d'une pièce intéressant sa femme. Les registres du bailliage qui, puisqu'ils n'existent pas aux archives de Chartres, doivent être probablement conservés au greffe du tribunal de Dreux, n'ont pas encore été explorés. On y trouverait sans doute plus d'un renseignement sur le lieutenant particulier, les pièces relatives à la tutelle de ses enfants, l'avis des parents relatif à la vente de son office, l'indication de la date de son inventaire, etc., etc.

(1) Voir sur Jacques Brisseau, l'*Inventaire des Archives d'Eure-et-Loir*, t. IV, p. 274.

(2) J'ai noté aussi plusieurs actes du 11 août 1650, 31 décembre 1650, 27 février 1651, de Marie Cousin, veuve du maire Claude Rotrou, et de Marie Rotrou, etc., etc.

C'est à peine si les registres de l'état civil ont été consulté sur le compte des différents parents de l'auteur de *Venceslas.*

On n'a cité, ni l'acte de baptème (20 juin 1615) de son frère Pierre, fils de honorable homme Jehan Rotrou, bourgeois de Dreux et de dame Ysabel Facheu, tenu par un avocat en parlement et par Anne Le Pelletier, femme de Symon Rotrou vivant bourgeois, ni celui de sa sœur Marguerite (3 février 1618), levée sur les fonts par noble homme M° Pierre Gravelle avocat en parlement, et par Catherine Rotrou. Ces actes que j'ai relevés sur les registres de Saint - Pierre de Dreux permettent de connaître quelques-uns des parents du père du poète. On pourrait aussi tirer parti des pièces, bien peu nombreuses, il est vrai, du Cabinet des titres, qui ont trait à Thomas Rotrou, licencié ès lois, lieutenant général en 1532, à Adrien Rotrou, receveur en l'élection en 1570, à Hiérosme Rotrou, habitant de Chartres, en 1609, sans parler de celles qui se rapportent aux autres Rotrou du seizième siècle, déjà anoblis à cette date par suite d'achats de fiefs ou autrement. Il faut, je ne cesserai de le répéter, que tous ces divers actes soient rapprochés les uns des autres pour que la famille du poète soit enfin bien connue. Il faut qu'un Druide, ami des lettres, ait assez de patriotisme pour fouiller jusque dans leurs plus petits recoins les archives *locales,* d'où l'on pourra tirer une histoire complète de l'émule de Corneille (1). Certes, il faut remercier la ville de

(1) Il est étonnant qu'à Dreux on ait été si peu curieux sur le compte de Rotrou, et qu'on n'ait pas tenté de dissiper l'ombre dans laquelle est demeurée sa vie. Les derniers historiens de la ville, Mme Philippe Lemaître (*Histoire de la ville de Dreux,* 1849, in-8°, p. 535-541, où se trouve aussi reproduit le portrait de Rotrou, en magistrat, d'après Desrochers), Lefèvre (*Documents historiques sur le comté et la ville de Dreux,* 1859, p. 516, 391), Crétien, *Dreux, ancien et nouveau,* 1867, p. 12, 117 et suiv.), ainsi que ceux qui ont consacré au poète des écrits de circonstance, n'ont, je l'ai dit, absolument révélé que des

Dreux d'avoir élevé, depuis près de vingt ans, au plus illustre de ses fils, une statue dont le bronze, comme la gloire du poète, défie les injures du temps. Mais l'inscription qu'elle porte, empruntée à une fausse lettre de Rotrou, consacre malheureusement une erreur et une légende. Bien que gravée dans le bronze, il y a pour Dreux un moyen de racheter et d'effacer cette erreur, c'est de se dévouer à faire pour Rotrou ce que les Rouennais ont fait pour Corneille, ce que les Moliéristes d'un bout de la France à l'autre ont fait pour l'auteur du *Misanthrope*.

Si, pour expier leur foi trop aveugle à la légende, les Druides chargeaient un des leurs de l'exhumation du vrai Rotrou, celui qu'ils auraient choisi comme bouc émissaire trouverait peut être la pénitence un peu dure ; mais qu'un curieux de leur ville entreprenne la tâche de lui-même, *con amore*, il la trouvera légère, et aura par surcroit l'honneur de voir son nom accolé désormais au souvenir d'une des gloires de la scène française. Que ne suis-je Druide ! J'aurais été jaloux de ne pas laisser à d'autres cet honneur.

§ II.

HISTOIRE AMOUREUSE DE CLÉAGÉNOR ET DE DORISTÉE ET LA PIÈCE DE ROTROU.

J'espérais pouvoir révéler le nom de l'auteur de l'*Histoire amoureuse de Cléagénor et de Doristée*, de laquelle Rotrou,

erreurs sur sa vie. C'est à Dreux que la légende de Rotrou s'épanouit le plus à l'aise à l'heure actuelle, même dans la presse locale. Le *Réveil de Dreux* du 30 décembre 1882, reproduisait encore comme vraies, et comme inédites les prétendues lettres de Rotrou à Richelieu, relatives à la création de l'Académie française, qui traînent depuis plus de quinze ans dans le *Jean Rotrou*, imprimé en 1869 par Lemenestrel, véritable pépinière d'erreurs, qui à Dreux surtout sont devenues de l'histoire.

encore à ses débuts, a tiré, je l'ai dit, toute sa pièce du même
nom (1). C'est ce qui m'a fait différer de revenir sur le
compte de ce roman, contemporain de l'*Astrée* et paru en
1621, moins de dix ans avant la tragi-comédie. Ce nom
d'auteur je ne l'ai malheureusement pas découvert. Le
roman lui même est des plus rares. Je l'ai trouvé mentionné
au n° 8,903 du catalogue de Nyon, si riche en ouvrages
de ce genre ; mais je ne sache pas qu'il soit indiqué ailleurs.

Sa rareté tient sans doute au changement de goût et à la
décence qui s'introduisirent dans la société polie, de même
que dans les romans du dix-septième siècle, grâce à la
salutaire influence de l'hôtel de Rambouillet. Si presque
tous ses exemplaires ont disparu. tandis que d'autres romans
d'alors aussi ennuyeux et aussi passés de mode se retrouvent en plus grand nombre, cela doit provenir surtout de
la vivacité de quelques scènes qui y sont peintes avec
trop de crudité. Je citerai entre autres, p. 177, l'entrée de
Cléagénor venant assister, déguisé en villageoise, aux fian-
çailles de Doristée et obligé d'endurer les cajoleries de tous
les valets, piquante reproduction du langage et des mœurs
du temps, mais de nature à choquer d'autres que des précieuses ; p. 330, la scène de la première reconnaissance,
dans le bois, de Doristée et de Cléagénor, où ce dernier
prend de bien grandes libertés avec celle qu'il vient d'avoir
la bonne fortune de retrouver, scène qui est plus vive que la
seconde, p. 403 et que celle de leur mariage, p. 457. La
décence introduite par le grand mouvement de rénovation
chrétienne de la première moitié du dix-septième siècle, par
l'influence de Mme de Rambouillet et des romans de Mlle de
Scudéry, dut faire renoncer les femmes à la lecture des livres
entachés de gauloiseries et à la trop grande liberté
de langage, et de peintures d'amour qui étaient de mode
sous Henri IV, ainsi que pendant une partie du règne de

(1) V. pp. 21-22, ce que j'ai dit de ce roman daté de 1621.

Louis XIII. Mais cette liberté, qui régnait alors dans le roman et sans doute aussi dans les mœurs, montre que Rotrou en la portant sur la scène, n'a fait que partager les travers de son temps, et que s'inspirer de l'air ambiant qu'on respirait autour de lui. La différence de ton, de caractère, de moralité, qui existe d'ailleurs entre la *Doristée* et *Saint-Genest*, par exemple, n'est pas intéressante à noter au seul point de vue du développement du génie de l'auteur ; elle indique à la fois la modification d'idées qui s'était faite avec l'âge dans son esprit, et celle qui s'était opérée dans la société tout entière de 1621 à 1646.

Quant à la tragi-comédie de *Cléagénor et de Doristée* elle n'est qu'une copie, une mise en scène, une réduction du roman. On y retrouve la même série d'aventures, d'enlèvements, de travestissements sans fin. Rotrou a seulement élagué les histoires des personnages accessoires qui se groupent autour de Doristée et de Cléagénor. Il a conservé ces deux noms, ainsi que celui de Ménandre, en changeant tous les autres, mais parfois en n'y apportant que de bien légères modifications. C'est ainsi que Doristée déguisée en page, appelée Florimond dans le roman, est désignée dans la pièce par le nom de Philémond.

L'histoire amoureuse de Cléagénor et de Doristée, qui remplit 460 p. in-8° est divisée en quatre livres. La plus grande partie se passe en récits, les personnages racontant la plupart du temps leurs propres histoires et celle d'autrui. Elle débute *in medias res* par la rencontre que Sylvio fait, dans un bois, de Cléagénor blessé et de son valet Lazarille mort, à qui des cavaliers masqués viennent d'enlever Doristée. Cléagénor, né en France près des bords de la Loire, raconte à Sylvio son histoire, ses amours avec Doristée, fille de Valdante et d'Andronise, qui s'opposent à son union avec celui qu'elle aime et veulent la marier à Lysimarte. Elle a aussi été aimée par Ménandre, qui aura plus loin son histoire. Pour empêcher ce mariage, Cléagénor a enlevé Doristée qui a pris des habits d'homme, et ils s'embarquent à un port de mer. Ainsi finit le premier livre, p. 1 à 193.

Dans le second, Sylvio raconte à son tour son histoire et celle de Scipion et d'Orphise. Puis Cléagénor reprend l'histoire de ses aventures en Italie, où il perd Doristée. Vient enfin celle de Ménandre (p. 195 à 299).

C'est surtout à partir du troisième livre qu'apparait la similitude de la pièce de Rotrou avec le roman. Cléagénor continue son histoire ; il raconte comment, à l'entrée d'un bois, il a retrouvé Doristée déguisée en page et dont voulait abuser le valet de Saluste, qui ne l'avait délivrée des mains de ce dernier que pour en faire sa conquête. Cléagénor tue le perfide. Doristée, sans le reconnaître, lui raconte ses aventures, comment elle est sortie de France et venue en Italie, tout ce qu'elle a souffert des violences et de la tyrannie de Saluste. Après l'histoire de Saluste et de Doristée, vient la scène de la reconnaissance des deux amoureux, dans laquelle Doristée est obligée de mettre un frein à la passion de Cléagénor. Comme dans la pièce, celui-ci court chercher de l'eau à une fontaine. Pendant ce temps surviennent deux voleurs, qui demandent la bourse à Doristée toujours déguisée en page, et l'obligent à les suivre sous ce déguisement. Cléagénor, à son retour, ne retrouve plus l'objet de sa tendresse ; il est arrêté, près du corps du serviteur de Saluste, par les archers qui l'emmènent prisonnier à Florence où il est reconnu par Sylvio, et d'où il envoie un cartel à Saluste. Les aventures de Doristée se continuent comme dans la pièce. Elle est aimée à la fois par le vieil Albinor qui connaît son sexe, et par la femme d'Albinor, Myrthée, qui ne voit en elle que le beau page Florimond. Vient le récit de l'histoire et des amours de la belle Myrthée, pour terminer le troisième livre, p. 299-377.

Le quatrième s'ouvre par la jalousie d'Albinor ; il veut d'abord la mort de Myrthée, ; mais après tant de traverses

et de malheurs, le roman arrive enfin à ménager le bonheur
de tous. Saluste demande pardon à Cléagénor, qui bientôt
retrouve Doristée. Je laisse à penser si leur nouvelle
reconnaissance est touchante. Tout finit par des mariages.
Sylvio épouse Isabelle ; Lysimarte qui, pendant longtemps
avait dû épouser Doristée, se marie avec Orphise. Enfin les
parents de Doristée consentent à son union avec l'heureux
Cléagénor. Après tant de maux, les deux amoureux sont
enfin au comble de la félicité, et l'auteur après avoir peint
vivement leur bonheur, finit son livre en leur adressant
(p. 460) cette allocution de circonstance : « Voilà vos désirs
accomplis, heureux couple d'amans, vous avez touché le
but de vos espérances et pour tant de soupirs et de larmes
semées dans les champs de l'amour vous avez recueilly une
fertile moisson de délices ; je conjure le ciel que vos con-
tentemens soient éternels et qu'aucune affliction ne trou-
blant vostre aise, vous jouissiez des plus grands plaisirs de
cette vie. » Ainsi soit-il !

C'est le souhait que je fais pour eux en fermant enfin ce
roman, qui peut-être n'avait jamais été autant lu depuis
Rotrou ; sa lecture, si elle a été loin d'être un régal pour
moi, m'a du moins servi à établir que c'était à une œuvre
française que le jeune poète de Dreux était allé demander le
sujet d'une de ses premières pièces de théâtre.

§ III.

IDENTITÉ DE LA CÉLIMÈNE ET DE LA FLORANTE DE ROTROU.

Contrairement à l'opinion émise par M. Person, j'ai considéré la *Célimène* et la *Florante* de Rotrou comme étant une
seule et même pièce (1). Ce qui m'a empêché de donner

(1) Voir suprà p. 49 et *Notes* de M. Person, p. 124.

tout d'abord ma présomption comme une certitude, c'est
que M. Person s'appuyait sur le manuscrit de Mahelot pour
indiquer ces deux comédies comme étant deux œuvres
distinctes et pour en conclure que *Florante* ou les *Dédains
amoureux* était une pièce de Rotrou aujourd'hui perdue et
qui avait certainement existé. J'ai consulté moi-même ce
manuscrit, si curieux pour l'histoire du théâtre et surtout
pour celle des décors au XVIIe siècle, et j'ai facilement
reconnu que, bien que Mahelot décrive les décors de ces
deux pièces, il ne s'agit cependant que d'une seule et même
œuvre sous deux noms différents. Les Comédiens, après
avoir joué Célimène, changèrent seulement le titre de cette
comédie pour réveiller la curiosité du public et lui faire
croire à une pièce nouvelle en la baptisant du nom nouveau
de *Florante*.

Chacun pourra s'en convaincre en lisant la description du
décor des deux pièces donnée par Mahelot, décorateur du
théâtre de l'hôtel de Bourgogne, sur lequel se jouaient les
pièces de Rotrou. Voici d'abord celui de Célimène (1) :

« Au milieu du théâtre il faut un bassin de fonteine en
perspective entre deux maisons, garnye de ballustres, bran-
chages et verdures. A un costé du théâtre, rocher, antre,
pallissades et arbres de haute futaye où se cachent deux
acteurs ; de l'autre costé du théâtre il faut un siège en rocher
et forme de table en rocher où quelqu'un écrit, une écritoire
pour mettre à la poche garnie, du papier, deux lettres, une
casaque de lacquais et deux habits de volleurs. »

On va voir que le décor de Florante (2) se rapporte évidemment à la même pièce :

(1) V. Bibliothèque nationale, ms. f. fr. ; n° 24,330, f° 56. Le décor de
la *Célimène* est seul accompagné d'un dessin au crayon, tandis que
celui de *Florante* n'est pas dessiné.

(2) Même ms. f° 69 v°. Ce décor a été cité par M. Person.

« Il faut deux belles maisons enfermées de frize et ballustre ;
à un costé du théâtre un bois et de l'autre costé du théâtre
une salle ; une salle du costé de la loge du roy et doit estre
fermée de ballustres et de frize tant par haut que par bas ;
dans la dite salle une chaise, plus une lettre cachetée de
cire. »

Après avoir rapproché l'une de l'autre les deux descrip-
tions du décorateur, je ne pense pas qu'on soit tenté de
croire qu'elles aient trait à deux œuvres différentes.
Florante et *Calpède*, (une invention ou plutôt une erreur
de Jal), ne sont donc pas, comme on l'a dit (1), deux
pièces perdues de Rotrou. L'une est la même chose que la
Célimène, sous un autre nom. L'autre n'a jamais existé, et
est simplement *La belle Alphrède*.

Certains décors des pièces de Rotrou, qui nous sont décrits
dans le manuscrit de Mahelot, le sont d'une façon tout
à fait sommaire. A propos de *Venceslas* et de *Bélisaire*
on lit simplement : « Le théâtre est un palais à volonté. »
D'autres décors au contraire sont dépeints minutieusement .
M. Person a reproduit celui de l'*Hercule mourant* ; j'y
ajouterai ici celui de la pièce de *Cléagénor* et *Doristée* dont
j'ai longuement parlé :

« Il faut faire une grande chambre bien parée de tapisse-
rie et ornée de peinture, quelque belle plaque d'argent, quelque bras d'argent pour mettre des lumières dans la dite
chambre, faire paraistre l'entrée d'un cabinet ; de l'austre
costé une montagne où monte un voleur, un buisson au
milieu du théâtre où se cache une femme habillée en homme
et le reste du théâtre en bois, rocher, antre, arbres et
plusieurs passages qui soient aysés à passer, deux sièges
de gazon à l'entrée du bois où se mettent deux acteurs, une
soutane, une robe, un baquet pour un chasseur, *du sang
pour ensanglanter une épée* (2). »

(1) V. *Notes* de M. Person, p. 124 et 125.

(2) Ms. *ut suprà*, f° 72. Le décor de l'*Hypocondriaque* a figuré à l'Ex-
position de 1878 et sa description a été reproduite au catalogue. Je n'ai

§ IV.

MADAME DE LA CALPRENÈDE ET UNE ÉPITRE SUR LA MORT
DE ROTROU.

J'ai dit que la mort de Rotrou, enlevé par une fin aussi brusque que prématurée, loin de Paris, au milieu des troubles de la Fronde, avait passé presque inaperçue et semblait avoir laissé peu de traces parmi les écrits des poètes et des gazetiers de l'époque. L'auteur de *Venceslas* n'a pas eu sa *Pompe funèbre* comme Voiture, Scarron, La Calprenède et quelques autres contemporains. Je n'ai trouvé à citer à propos de cette mort, qui le frappait à quarante ans, en pleine force et en pleine gloire, qu'un mot de Scarron et quatre vers d'épitaphe par Colletet, — je ne parle pas de l'épitaphe qu'on a mise sur le compte de Pierre Corneille, et qui est peut-être tout simplement de Pierre Corneille Blessebois, originaire de Verneuil, c'est-à-dire du voisinage de Dreux (1). J'avoue même que ce silence, qui a régné autour de Rotrou, au lendemain de sa mort comme pendant sa vie, n'a pas laissé que de m'intriguer et de me laisser quelques doutes (2) . Je me suis étonné qu'après une

pas besoin d'insister sur l'intérêt du manuscrit de Mahelot si connu de tous les historiens du théâtre. Le titre de plus d'une pièce qui n'a pas été imprimée nous a été conservé par lui ; sans parler des pièces de Claveret, f°s 49, 61 ^{vo}, 67 ^{vo}, je citerai f° 71 v° la *Foire de Saint-Germain*, de M. de la Pignerière (sans doute Guérin de la Pinelière), qui ne m'est connue que par ce manuscrit. Dancourt savait-il qu'avant sa pièce il en avait été joué une du même nom ?

(1) V. p. 176. Le ton de l'épitaphe ne ressemble pas cependant, je dois le dire, à celui de Blessebois.

(2) Il est regrettable que la plupart des contemporains de Rotrou soient restés muets à son égard. A part une ou deux phrases de Scudéry, de Mairet, de la Pinelière, de Gaillard et les lettres de Chapelain, la curieuse *Elégie*, dont j'ai parlé et que je suis tenté d'attribuer à Desmarets, est presque le seul document émané de ses confrères, sur son compte, pendant sa vie. Magnon, en 1645, parlant des plus illustres

aussi noble fin les nombreuses correspondances du temps n'aient pas consacré quelques paroles de regrets et d'éloges à l'auteur de *Saint-Genest*, et n'aient pas dit dès lors que sa mort fut sa plus belle tragédie.

Le seul témoignage de regrets que je puisse ajouter à à ceux que j'ai cités est resté complétement inédit. Il fait partie d'un petit volume, fort rare, dont l'auteur n'a pas encore été déterminé jusqu'à présent. Ce volume, avec la pièce sur Rotrou qu'il contient, m'a été signalé par M. Armand Gasté, le savant professeur de la faculté de Caen, bien connu de tous les lettrés par ses curieuses publications sur les Vaux de Vire et les Chansons normandes. C'est son amicale obligeance qui m'a permis aussi d'en faire l'acquisition et de le placer sur les rayons de ma bibliothèque.

Voici le titre et la description du livre : *Les œuvres diverses tant en vers qu'en proses ;* dédiées à madame de Mattignon. *Par Octavie.* A Paris, chez Jacques Le Gras, à l'entrée de la Gallerie des Prisonniers. M. D. C. LVIII. Quatre feuillets non numérotes (comprenant le titre, la dédicace à Mme de Matignon et la table), et 168 pages, in-12 (1). Les continuateurs du *Manuel* de Brunet, les seuls bibliographes qui aient parlé de cette plaquette, ne semblent pas l'avoir vue et se contentent de dire en citant son titre d'une manière incomplète : « Volume fort rare, mais qu'est-ce qu'Octavie ? »

Je me propose de parler plus longuement ailleurs de ce livre, curieux spécimen de la littérature des précieuses de

d'entr'eux en tête d'*Artaxerce*, représenté sur l'*Illustre Théâtre*, se contente de l'appeler *le fécond Rotrou* et ne cite son nom qu'après ceux de Corneille, de Scudéry et de Desmarests. Bien qu'à propos de *Bélisaire* Rotrou semble dire de sa pièce, comme de la victime de Justinien, que son sort est d'être condamnée par des passionnés et par des jaloux, on ne voit pas cependant qu'il ait eu à souffrir de l'envie des poètes de son temps.

(1) Bien qu'on lise au bas de la page du titre « *avec privilège du Roy,* » ce Privilège ne se trouve pas dans le volume.

province et de faire connaître les personnages qui y figurent, cachés derrière des noms de convention empruntés au monde des romans et de la mythologie. Mais je veux dénouer tout de suite les cordons du masque d'*Octavie*.

Cette énigmatique *authoress*, restée inconnue à tous les bibliographes, même à ceux de Normandie, est ni plus ni moins Mme de La Calprenède, la femme du fameux romancier du dix-septième siècle, auteur de *Cassandre*, de *Cléopâtre* et de bien des pièces de théâtre du même temps que celles de Rotrou. C'est elle qui a formé ce recueil tant de ses vers et de sa prose que des poésies et des lettres de ses amis et des alcôvistes de sa ruelle. La part de Mme de La Calprenède y paraît moindre que celle de ses adorateurs ; mais c'est elle qui a lié la gerbe et l'a décorée du nom pompeux d'*œuvres diverses tant en vers qu'en prose*, cela est indubitable. On trouve p. 152 le *Décret d'un cœur infidèle*, que Tallemant lui attribue formellement (1) et qui a paru dans la quatrième partie du *Recueil* de Sercy (2), ainsi que l'*Estat et inventaire des meubles du Cœur volage et l'ordre de la distribution qui en fut faite*, pièce figurant également à la page 154 des *Œuvres diverses*. Plusieurs pièces de ce livre prouvent d'une façon plus péremptoire encore l'identité d'Octavie et de Mme de La Calprenède, telle que le *Remerciement de la France à Octavie*, où on la remercie de la continuation du roman de *Cléopâtre* qu'elle a obtenue de son époux, le grand *Cléonyme* (M^r de La Calprenède.) Bien d'autres encore le *Sonnet au grand Cléonyme* pendant la petite vérole d'Octavie, les *Vers au galand et généreux Lucidor*, la *Réplique à la repartie*

(1) V. *Historiettes*, in-8° 1857, tome IV pp. 388 et 391. Voir aussi l'attribution que s'en fait à elle-même Mme de La Calprenède sous le nom d'Octavie, dans ses *Nouvelles*, p. 624.

(2) *Recueil des pièces en prose les plus agréables de ce temps*, Paris, Sercy, 1661, tome IV, p. 263-273. La quatrième partie du recueil de Sercy a été achevée d'imprimer pour la première fois le 12 janvier 1658.

de Lucidor, le *Sonnet à la jeune Cléopâtre*, etc., etc., ne permettent pas un instant de doute sur la personnalité d'Octavie.

Le secret est bien et dûment deviné. Ce nom n'est désormais plus un pseudonyme inconnu, c'est celui de Mme de La Calprenède (1). Elle le dut à un des personnages du plus fameux roman de son mari, à l'*Octavie* du roman de *Cléopâtre*. La sœur d'Auguste n'y joue à vrai dire qu'un rôle effacé, qui la plupart du temps est celui des honnêtes femmes dans les romans. On y voit cependant la vertueuse Octavie, bien que dédaignée par Antoine son mari, pousser l'abnégation jusqu'à élever avec tendresse les enfants de Cléopâtre et de l'époux qui l'a abandonnée. « La vertueuse Octavie, dit La Calprenède, qu'Antoine avait quittée pour Cléopâtre et qui malgré les indignes traitements qu'elle avoit receus de son mary avoit tousjours tenu son party à Rome contre son frère...., avoit tousjours demeuré dans sa maison et avoit administré ses biens comme s'ils eussent esté dans la meilleure intelligence du monde (2). » Déjà dans *Marc Antoine*, imprimé en 1637, Mairet avait représenté la tendresse et la fidélité conjugale d'Octavie faisant contraste avec le caractère de Cléopâtre, dépeinte comme le mauvais génie d'Antoine.

Il n'est pas douteux que ce nom ait séduit l'épouse de M^r de La Calprenède ; il lui avait été donné sans doute par un de ses adorateurs, qui écrit en parlant d'elle dans le recueil que je fais connaître :

(1) D'autres précieuses du XVIIe siècle se sont également appelées *Octavie*. C'est le nom que porte la belle et spirituelle abbesse de Malnoue, Eléonore de Rohan Montbazon. Voir *Sapho, le mage de Sidon, Zénocrate*, Etude sur la société précieuse, Didier 1880, in-12, par M. E. de Barthélemy, qui dès 1862 avait publié chez Aubry la correspondance d'Octavie avec Izarn (*Zénocrate*).

(2) V. *Cléopâtre*, G. de Luynes, 1663, in-8°, t. I. p. 376, t. II. p. 53-55. t. IV. p. 78-81.

« Si je ne semblois point trop vain
De vouloir estre son parrain.....
J'aurois peine à ne point prétendre
De la payer icy d'un nom
Digne d'elle en toute façon ;
Et puisqu'elle fait en sa vie
Le personnage d'Octavie,
Je voudrois sous ce nom fameux,
Pouvoir dépeindre à nos neveux
Ses grâces, ses vertus, sa gloire,
Et le détail de son histoire,
Estant vray cependant qu'elle a
Tout ce dans quoi l'autre excella.... (1). »

En disant qu'elle faisait dans sa vie réelle le personnage d'Octavie, son galant parrain voulait simplement indiquer qu'elle n'était pas non plus jalouse de Cléopâtre, l'héroïne. bien aimée de son mari, puisque bien loin de lui porter envie, c'était elle qui exigeait de La Calprenède l'achèvement de ce roman interminable. Dans le *Remerciment de la France à Octavie* on voit que *Cléopâtre* ne sera finie par son auteur que pour plaire à sa nouvelle épouse, qui en est idolâtre :

« Croyez qu'on scaura bien qu'elle ne tient sa vie
« Que des soins généreux de l'illustre *Octavie* (2). »

Tallemant a écrit sur son compte : « Elle estoit folle des romans de La Calprenède, et elle l'espousa à condition qu'il achèveroit la *Cléopâtre*, cela fut mis dans le contrat (3). »
Voilà l'origine de ce nom d'Octavie qu'adopta un instant

---

(1) V. *Œuvres diverses*, p. 72, « au galant et généreux Lucidor. »
(2) *Œuvres diverses*, 42-45.
(3) *Historiettes*, t. VI, p. 386.

Mme de La Calprenède (1); mais ce n'est pas le seul sous lequel elle ait été connue dans le monde de la Préciosité. Il n'est guère de Précieuses, d'ailleurs, qui n'aient reçu plus d'un surnom. Souvent elles en portaient un différent dans chacune des ruelles qu'elles fréquentaient. Mme de La Calprenède s'est aussi appelée *Délie*, et nous verrons que le nom de *Calpurnie* lui a également été donné par Somaize.

Parlons d'abord du surnom de *Délie*, qui est celui sous lequel elle figure dans l'*Epistre sur la mort de Rotrou*. Dans le recueil des *Œuvres*, dédiées à Mme de Matignon par *Octavie*, on retrouve la preuve certaine que cette autre appellation est bien aussi un de ses noms de précieuse. C'est ainsi qu'elle se nomme elle-même, à plusieurs reprises, dans l'*Estat et l'inventaire des meubles du Cœur volage*. Il n'y a pas à craindre de se tromper ; c'est bien d'elle-même qu'elle parle sous ce nom déguisé. En lisant les éloges qu'elle se donne, et la voyant d'ailleurs se dire Normande, (ce qui était en effet, comme on le verra, le cas de Mme de La Calprenède) le doute n'est nullement permis (2). D'ailleurs elle signe la dédicace de ses *Nouvelles* à la princesse *Alcidiane* du nom de *Délie*, et elle dit d'elle-même en parlant de la charmante Octavie : « Ce fut elle qui fit le décret du Cœur infidèle (3).»

Ce nom de Délie était encore celui d'une héroïne du roman de son mari. Un de ses alcôvistes, dans un sonnet

(1) Mme de La Calprenède se faisait une haute idée du personnage d'Octavie. Dans son portrait peint par elle-même, parlant des gens qui dans leurs écrits s'attribuent toutes les qualités, elle dit: « Enfin toutes les femmes sont des Lucrèces ou des Octavies. » V. *la Galerie des portraits de mademoiselle de Montpensier*, Ed. Didier, in-8°, p. 245.

Voir aussi dans les *Nouvelles* de Mme de La Calprenède tout ce qu'elle dit d'elle même sous le nom de la charmante Octavie qui a « toujours esté, dans les lieux où elle s'est rencontrée, le plaisir des yeux comme l'aimant des cœurs de tous ceux qui l'ont veue, » p. 227, 624, etc.

(2) V. *Œuvres* p. 155-158. Elle dit d'elle-même p. 157 : « Délie jugea à propos, comme *Normande* qu'elle estoit.... »

(3) *Nouvelles* de Mme de La Calprenède, préface et p. 624.

adressé pendant sa maladie au grand *Cléonyme*, recommande
à ce dernier d'avoir des soins pour elle

autant que pour Délie
Philadelphe en prenoit au milieu de sa cour (1).

Cette recommandation se conçoit d'autant mieux qu'on
est tenté de trouver plus d'un rapport entre l'histoire de
l'incomparable, de l'adorable, de la divine *Délie* du roman
et celle de la future épouse de La Calprenède. L'auteur, dans
l'histoire de Philadelphe, a du simplement nous dépeindre
ses amours avec celle qui allait bientôt devenir sa femme (2).

(1) *Œuvres*, p. 57.

(2) Le nom de *Délie* tient une large place dans l'histoire de Philadelphe. Voir *Cléopâtre*, t. IV, liv. III et liv. IV, p. 414-800. Voir p. 429 et
suiv. le portrait de cette belle ou plutôt de cette divine personne, négli-
geamment étendue sur le gazon. Le prince Philadelphe « idolâtre de ses
divines qualités » le termine en disant p. 431 : « tout me parut en cette
merveilleuse personne si éloigné du mortel que je fus d'abord frappé
pour elle d'un respect et d'une vénération que nous n'avons pas pour
les créatures. »

Ailleurs, p. 483, il trouve en l'esprit de Délie des charmes aussi
grands que ceux de son visage. Ce tome IV de *Cléopâtre* fut imprimé
avant le mariage de l'auteur. — Dans l'avis au lecteur de *Faramond*,
La Calprenède dit que ses romans antérieurs ne sont pas des romans,
mais des histoires embellies de quelque invention et qu'il ne s'y trouve
rien contre la vérité. Avait-il adopté le mode de composition qui devait
être celui du *Cyrus* et de la *Clélie*, tout en critiquant par jalousie, aux
dires de Tallemant, le système de Scudéry et de sa sœur ? Dans la
dédicace de *la Mort des enfants d'Hérode* à Richelieu ne disait-il pas
déjà, en 1639, qu'il épousait les passions de ses héros ? Il avait débuté
en fait de romans, par *Cassandre*, roman où, dit le même des Réaux,
« la plupart des héroïnes sont veuves à cause que sa maitresse l'estoit. » Celle-ci était, parait-il, une vieille mademoiselle Hamont.—Tallemant, en parlant des amours de Marianne et de Tyridate du roman de
Cassandre, trouve ridicule que Marianne baise ce prince au front. Tous
les dires de l'auteur des *Historiettes* trouvent leur confirmation dans
les *Œuvres diverses*. On y voit, p. 45, que La Calprenède entreprend la
fin de Cléopâtre pour Octavie,

« Ainsi que pour Caliste il entreprit Cassandre. »

On y lit p. 64, à propos du baiser donné par Marianne à Tyridate :

Et ne l'avoir baisé qu'au front.
C'auroit été luy faire affront.

C'est sous ce nom de Délie que Jean de la Forge, dans son *Cercle des femmes savantes*, où il célèbre en 1663 les soixante-quinze plus aimables dames de France, fait l'éloge de Mme de La Calprenède :

> « C'est ainsi que la docte et fameuse *Délie*
> De cent charmes divers doit paroistre embellie,
> Et trouve par les soins d'un admirable époux
> De la prose et des vers les appas les plus doux. »

Puis dans la *Clef*, il ajoute : « *Délie*, Madame de La Calprenède. La beauté de son esprit paroist dans ses écrits, où elle a pris la peine de faire son portrait elle mesme et cela n'a pas été sans raison, car il n'y avoit qu'elle seule capable de se peindre dignement (1). »

Ce portrait de Délie peint par elle-même, nous l'avons dans le *Recueil des portraits dédié à son Altesse Royale Mademoiselle* (2).

Elle s'y dépeint sous le nom d'Isabelle, tout en disant : « la charmante Délie vous fera voir quelques-uns des portraits qu'elle a ramassés ». Il serait piquant de pouvoir s'arrêter à la curieuse description de tous ses charmes et de toutes ses qualités, et de comparer ce portrait à celui que les adorateurs de Mme de la Calprenède ont tracé d'elle dans leurs vers, qui ont pris place dans le Recueil des *Œuvres diverses tant en vers qu'en proses* (3). Mais je ne

(1) V. *Le Cercle des femmes savantes*, 1663, in-12, dédié à la comtesse de Fiesque, par M. de la Forge. Le privilège est du 28 juin et l'achevé d'imprimer du 6 juillet. Cette plaquette qu'on annonce comme devant être réimprimée à Heilbronn en Allemagne eut mérité, à cause de l'origine de son auteur, de l'être dans le Maine ou dans l'Anjou.

(2) Voir dans l'édition de M. Ed. de Barthélemy, la *Galerie des portraits de Mademoiselle de Montpensier*, Didier in-8°, p. 244-249.

(3) Il n'y a pas à douter que ce portrait ne soit l'œuvre de Mme de La Calprenède elle-même. Il y en a bien des preuves ; qu'il me suffise de citer celle-ci. Elle dit de sa dévotion « qu'elle est un peu intercadente » et précisément Somaize, *Dictionnaire des prétieuses*, t. i, p. 63, édition

puis le faire ici et je me borne à citer ce qu'elle a dit de son esprit : Elle a « de l'esprit autant qu'on en peut avoir et de cet esprit brillant, esprit du monde et de conversation.... Elle a assez de curiosité pour des vers ou pour toutes les galanteries qui courent les ruelles..... Elle parle fort bien sa langue naturelle et écrit même en vers et en prose aussi correctement que les hommes les plus accomplis peuvent écrire (1). »

Eh bien, c'est à cette *Délie*, qui se disait experte en poésie comme en prose, c'est à cette précieuse de Normandie qu'est adressée l'Epitre sur la mort de Rotrou. La pièce est curieuse à plus d'un titre, puisqu'elle nous montre Délie comme l'élève poétique, comme l'admiratrice du poète de Dreux. Rotrou n'aurait pas été non plus insensible à ses charmes ; il eut pu tout à la fois être dit le maître, l'esclave et le martyr de son élève, s'il fallait en croire l'indiscret auteur de cette Epitre en bouts rimés.

Voici les vers, nous reviendrons tout à l'heure sur le compte de la Précieuse à laquelle ils sont adressés (2).

Livet, attribue cette expression à Mme de La Calprenède. On voit dans le recueil des *Œuvres* qu'il avait été plusieurs fois question de faire faire ce portrait par *Acanthe*, un des alcôvistes de Mme de La Calprenède, mais qu'il s'en reconnut trop indigne. Le portrait doit être d'une année à peine postérieur au recueil des *Œuvres*. — Les portraits écrits de ce temps sont ordinairement très-décolletés par en haut ; mais les *authoresses* laissent généralement trainer leurs jupes. Mme de La Calprenède trouve moyen de relever la sienne pour parler des beautés de sa jambe, en prenant prétexte d'une saignée, qui lui a permis de la montrer sans songer à mal. — Voir aussi sur l'insertion de ce portrait parmi ceux de la Galerie de Melle de Montpensier, le *Bulletin du Bibliophile*, 1875, p. 459 et suiv.

(1) Voir aussi ses *Nouvelles*, p. 25. Tallemant dit au contraire, VI, 388: « Elle fait assez mal des vers et assez mal de la prose. » On pourre maintenant se prononcer en pleine connaissance de cause pour ou contre Mme de La Calprenède.

(2) V. *Œuvres*, p. 148-150.

Epistre à Délie sur la mort de Monsieur de Rotrou.

« Quoi ? ce Rotrou, Belle — Délie,
Qui d'une façon si — jolie
Vous fit un mestier — commencer
Où son art sceut vous — dispenser
Les secrets qu'il avoit d' — escrire,
Pour toucher l'âme, ou faire — rire,
A veu tres — assurément
Son fatal et dernier — moment.

   Ah ! plaignons-le, aymable — *Délie ;*
Non, non ; le plaindre, c'est — folie,
Dans le rang qu'il tient à la — Cour
Du grand Roy qui s'appelle — Amour.

   Toutes les Muses dé — pourveuës
Des grâces qu'on leur avoit — veuës,
En pleurant vinrent l' — embrasser
Et parmy leurs cris — confesser,
Que jamais leur docte — fontaine
N'avoit remply si douce — veine :
Sur tout Thalie en se — panchant,
Et Melpone *(sic)* se — couchant
S'entre-contèrent les — années
Qu'à leur suitte il avoit — données
Et formant d'inutiles — vœux
S'arrachèrent leurs longs — cheveux.
Puis, sur une nuë ample et — ronde
Invisible au reste du — monde,
Avec cet esprit sans — défauts,
Elles furent par monts et — vaux,
Dans un pays où la — franchise
Est un thrésor que peu l'on — prise ;
Puisqu'au moins, une fois ou — deux
N'y paroistre point — amoureux,
C'est y passer pour — ridicule.

   Là chacun souffre, chacun — brûle,
Et flatte par un peu d' — espoir
Tous les désirs qu'il peut — avoir :
Souvent un mesme trait y — blesse
Et la Bergère et la — Princesse,

Dont chacune par sa — beauté
Semble estre une — Divinité.
Ce qui d'entre les galands — Hommes,
De Paris, de Sparte, des — Romes,
S'est mieux signalé par — escrit,
Vint au-devant de cet — esprit,
Près de qui le plus — téméraire
Se crut incapable de — plaire.
Amour, l'oyant tant — estimer,
Cher Rotrou, je puis — présumer,
Dit-il, que ta mort est mon — crime ;
Mais pour regagner ton — estime,
Je veux à ton Ombre — immoler
Cet Astre qui te fit — brûler :
Ta Princesse en payant ton — zèle,
Te fera toûjours vivre en — elle ;
Et c'est un sort dont je — promets
Qu'on ne te privera — jamais.
  Après cela, sous le — silence,
O *Délie*, et sans — violence,
Estouffez ce triste — couroux,
Que sa perte produit en — vous.
S'il est mort, ce n'est qu'une — peine
Qu'ont soufferte et la belle — Hélène
Et le grand fils d' — Amphytrion,
Et le charmant — Endymion.
Son trépas soulage un — martyre
Que peut-estre il n'eust osé — dire,
Et ce trépas mesme est trop — doux,
S'il a pu l'endurer pour — vous.
N'allez donc faire aucun — outrage
Pour sa perte, à vostre — visage.
Cent Captifs la — répareront,
Qui ses chaînes — égaleront,
Et si j'osois..... mais, non, — *Délie*,
Il faut mieux cacher ma — folie. »

N'est-ce pas là une piquante révélation sur la vie de
Rotrou, un jour ouvert sur cette existence si obscure qui

ne nous est connue que par des *racontars* suspects, ou par de discrètes communications de famille triées à l'adresse d'un austère bénédictin (1)? Certes, à lire les vers ou les dédicaces adressées par Rotrou à Calixte, à Sylvie, à Mlle Pourrat, et le quatrain qui lui a été décoché par Madeleine Béjart, à voir cette tête si passionnée et quasi fascinatrice qu'on est habitué à lui supposer d'après Caffieri, on pouvait penser qu'il avait eu des succès de plus d'un genre dans les ruelles du temps. Certes, en lisant toutes ses pièces de théâtre remplies d'une galanterie si quintescienciée à la mode de l'Espagne et où ses personnages marivaudent bien avant la naissance de Marivaux lui-même, on pouvait croire qu'il avait été le poète goûté par les amoureux et les précieuses d'alors, autant sinon plus que Corneille; mais les dires de dom Liron sur ses derniers jours donnaient lieu de croire que le poète, voué à la vie de famille, avait désormais tout à fait rompu avec son passé romanesque. Le chantre de Calixte et de Sylvie, arrivé à sa période d'accalmie, semblait avoir fait place *in extremis* à un Rotrou assagi et converti, pour ne pas dire à un Rancé resté dans le monde. Le doute renaît en présence de l'épitre à Madame de La Calprenède nous montrant Rotrou à la veille de sa fin, encore épris d'amour et même amoureux à en mourir, sans parler du silence qu'elle garde sur la peste de Dreux et le dévouement du poète à ses concitoyens (2).

(1) J'ai oui dire, sans y croire, il est vrai, qu'un des descendants du frère de Rotrou, autre que ceux dont M. Person a obtenu de si libérales communications, gardait par devers lui des documents de famille se rapportant à la vie du poète, sans vouloir les communiquer.

(2) Bien avant M. Merlet, on a émis des doutes même à Dreux, sur l'exactitude et la véracité de la partie de la lettre de Rotrou à son frère écrite à la veille de sa mort et citée par dom Liron. Dès 1800 M. Julienne, dans les notes d'un extrait fait par lui des registres de l'état civil de cette ville disait que la mortalité n'avait jamais été aussi énorme à Dreux et qu'au mois de janvier 1650, le moment le plus fécond en victimes, on en avait compté vingt-cinq au plus dans une semaine.

14

Mais, je dois le dire, ce n'est qu'un simple doute, qui heureusement ne suffit pas pour anéantir, d'un seul coup et sans autres preuves, la version rapportée par dom Liron. Car après tout Mme de La Calprenède, aimant fort les adorateurs (1), s'est peut-être donné gratuitement la vanité d'attacher à son char un captif d'importance dans la personne de Rotrou, qui mort ne pouvait réclamer contre les liens d'outre-tombe dans lesquels on l'enchaînait. Quel est aussi l'auteur de cette épitre composée en vue de rimes de commande, ce qui en atténue encore l'importance? L'idée pourrait fort bien en avoir été soufflée, inspirée par la coquette elle-même. Que Rotrou ait été le maître en poésie d'une jeune précieuse normande, d'accord. Qu'il se soit montré tendre envers une élève, adorable, divine, incomparable, cela se conçoit aisément de la part d'un galant poète. Mais qu'au moment de sa mort le maître ait été l'esclave de son ancien élève, voilà ce que j'admets difficilement.

L'époque à laquelle il put enseigner l'art des Muses à son élève doit se rapporter à un temps déjà ancien. L'épitre elle-même semble l'indiquer en disant que Rotrou fit *commencer* à l'aimable Délie le métier de la poésie.

Lors du deuxième mariage qui, en 1643, fixa à Paris Madeleine de Lyée (c'est le nom de celle qui devait épouser plus tard La Calprenède), Rotrou, quand même on supposerait de sa part de fréquents voyages dans la capitale, était déjà rentré dans l'ombre de la vie provinciale. Leurs relations doivent donc avoir existé à une date antérieure

Jusqu'à ce jour on ne sait rien de très précis sur

(1) Elle n'en comptait pas un petit nombre ; c'est par centaine qu'elle en avait. Un d'eux dit en parlant d'elle, *Œuvres* p. 71 :

...... « Cette main dont les coups
Ont de cent cœurs produit les peines,
Et mis cent libertés aux chaines. »

L'auteur de l'épitre sur la mort de Rotrou parle aussi de « cent captifs. »

l'âge de Mme de La Calprenède. On peut cependant la supposer née de 1618 à 1620. Bien qu'à l'époque de son dernier mariage, à la fin de 1648, avec M. de La Calprenède, la description de ses charmes par ses adorateurs permette de la croire encore jeune, on voit dans le volume de ses *Œuvres*, dont les poésies vont en effet de 1648 à dix ans plus tard, que ses souvenirs remontent déjà loin ; elle parle de l'ardeur fidèle qui l'attachait avec Lysis depuis neuf ans (1). On peut dès lors rapporter la connaissance du poète et de son élève à l'époque qui se place entre la mort de M. de Belin et son mariage, c'est-à-dire vers 1639.

C'est l'année même de l'épitre à Sylvie imprimée en tête de la belle *Alphrède*. Cette mystérieuse Sylvie, dont les *entretiens* avec le poète ressemblèrent peut être à ceux de Francesca et de Paolo, pourrait bien être la future Mme de La Calprenède. Dans les *Œuvres* de cette dernière il est plus d'une fois question de Sylvie (2). Il est vrai que dans la langue poétique d'alors c'est un nom si commun qu'il peut s'appliquer à toutes les femmes. Mais c'est seulement à partir de 1646, c'est-à-dire à dater du roman de *Cléopâtre*, que Madeleine de Lyée a pu se parer des surnoms de *Délie* ou d'*Octavie*.

Ses rapports avec Rotrou s'expliquent facilement. Madeleine était Normande ; née près d'Orbec, dame de Saint-Jean de Livet, du Coudray et sans doute aussi de Vatimesnil elle avait à la fois des biens près de Lisieux, d'Étrepagny et des Andelys (3), c'est-à-dire qu'elle n'était pas très éloignée de Dreux, patrie du poète. Ses *Nouvelles* la montrent à la fois aux eaux de Forges et dans la ville de *Rothomage*, (Rouen) où « elle attira en peu de temps la meilleure partie

(1) V. *Œuvres*, p. 90. « Ode circulaire pour le tombeau de Lysis. »
(2) *Œuvres*, pp. 4, 34, 131, 135.
(3) Ce dernier voisinage fait penser qu'elle a pu connaitre aussi Charleval, qui pourrait très bien être le *Tirsis* des *Œuvres* de Mme de La Calprenède, comme il est appelé dans les vers de Sarrasin.

de ceux que dans cette ville l'on nomme ordinairement
honnêtes gens, c'est-à-dire qui sçavent estimer le mérite
et goûter la douceur d'une délicate et spirituelle conversation » (1). Elle était sensible avant tout à l'éclat de l'esprit ;
à la fin d'un de ses sonnets elle dit d'elle-même (2) :

> « Les muses seulement charmèrent Octavie.
> Il est vray, je receus Apollon pour galand.
> Si quelque autre vainqueur mon âme avoit ravie
> Il faudroit qu'il ait pris sa forme en me parlant. »

Apollon, je l'avoue, ne me semble pas faire mauvaise
figure sous les traits de Rotrou.

Madeleine de Lyée semble aussi avoir eu des rapports
avec Mme de Montbazon, au nom de laquelle se rattache
aussi le souvenir de Mme de Villedieu. Le recueil de ses
œuvres contient un sonnet fort élogieux à Madame la
duchesse de Montbazon, au lendemain de sa mort (3). On
n'a pas oublié sans doute que Rotrou, dans la dédicace de
Laure persécutée, en 1639, à Mlle de Vertus, célèbre aussi
les louanges de Mme de Montbazon. N'y a-t-il pas là entre le
poète et celle qui avait reçu Apollon pour galant comme un
point de rapprochement ? Précieuse bel esprit, précieuse
galante, Madeleine de Lyée devait facilement s'éprendre du
poète beau garçon, qui de tous les lettrés de son temps
parlait le mieux le langage de la galanterie. Mélancolique
comme elle l'était (4) elle devait céder facilement à l'attrait
fascinateur de son maître en poésie. Où s'arrêtèrent les

(1) V. *Nouvelles* de Mme de La Calprenède, p. 227.

(2) *Œuvres*, p. 133, « sonnet en bouts rimés fait par Octavie sur une
saignée. »

(3) *Œuvres*, p. 164.

(4) Dans son portrait elle dit qu'elle a toujours les yeux plus tristes
que gais, qu'elle est d'un tempérament mélancolique ; dans ses *Œuvres*
p. 155, 163, elle s'appelle tantôt la triste Délie, tantôt la triste Octavie,
et dans ses *Nouvelles*, la triste Clytie.

leçons de Rotrou ? Je laisse à d'autres le soin de résoudre ce point délicat.

Madeleine fut-elle un instant la Muse du poète de Dreux, comme on la dit la muse d'*Acanthe* (1) et d'autres encore? C'est possible ; mais, je le répète, cela me paraît se rapporter à une époque antérieure au mariage de Rotrou. Quant même (ce que rien n'autorise à affirmer) Délie serait la *Sylvie* à laquelle en 1639 il dédiait la *belle Alphrède*, est-il présumable que l'amour de l'auteur de *Saint-Genest*, devenu magistrat et père de famille, ait survécu dix ans plus tard à toutes les aventures par lesquelles avait passé la romanesque épouse de M. de La Calprenède? Je ne le pense pas et je crois que celle-ci a simplement fait acte de vanité et de femme galante en faisant dépeindre comme un amoureux martyre, durant encore à la mort du poète, un tendre sentiment que naguère Rotrou avait pu un instant éprouver pour elle.

Ce fut en effet une fine mouche en même temps qu'un joli démon, cette belle normande qui finit par être la femme d'un cadet de Gascogne plus fier de son épée et de son nom que de sa plume, de même que Scudéry, aimant comme lui l'emphase et les périodes empanachées, aussi vantard que son héros Monsieur *Juba* (2).

(1) P. 53. Mᵐᵉ de La Calprenède après avoir pleuré la mort de Lysis, eut aussi à pleurer celle d'Acanthe, dont elle publia les vers et les lettres dans ses œuvres, et dont elle parle bien longuement dans ses *Nouvelles*.

(2) Gautier de Costes, sᵍʳ de la Calprenède et de Toulgou, était fils de noble Pierre de Costes et de demoiselle Catherine du Verdier, habitants de Salaignac, (chef-lieu de canton de l'arrondissement de Sarlat, Dordogne) tous deux dits morts en 1639, lors du mariage de Catherine de Costes, sœur du romancier, avec François de Gérard, sᵍʳ de Latour, ainsi qu'a bien voulu me l'apprendre, avec la plus parfaite obligeance, un des honorables descendants de Catherine de Costes, M. le comte de Gérard, dont l'érudition égale la courtoisie. La Calprenède portait pour armes : *d'azur à trois coquilles de Sᵗ-Jacques d'argent, à l'étoile aussi d'argent posée en abime.*

Je ne veux nullement esquisser ici sa biographie, qui serait un hors-

Tallemant a bien pu noircir le portrait de la dame ; mais en pareille matière, il n'y a jamais guère de fumée sans feu. D'ailleurs il paraît avoir assez bien connu les entours de l'auteur de *Cléopâtre*.

M^r de La Calprenède n'avait pas été le premier mari de sa femme. Avant lui elle en avait déjà épousé deux en légitime nœud, sans parler d'un autre auquel, s'il faut en croire Tallemant, qui l'a peinte bien en noir, elle avait été unie par un mariage irrégulier, contracté à la manière dont une de ses pareilles, Mlle Desjardins, épousa Boesset de Villedieu et M. de la Chatte.

Madeleine de Lyée était pourtant de bonne famille ; elle était la fille d'un gentilhomme d'auprès d'Orbec, M. de Lyée-Tonancourt, riche de huit à dix mille livres de rente. Elle a toujours eu soin du reste, ainsi que ses adorateurs, de rappeler sa naissance. Elle dit dans ses *Nouvelles*, p. 25 : « La Neustrie est la province où je receus le jour et ma naissance est des plus illustres ». Elle nous apprend dans son portrait « qu'elle a la démarche tout à fait noble et une certaine liberté dans toutes ses actions, qui marque bien qu'elle est femme de qualité (1) ». Orpheline de mère, elle fut confiée par son père, Robert de Lyée-Tonancourt, seigneur de Saint-Jean de Livet et de Saint-Martin, à une tante qui, au lieu de se montrer digne de la confiance que lui témoignait

d'œuvre ; je rappellerai qu'il débuta comme auteur dramatique, n'étant encore que cadet au régiment des gardes et sorti de son pays depuis quinze jours. La *Mort de Mithridate*, qu'il dédia à la reine en 1637, fut bientôt suivie de huit autres pièces dédiées à l'abbé d'Armentières, à la princesse de Guéménée, au cardinal de Richelieu, au duc d'Angoulême etc. (1637-1643.) Les frères Parfait lui attribuent encore *Bélisaire*, à la date de 1659. A la veille de sa mort, le 12 mars 1663, il reçoit de Molière, d'après le journal de La Grange, 800 livres qui lui sont avancées pour une pièce qu'il devait faire.

(1) Voir *Œuvres* p. 66 et *Galerie des portraits de Mademoiselle* p. 267. Elle a aussi écrit d'elle-même dans ce portrait : « Elle a je ne sais quoi que les Italiens appellent le *talore* et les Espagnols un *bel dou aere*. » Sa famille portait pour armes : *d'argent au lion de sable armé et lampassé de gueules*.

M. de Tonancourt, fut de bonne heure l'auteur des égarements de sa nièce (1).

Mariée plus tard, par son père, à un vieux et riche gentilhomme, Jean de Vieux-Pont, chevalier, sieur de Compans, « qui ne dura guères », elle épousa le 3 août 1643 un capitaine de bonne famille, mais à la bourse plate, qui avait épargné ses terres, pendant que le corps qu'il commandait tenait dans le pays ses quartiers d'hiver. Ce nouveau mari, Arnoul de Braque, chevalier, sieur de Volhart et de Château-Vert, qui était de Paris, la fit venir dans la capitale. Elle habita dès lors au Marais non loin de l'hôtel de Guise où M. de Braque avait ses entrées. Dans ce nouveau milieu elle dut entrevoir la société de gens de lettres et de plaisirs dont s'entourait le duc de Guise. M. de Braque ne dura guère, de même que M. de Vieux-Pont, et mourut un an et demi après son mariage, c'est-à-dire dans les premiers mois de 1645 (2). Décidément Madeleine de Lyée portait malheur à ses maris. Est-ce pour faire allusion à cette *jettatura*, qu'un des soupirants d'Octavie dit en parlant de son amour :

(1) V. Tallemant, VI, p, 386. Dans le récit des amours de Délie et de Philadelphe, dont j'ai déjà parlé, Philadelphe rencontre la première fois Délie accompagnée de sa tante. V. *Cléopâtre* t. IV, liv. II, p. 432.

(2) Il faut toutefois, ce que je ferai ailleurs, rapprocher des *racontars* de Tallemant ce que dit d'une façon tout autre Mme de La Calprenède dans son histoire de Clytie, qui parait, dans certains endroits, être la sienne propre, écrite par elle-même. V. p. 24 et suiv. des *Nouvelles*. Comparer aussi le portrait de Clytie, p. 6 à celui de Mme de La Calprenède dans la *Galerie des portraits de Mademoiselle*. Voir sur la famille de Lyée-Tonnencourt, La Chesnaye-Desbois, t. XII, p. 639. Les *Nouvelles* étant un livre rare, je crois devoir reproduire ici le portrait de Clytie :

« Clytie estoit une brune dont l'apparente langueur ne l'empeschoit pas d'estre une des plus charmantes personnes du monde; la blancheur de son teint pouvoit le disputer avec la neige mesme ; ses beaux yeux noirs, quoique tristes et languissans sembloient jetter assez de feu pour passer jusqu'à l'âme de ceux qui les osoient regarder ; sa bouche estoit vermeille et bien faite; le tour du visage rond, et tout cela accompagné d'une gorge admirable, soit pour la forme, la blancheur et l'embonpoint. »

Sentant bien enfin que par des lois fatales
Vous aimer et mourir sont deux choses égales (1).

Madeleine était destinée à rester veuve un peu moins de quatre ans. Pendant ce veuvage, sans doute, elle commença à tenir une ruelle et à réunir auprès d'elle un cercle de beaux et de galants esprits. On a vu qu'elle aimait les petits vers et la prose et qu'elle se piquait de savoir écrire. « Cette petite estourdie de veuve, dit Tallemant, étoit folle des romans de La Calprenède » qui avait achevé les dix volumes de *Cassandre*, et commencé à faire paraître le premier volume de *Cléôpâtre* en 1646 (2).

Il demeurait alors non loin de l'hôtel de Guise, rue du Perche, au marais du Temple. Ainsi qu'il l'avoue en tête de *Faramond*, il avait toute sa vie aimé le plaisir et son humeur y était particulièrement encline dans les premiers feux de sa jeunesse. Il fit la connaissance de Madeleine chez Madame Boiste (3). Cette veuve, très avant sur le retour, n'était pas fâchée à cet âge de trouver encore

---

(1) V. *Œuvres*, p. 122. « Elégie donnée à Octavie le jour de sa feste, sur le poème intitulé *le Temple de la mort* qu'elle avoit demandé. »

(2) Elle n'était pas la seule du reste à les aimer. Condé passait des heures dans la tranchée avec un volume de *Cassandre*. Mme de Sévigné elle-même se laissait prendre « comme à la glu » à la lecture de ces romans, « qui l'entrainaient comme une petite fille » ; mais heureusement c'était de Corneille qu'elle était folle. On sait combien Melle de La Fontaine, la femme du fabuliste et la Barigny de Poitiers étaient folles aussi de romans. — La cinquième partie de Cléopâtre, (c'est-à-dire ce qui précède le mariage de La Calprenède) fut achevée d'imprimer le 22 février 1648, avec le privilège accordé le dernier mars 1646 à Cardin Besongne pour la première partie, achevée d'imprimer le 17 avril 1646. Conrart écrit à Félibien, alors à Rome, le 20 mars 1648 : « Il y a quatre ou cinq parties de *Cléopâtre* d'imprimées ; si vous les désirez je vous les envoyeray aussitost. » *Cléopâtre* ne fut définitivement achevée que six ans après le mariage de La Calprenède.

(3) Louise de Vérigny, fille de Philippe de Vérigny, conseiller au grand conseil, qui avait épousé en 1612 Michel Bouette, (Tallemant écrit Boiste) conseiller à la chambre des comptes, mort dès le 28 septembre 1625. Elle avait une fille, qui était l'amie de Madeleine de Lyée.

quelque galant. Le père de Tallemant sur ses vieux jours lui en conta ; l'auteur des *Historiettes* nous le montre trouvé à table avec Mme Boiste, La Calprenède et la Beaupré, la célèbre comédienne, qui avait fait amitié avec cette femme et avait dû jouer bien souvent dans les pièces de l'auteur de la *Mort de Mithridate* et de Rotrou. Le contrat de mariage de Madeleine de Lyée et de M^r de La Calprenède fut passé à Paris, le 6 décembre 1648, en pleine Fronde. Jal l'a retrouvé parmi les minutes de Me Bouclier (1) ; il aurait besoin d'être consulté à nouveau, afin d'en tirer toutes les mentions intéressantes, et de pouvoir contrôler certaines signatures qui paraissent avoir été mal lues par l'auteur du précieux *Dictionnaire.*

Ce fut un mariage romanesque. « Elle l'épousa à condition qu'il achèveroit la *Cléopâtre,* cela fut mis dans le contrat », a écrit dés Réaux. Je ne crois pas que la clause ait été insérée par le notaire ; mais après avoir lu les *Œuvres diverses,* je suis sûr qu'elle fut convenue, jurée entre les parties et sans doute écrite en petits vers plus tendres que le style des tabellions du temps.

Acanthe, un des soupirants d'Octavie, dit des deux époux :

> « Et quoy que ny Prestre, ny Moine,
> Plutarque (en l'histoire d'Antoine,
> Ce Romain que tant connoissez)
> Les avoit déjà fiancez (2) ».

Les Normandes alors étaient bien inflammables. Mlle de

(1) V. Jal, *Dictionnaire critique,* col. 307. La Calprenède, né vers 1610, avait alors trente-huit ans, ce qui peut faire supposer sa femme âgée de vingt-huit à trente.

(2) *Œuvres* p. 62. On y trouve aussi p. 141 et 144, un *contrat d'inclination* et une *promesse de mariage,* qui doivent ressembler au contrat poétique passé entre M^r et Mme de La Calprenède. C'était du reste chose à la mode dans le monde des précieuses galantes. Mme de Villedieu a écrit une déclaration d'amour en vers, des articles d'un mariage clandestin. Voir le recueil de Barbin de 1692, t. IV, 250-252.

Martinvast, quelques années plus tard, en 1654, épousait Scudéry pour l'amour de ses romans. C'est qu'à l'époque de la Fronde on raffolait des auteurs de *Cléopâtre* (1) et de *Cyrus*, tout comme de nos jours, bien des femmes de trente ans ont raffolé, dit-on, d'Honoré de Balzac, et comme plus d'une jeune fille s'est éprise des beaux ténors d'opéra-comique ; on voit que leur folie allait alors jusqu'au mariage. Mais Mlle de Martinvast, une fois mariée, tout en restant une illustre précieuse, sut allier à son amour du bel esprit une vie toute d'honneur et de vertus et donner un exemple de dignité que ne sut pas imiter Mme de La Calprenède.

L'épître sur la mort de Rotrou ayant dû suivre de près la mort du poète, et n'étant postérieure que de deux ans environ au dernier mariage de Madeleine de Lyée, ce n'est pas le lieu de parler longuement de la brouille qui devait survenir entre les deux époux. Une lune de miel de deux années, ce n'est pas trop long pour un mariage romanesque, pour des époux qui collaborent au récit des amours de Cléopâtre ! Et pourtant en lisant dans les *Œuvres* plus d'une galante épitre écrite à cette date, en laissant même de côté l'épitre sur Rotrou, on sent que La Calprenède est déjà fort menacé. Partout dans ce recueil, qui va jusqu'en 1658, les galants semblent bien pressants. On ne doit pas oublier cependant ce qu'était alors le langage du Tendre, et n'étaient deux ou trois pièces beaucoup trop vives pour le fond, sinon pour la forme, il ne faudrait pas en conclure grand chose contre l'honnêteté de Mme de La Calprenède (2).

(1) Dans la bien curieuse épitaphe de La Calprenède, qu'on lit p. 69 de *La Pompe funèbre de l'Autheur de Faramond*, on voit que « plusieurs belles n'ont pu lire ses ouvrages sans verser des larmes. »

(2) Dans les *Nouvelles* de Mme de La Calprenède, un des adorateurs de la belle précieuse dit que « la voyant un jour caresser son mary *qu'elle aymoit éperduement* », cela refroidit un peu son amour. D'un autre côté, un des rares biographes du mari, M. Victor de Seilhac (voir *Le Montaigne*, 1833, p. 101 à 104, dit, je ne sais d'après quelle autorité, qu'il avait au cœur un amour qui survécut à son mariage et qu'il ne cessa jamais d'aimer la femme qu'il avait voulu peindre dans *Cassandre*.

Toujours est-il que dès cette époque de 1658 les deux époux étaient brouillés, malgré la conformité de leurs goûts littéraires. Si Mme de La Calprenède n'a pas rayé de son livre les louanges qu'on donnait au grand *Cléonyme* au moment de son mariage, on doit remarquer qu'il n'y a aucun vers du mari dans ce recueil et que déjà les époux sont sans doute séparés de corps, de biens et de vers par conséquent (1).

Postérieurement à 1658 , Mme de La Calprenède fit paraître (en le signant cette fois) un nouveau volume, *Les Nouvelles ou les divertissemens de la princesse Alcidiane*, Paris , Sercy, 1661, in-8° (2). Certains bibliographes ont cru que son mari lui avait prêté son nom, comme Colletet prêtait le sien à sa femme, Claudine Le Hain. Dans les termes où se trouvaient alors *Octavie* et *Cléonyme* on peut être sûr du contraire. Mme de La Calprenède a donc droit à être inscrite parmi les romancières du XVIIe siècle en compagnie de

---

(1) S'il faut en croire Tallemant, il y eut brouille d'abord, dissipation de biens de la part de la femme, puis séparation. Il serait intéressant de retrouver l'arrêt du parlement qui la prononça. La fille née de leur mariage, Jeanne de La Calprenède, fut confiée à son père. Après la mort de ses parents, elle contracta en 1669 une alliance fort honorable avec un gentilhomme du Périgord, voisin de Toulgou. — Au moment du mariage de Madeleine de Lyée, un de ses alcòvistes, la comparant à l'Octavie du roman, disait d'elle :

> « Puisse-t-elle en son mariage,
> Sans divorce ou mauvais ménage,
> Avec plaisir, paix et bonheur,
> Posséder un pareil bonheur. »

Le souhait ne s'accomplit pas et Madame de La Calprenède ne fut qu'une fausse Octavie. Elle finit par *romancer* son existence au souvenir de ses lectures et par jouer, trop bien sans doute, le rôle de Cléopâtre.

(2) Déjà, en 1656, Segrais avait publié *les Nouvelles françoises ou les Divertissements de la princesse Aurélie*, recueil d'historiettes racontées par diverses personnes de la société de Melle de Montpensier à Saint-Fargeau. Mme de La Calprenède a copié le titre de son recueil d'histoires sur celui de Segrais.

Mlle de Senneterre, de Mme de Villedieu, de Mlle de la Force, de Mme d'Aulnoy et de bien d'autres encore (1).

Somaize, dont le *Dictionnaire* est de 1660, nous dit de Mme de La Calprenède : « *Calpurnie* est une précieuse connue de toute la Grèce. Elle a donné durant quelque temps trève a ses écrits pour penser aux affaires que luy donnoit son divorce avec Calpurnius son mary dont elle est séparée ; mais enfin elle pense plus que jamais à faire voir la délicatesse de sa plume et a desja commencé par les Nouvelles qu'elle a données depuis peu de jours au public. Sa ruelle a esté des plus fréquentées et des plus fameuses de la petite Athènes (le faubourg Saint-Germain), où les prétieuses sont en grande vogue et où elle loge (2). »

Dans les prédictions touchant l'empire des Précieuses, qu'il a insérées à la fin de son *Dictionnaire*, il a soin de mentionner à leur date les *Nouvelles* de Mme de La Calprenède : « Calpurnie, dit-il, mettra un livre de divertissemens au jour en l'année 1661 (3). » C'était l'année où son mari faisait

(1) Je compte faire ailleurs un curieux rapprochement des *Œuvres diverses* et des *Nouvelles* de Mme de La Calprenède. On retrouve dans ce dernier et curieux ouvrage, presque inconnu, les mêmes personnages que dans les *Œuvres*, Acanthe, Octavie, Lydas, Uranie, Cléon, etc. Cette comparaison et la clef des personnages et des aventures de ce roman, où les noms seuls sont fictifs, sont une véritable curiosité littéraire. Bien que les *Nouvelles* n'aient paru qu'en 1661, le privilège est daté du 19 septembre 1660, et l'achevé d'imprimer du dernier décembre de la même année. — Il serait curieux aussi de placer les portraits d'Honorée de Bussy, et de Madame de Villedieu à côté de celui de Mme de La Calprenède pour former un trio de précieuses galantes. Moins heureux que Melle de Bussy, Mme de La Calprenède n'a pas obtenu de place dans le *Mérite des Dames de Saint-Gabriel,* pas plus que dans la *Nouvelle Pandore* de Vertron.

(2) *Dictionnaire des précieuses*, p. 53. Ailleurs, p. 206, citant les réduits les plus connus et les plus considérables des précieuses, les ruelles illustres où elles tiennent conversation, il mentionne la ruelle de Mme de La Calprenède parmi les dix-neuf dont il donne les noms.

(3) *Dictionnaire des précieuses*, 1, 191. Somaize dit quelques lignes plus loin, p. 192, en parlant du nouveau roman de La Calprenède : « En la mesme année l'on parlera des victoires de l'illustre Gaulois, dernier ouvrage de *Calpurnius.* »

paraître le premier volume de *Faramond* (1). Les deux époux luttaient même sur le terrain du roman, tant la guerre était vive entre eux.

On sait que l'auteur de *Faramond* mourut en octobre 1663 (2). Sa veuve lui survécut et mourut à Paris, rue de Seine, à l'hôtel de Metz. Elle fut enterrée, le 14 mars 1668, dans l'église des frères de la Charité, où elle fut transportée de l'église Saint-Sulpice.

J'ai été d'autant plus fondé à allonger cette biographie qu'on a négligé jusqu'à présent de rassembler ce qui a trait à M^r de La Calprenède et à sa femme ; les contemporains, d'ailleurs, ont moins parlé d'eux que de beaucoup d'auteurs du temps (3). Aussi reviendrai-je dans une étude spéciale sur cette précieuse normande et sur le groupe

(1) *Faramond*, Sommaville 1661, in-8°. Bien que l'achevé d'imprimer du premier volume soit du 15 mars 1661, le privilège est du 20 mai 1658, année de la publication des vers de sa femme. Dans l'épitre au roi il parle de la fortune qui lui a été contraire dans tout le cours de sa vie, et dans l'avis au lecteur il rappelle « les cruelles affaires qu'il a eües sur les bras ou plustôt les malheurs estranges des quels sa vie a esté misérablement traversée depuis quelques années. » Dans *La pompe funèbre de l'Auteur de Faramond*, (Paris, Pierre Bienfait, 1663 in-12) dont l'auteur est le même que celui de *La pompe funèbre de Scarron*, on dit p. 8 et 40 que « la vie de La Calprenède a été aussi pleine de traverses que ses ouvrages. »

(2) Il mourut aux Andelys, non loin de Vatimesnil, c'est-à-dire non loin des biens de sa femme qu'il était sans doute allé habiter avec son enfant. Voir la *Muse historique* du 2 octobre 1663, t. IV, édition Livet, p. 114.

En tête de *Faramond*, il se dit sire de la Calprenède, Toulgou, Saint-Jean de Livet et Vatimesnil. Les cinq derniers volumes de ce roman furent achevés par Pierre d'Ortigue, sieur de Vaumorière, un des principaux membres de l'académie de l'abbé d'Aubignac, qui se réunissait une fois par mois à l'hôtel de Matignon.

(3) J'ai en vain cherché des nouveaux documents sur leur compte dans les manuscrits de Conrart. Tallemant seul a parlé d'eux (VI, p. 382-391) et a indiqué les amis de La Calprenède. A part les articles de dictionnaires biographiques, je ne sais s'il y a d'autre notice spéciale consacrée à la biographie de l'auteur de *Cléopâtre* que celle de Mr Victor de Seilhac dans la Revue « *Le Montaigne* » en 1836. Consulter sur les deux époux, outre les auteurs déjà cités, le dictionnaire de

encore inconnu des Acanthe, des Lysis, des Lydas, des
Daphnis, des Madonte, des Uranie, des Aspasie, etc., etc.,
qui fréquentaient sa ruelle, échangeaient avec elle de
galantes poésies et sont tous pour la plupart dépeints dans
ses *Nouvelles*, ainsi que la princesse *Alcidiane*.

J'ai voulu simplement, aujourd'hui, mettre en relief tout
ce qui peut servir à mieux expliquer les rapports
poétiques que Rotrou put avoir avec la belle et galante
précieuse, alors qu'elle était encore en pleine jeunesse
et bien avant son union avec M^r de La Calprenède,
dont l'auteur de *Venceslas* ne fut le rival que sur les théâtres
du Marais et de l'hôtel de Bourgogne. Puisse-t-on dans les
nombreux recueils de poésie si peu connus de la première
moitié du XVIIe siècle, faire plus d'une autre découverte
aussi piquante, mais moins troublante s'il est possible, pour
mettre fin, à tout jamais, aux énigmes qui nous dérobent
encore une partie de la vie du poète de Dreux.

§ V.

UN PASTICHE DE ROTROU

On a pu lire page 152 qu'une habitante de Dreux croyait
posséder une pièce de vers de Rotrou, non comprise dans
les œuvres imprimées du poète, et qu'on allait même
jusqu'à supposer écrite de sa main. Après l'avoir lue à
loisir, ce que je n'avais pas fait alors, je crois devoir ne la

---

Moréri, Niceron, t. XXXVII, les frères Parfait, t. V, 148-161, la lettre du
17 février 1657 du prince de Condé à La Calprenède, si honorable pour
le romancier qui lui avait dédié la *Cléopâtre*, lettre citée par M. Cousin,
La jeunesse de Mme de Longueville 5me édition in-12, p. 158, la lettre
de M. La Calprenède à Mlle de Scudéry du 12 septembre 1661, relative
aux malheurs de Fouquet, *Historiettes* de Tallemant, VI, 390, etc, etc.
C'est à dessein que j'ai évité de parler des *racontars* de Guy-Patin et
de Richelet sur Mme de La Calprenède.

reproduire prudemment que comme un pastiche de Rotrou.

Elle est sans doute le produit d'un amusement de lettré, l'œuvre d'un descendant de la famille Le Veillard, de ce médecin de Dreux Louis Le Veillard, qui en 1635 adressait des vers élogieux à son ami Rotrou. Ces soixante vers sont en effet soi-disant adressés par le poète, tout jeune encore, à son médecin, à la date de 1632 ; sauf les Le Veillard, personne ne devait guère savoir que le Louis, médecin à cette époque était lui-même issu de souche médicale (ce qu'indique la pièce). Comme elle a été, dit-on, conservée dans la famille du destinataire, et donnée par elle à la veuve de Louis-Claude de Rotrou, née Charlotte Belin, de Dreux, qui survécut longtemps à son mari mort le 7 décembre 1829, il n'est guère téméraire de la considérer comme un aimable présent fait à cette dame. C'était naguères un plaisir de lettré, un régal d'homme d'esprit, poète ou se croyant tel, de faire de ces sortes de pastiches. Plus d'un en a commis sans songer à mal, et bien des vers sortis de semblable origine, ont été longtemps et de la meilleure foi du monde considérés comme bien et dûment authentiques, alors qu'on ne se préoccupait nullement de l'étude de la langue et de la versification de chaque auteur. Ceux que je vais reproduire, ont eu le même sort à Dreux que les vers attribués à Clotilde de Surville ou à Olivier Basselin. Leur peu d'intérêt seul a dû les empêcher de faire leur chemin dans le monde. On va juger du reste du savoir faire de leur auteur (1).

> « Chères compagnes de mes veilles,
> Charmeresses de l'univers,
> Qui faites agréer mes vers
> Aux plus délicates oreilles,
> Qui procurez à nos écrits
> Les suffrages de tant d'esprits,

(1) Sur le style de Rotrou, voir M. Antoine Benoist, *notes sur la langue de Rotrou,* Annales de la faculté des lettres de Bordeaux, t. IV p. 365-412, 1882 in-8°.

Quittez ce superbe théâtre
Et vous dérobez un instant
Au peuple qui vous idolâtre.
Si de ces mains officieuses
Dont vous couronnez la vertu,
Et dont tant d'illustres ont eu
Des guirlandes si précieuses,
Vous savez composer encor
De ces fleurs plus riches que l'or,
De ces couronnes immortelles,
Que le rare objet que j'ai pris
En obtienne une de tel prix
Qu'on n'en ait jamais vu de telles.
Jamais au séjour où nous sommes,
Esprit si fort et si charmant,
N'exerça plus utilement
Cet art qui conserve les hommes.
Jamais autre en vos bois sacrés,
Que le temps même a révérés,
N'atteignit son savoir extrême,
Quelque Mydas qu'on ait vanté
Et que vous ayez exalté
Autant que votre frère même.
Le jugement le plus sévère,
Admire en un esprit si beau,
Le vivant et parfait tableau
Des connaissances qu'eut son père.
Son art par ses doctes efforts
A mesme pouvoir sur les corps
Que le vostre sur la mémoire
Et comme il n'est point limité
Peut donner autant de santé
Que vous pouvez donner de gloire.
Par cet art l'hyver de notre âge
Sera doux comme un printemps.
Par lui nous aurons à cent ans
Et la vigueur et du courage.
Par ces soins nous espérons tous
Voir nos fils aussi vieux que nous
Et ce divin esprit nous pleige

Que dessus leur même menton
Où nous aurons vu le coton ,
Nous verrons paroistre la neige.
Glorieux objet de ma veine,
Grand homme l'honneur de ces lieux,
Docte savant, jette les yeux
Sur ces vers que j'ai fait sans peine.
Ma muse qui t'aime toujours
Voudrait en un plus long discours
Employer toute sa science
Pour rendre ton nom immortel
Mais on l'attend à son hôtel
Avec que trop d'impatience (1) ».

§ VI.

DOCUMENTS INÉDITS SUR LA QUERELLE DU CID.

La partie de ces études qui me paraît offrir le plus d'intérêt et de nouveauté étant l'intervention de Rotrou dans la
querelle du *Cid*, je crois devoir, dans cet appendice, reproduire diverses pièces de cette célèbre polémique, dont un
trop petit nombre a été publié jusqu'ici, et donner encore
quelques renseignements sur certains points de ce curieux
épisode de notre histoire littéraire.

---

(1) Une note indique qu'il s'agit de l'hôtel de Rambouillet. J'ai tâché
de reproduire aussi exactement que possible, d'après la simple copie
que j'ai eue sous les yeux, ces vers assez difficiles à débrouiller, parfois
même à comprendre ; j'ai seulement tenté de remettre sur leurs pieds,
(ce dont je bats ma coulpe,) quelques vers trop courts ou trop longs.

Rotrou, à en juger par son épitre à Julie d'Angennes, savait mieux
faire une ode ou des vers de tragédie que des petits vers de société.
Ceux que je viens de reproduire, n'eussent fait, au cas de leur authenticité, qu'en donner une preuve nouvelle. Il est superflu, je pense
d'insister sur les indices qui permettent de reconnaître le pastiche. Si
je ne fais pas allusion ici à Vrain Lucas, le fournisseur de M. Chasles,
c'est que la pièce est, m'a-t-on dit, d'une époque antérieure.

Je n'irai pas cependant au-delà de la reproduction de trois des factums de la querelle, parcequ'il faut savoir se borner et qu'un plus grand nombre de ces pièces n'aurait aucun rapport, même lointain, avec le sujet principal de ce livre.

De ces trois pièces, la première, *La voix publique à mon-sieur de Scudéry sur les observations du Cid*, (7 pp. in-8°.) est celle à laquelle *l'Incognu et véritable amy de messieurs de Scudéry et Corneille* a servi de réponse. A ce titre elle a particulièrement droit de figurer à cette place, puisque c'est elle qui a provoqué l'intervention de Rotrou.

La seconde, *Lettre à .·. sous le nom d'Ariste*, qui n'est connue que par de courts extraits, est plus importante et tient une plus grande place dans la polémique. Plusieurs réponses et de nombreuses allusions y ont été faites et j'ai pu enfin en déterminer l'auteur, que je n'avais pas eu l'heureuse chance de découvrir de prime abord.

La troisième enfin, *La suitte du Cid en abrégé, ou le Triomphe de son Autheur en despit des envieux*, est restée complètement inédite. Son titre n'a pas même été cité jusqu'ici. Elle fait connaître jusqu'à quel degré de basses injures sont descendus les adversaires de Corneille contre leur rival, devenu leur maître à tous. Sa révélation est la véritable curiosité littéraire de ce livre.

M. Marty-Laveaux a dit du premier de ces trois factums : « C'est une petite pièce écrite avec assez de vivacité, mais fort insignifiante (1) ». Il a eu raison.

Elle ne nous apprend aucune particularité qui puisse avoir pour nous un grand intérêt ; si je la reproduis, je le répète, c'est qu'elle détermina Rotrou à prendre la défense de Scudéry et de son *Amant Libéral*, sans toutefois faire

(1) V. *Œuvres de Corneille*, t. III, p. 26, et les indications données ci-dessus en note. Voir aussi la lettre de Chapelain à Scudéry du 20 août 1637, *Lettres de Chapelain*, t. I, p. 162, et la dédicace, adressée par Scudéry à la Reine, de sa tragi-comédie de l'*Amant libéral*, tirée de Cervantés.

pencher le plateau de la balance de son côté, ni le sacrifier à son adversaire. Déjà Corneille dans sa *Lettre apologétique* avait vertement répondu à l'auteur des *Observations* et ne s'était pas gêné pour lui dire que l'*Amant libéral* était de beaucoup inférieur au *Cid* ; mais cette fois c'était « la Voix publique » qu'on faisait intervenir pour imposer silence à Scudéry et rabaisser sa pièce. « Les honnestes gens vous condamnent », ajoutait aussi l'auteur de ce petit libelle. C'est alors que Rotrou, en présence de cette attaque d'un caractère plus général et plus redoutable dès lors (1), crut devoir entrer à son tour dans la lutte, et appeler, comme il le dit, « du jugement inique » de la Voix publique, en faveur de l'*Amant libéral*, sans aucunement attaquer Corneille et en ayant soin de ne pas défendre Claveret.

Je n'ai pas à revenir ici sur les motifs qui lui ont fait prendre le rôle de conciliateur et d'arbitre. Il ne faut pas s'étonner de cette preuve d'amitié qu'il donne à Scudéry. Celui-ci avait parlé favorablement de quelques unes de ses pièces, même dans cette polémique, grâcieuseté qui ne fut pas imitée par Corneille, qu'on eut aimé voir citer Rotrou, à côté des noms ou des pièces de Racan, de Théophile, de Tristan, de Benserade et de la Calprenède, dans ses réponses à Mairet (2).

L'auteur de l'*Incognu* déclare d'ailleurs qu'il « ayme les deux poètes, » tout en écrivant quelques lignes plus loin, pour dérouter les lecteurs et les empêcher de le reconnaitre,

---

(1) Corneille, à la même époque, dans l'épitre dédicatoire de *la Suivante* écrivait : « Surtout gagnons la voix publique. »

(2) On a lieu de s'étonner en effet, alors que Scudéry parle des pièces de Rotrou dans ses *Observations*, que Mairet cite son nom en tête des *Galanteries du duc d'Ossone*, de ne pas voir Corneille rappeler une seule fois alors, ni plus tard, dans les examens de ses pièces, le nom de celui dont la légende fait au contraire son unique allié et son défenseur dans cette polémique, tandis qu'il fait l'éloge de débutants tels que La Calprenède et Benserade, « sur qui M. Corneille seroit bien marri de prétendre aucune prééminence, » dit celui qui tient la plume pour l'auteur du *Cid*.

qu'il n'est pas connu d'eux en particulier. Ces contre-vérités, ces contradictions se retrouvent plus d'une fois sous sa plume. Après avoir qualifié la poésie de *divin métier* et avoir ainsi laissé deviner, laissé percer malgré lui sa qualité d'auteur dramatique, c'est en vain qu'il reprend son masque et que, pour écarter les soupçons, il s'abaisse jusqu'à dire de lui-même « je parle simplement, ainsi que des gens de mon mestier le doivent et le peuvent. » Ses contradictions, ses efforts pour dépister le public, servent même à le faire reconnaître, et vont heureusement contre le but de l'auteur, en nous permettant de faire cesser l'anonymat derrière lequel il avait tenté de se dérober.

La différence de langage, qui existe entre le ton de l'*Incognu* et celui des autres soi-disant conciliateurs, est aussi une présomption de plus en faveur de l'attribution de cette pièce à Rotrou. A part ce factum et le *Jugement du Cid composé par un bourgeois de Paris, marguillier de sa paroisse* (1), toutes les autres pièces de la querelle soi-disant émanées de gens impartiaux, ou de neutres, qui disent ne prendre formellement le parti ni de l'un ni de l'autre, sont écrites avec une violence et une grossièreté dignes des gazetiers du Pont-Neuf. On peut en juger par l'*Acomodement du Cid et de son Censeur*, pièce rarissime, (petit in-8º de 7 pages) qu'a reproduite en entier M. Picot, d'après un exemplaire du musée Britannique (2), ainsi que par la *Victoire du sʳ Corneille, Scudéry et Claveret, avec une remontrance par laquelle on les prie amiablement de n'exposer ainsi leur renommée à la risée publique* (7 pp. in-8º), ou bien encore par *l'Epistre aux poètes du temps sur leur querelle du Cid*

----

(1) Il faut y joindre aussi l'*Examen de ce qui s'est fait pour et contre le Cid*, imprimé aussi sous le titre de *Discours à Cliton sur les Observations du Cid* ; mais cet ouvrage ne prend pas, à vrai dire, une réelle part à la querelle, à l'occasion de laquelle il a été simplement publié. C'est ce qu'on pourrait appeler *un article à côté*.

(2) V. *Bibliographie Cornélienne*, nº 1372. J'en ai trouvé moi-même un autre exemplaire à la bibliothèque de Caen.

(14 pp. in-8°, bibliothèque de l'Arsenal) (1). Tous les auteurs de ces libelles sont de singuliers arbitres, dont les factums étaient plus faits pour rallumer la querelle que pour l'éteindre et n'ont rien de commun avec le style de l'*Incognu*, c'est-à-dire avec le style d'un auteur qui se respecte et qui sait respecter en même temps ceux aux quels il s'adresse.

Voici, sans plus tarder, la pièce de la polémique qui amena l'intervention de Rotrou.

La voix publique à monsieur de Scudéry sur les
observations du Cid.

Monsieur,

« C'est trop faire le bon François que de vouloir perdre le Cid, par ce qu'il est Espagnol, il faut estre plus généreux et puis qu'il est en France donnés luy la vie, si vous le pouvés faire, à celuy que son Autheur a desjà fait immortel, et le traittant en prisonnier de guerre, souffrez que nous lui donnions nos cabinets pour prison : il s'est assés rendu considérable pour nous obliger à le traitter favorablement, puis qu'il a eu l'honneur de plaire au Roy et aux grands esprits du royaume. Après les éloges qu'il a eu d'eux, ce seroit perdre le temps de faire son apologie ; je ne m'areste point à ce qu'a dit un envieux qu'il aymeroit mieux avoir faict les Observations du Cid que le Cid même. Son discours témoigne plus de passion et d'ignorance que de jugement. Ce n'est point que je vueille condamner vostre ouvrage, j'estime tout ce qui vient de vous ; celuy là particulièrement monstre beaucoup de vivacité dans ses raisons subtilles, mais convaincantes comme celles dont se servit ce vieil Autheur, qui loüa la fiebvre quarte ; j'aurois tort de vous accuser d'ignorance et je ne veux pas croire que l'envie

(1) V. M. Picot, *Bibliographie Cornélienne*, nᵒˢ 1360 et 1366 ; M. Marty-Laveaux, *Œuvres de Corneille*, t. III, p. 37 ; les frères Parfait, *Histoire du théâtre François*, t. V, p. 273 etc.

vous ave jamais fait mettre la main à la plume, vostre stille est trop pompeux pour estre animé d'une passion si basse et si vous blasmés le Cid vous n'en cognoissés pas moins le mérite ; puisque vous avés eü les yeux assés pénétrans pour y remarquer de si petits deffauts, vous avés peu voir toutes ses ses grâces qui n'ont esté cachées à personnes. Aussi je m'asseure que si vous n'eussiés cogneu ce qu'il vaut vous ne l'eussiés pas attaqué : vostre cœur est trop grand pour estre capable de petits desseings : Il ne falloit pas moins qu'un Cid pour exciter vostre colerre. Mais si vos observations n'ont pas eu le succez que vous vous en estiez promis, consolez vous dans la satisfaction que vous pouvez tirrer d'une haulte entreprise, quoy qu'infructueuse et prenez d'oresnavant pour devise au lieu de POÈTE ET GUERRIER, *Ausisse sat est*, si vous n'aymés mieux empruntér celle de l'Espagnol *Todo contra ios et io contra todos*. Laissés à l'Autheur du Cid, la libre jouissance de l'estime dont tout le monde l'a jugé digne et ne vous engagez point à faire comparaison d'une *Didon* avec une *Médée* et d'un *Cid* avec un *Amant libéral* : les bons Esprits cognoissent assez le mérite des uns et des autres sans l'ayde de vos observations. Si vous recognoissez la foiblesse de vostre party, c'est en vain que vous taschez à le fortifier en vous efforçant d'intéresser vos juges en vostre cause, ils sont trop justes pour se laisser corrompre par des flatteries : ne croyez plus vos sentiments sur ce point, ny le conseil de quelques faux Amis qui veulent se divertir à vos despens : Les honnestes gens vous condamnent et le public se plaint de vous voir perdre en bagatelles les heures qui devroient estre emploiées à des ouvrages dignes de vostre esprit. Si vous vous croyez trop engagé dans le jeu ne craignés pourtant pas de vous retirer sur vostre perte de peur d'une plus grande, sçachez qu'il faut estre parfaict pour oser reprendre impunément et vous ne pouvés sans présomption vous donner ce tiltre. Cherchés à le mériter par des œuvres meilleures que vos dernières et si vous estes sage suivés le conseil de la *Voix publicque* qui vous impose silence. »

Me voici arrivé à un factum important de la querelle. Corneille, à vrai dire, au lendemain de l'apparition du *Cid* a eu quatre principaux adversaires, qui ont pris la plume contre lui, Scudéry, Mairet, Claveret et l'auteur anonyme de la pièce parue sous le titre de *Lettre à *** sous le nom d'Ariste*, (8 pp. in-8°) (1).

Jusqu'à ce jour le nom de cet auteur est resté tout à fait inconnu. Les deux réponses qui lui ont été adressées par les Cornéliens, les allusions qui ont été faites à sa personne par Corneille dans l'*Avertissement au Besançonois Mairet*, ainsi que par Mairet dans son *Epistre familière* et dans son *Apologie*, au lieu de mettre son nom en lumière, ont été, (et cela avec une évidente préméditation) conçues de telle sorte qu'elles ont servi à dérouter les curieux. Ce nom, qui m'avait un instant échappé, je crois avoir été enfin assez heureux pour le découvrir. Voici d'abord le libelle ; je ferai connaitre aprè son auteur. C'est une réponse à l'*Excuse à Ariste* de Corneille.

Ariste, à qui elle est adressée, n'est autre, assurément, suivant l'ingénieuse découverte de M. Marty-Laveaux, que le feuillant André de Saint-Denys qui, dix ans auparavant, avait eu, lui aussi, une polémique célèbre avec Balzac, polémique dans laquelle il avait été vivement soutenu par le général de son ordre, Jean Goulu, l'auteur des *Lettres de Phyllarque à Ariste*.

Dans ce factum de la querelle du *Cid*, l'auteur prend à partie à la fois Ariste et Corneille ; en faisant intervenir directement Ariste, son but est de réveiller évidemment le ressentiment de Balzac, et de déterminer le grand critique à se prononcer en faveur de Scudéry et d'écraser Corneille sous le poids de l'autorité imposante et incontestée du grand critique. On va pouvoir en juger.

(1) Bien que Mairet passe pour être intervenu le premier dans la querelle par ses stances anonymes de l'*Autheur du vrai Cid espagnol*, auxquelles Corneille répondit, sans le nommer, par le *Rondeau* que l'on sait, son nom et sa personne n'y figurèrent explicitement pour la première fois que dans la *Responce de *** à *** sous le nom d'Ariste*, et Scudéry y occupe d'abord la place principale.

Lettre à ⁂ sous le nom d'Ariste.

« Ce n'est donc pas assez et de la part des Muses
Ariste, c'est en vers qu'il vous faut des excuses ;
Mais la mienne pour vous n'en plaint pas la façon,
Cent vers lui coustent moins que deux mots de chanson.

Puis ce n'est donc pas assez, Ariste, que vostre humeur remuante aye jadis troublé le repos de vostre solitude et le silence de vostre maison en s'attaquant aux œuvres et à l'éloquence de Monsieur de Balzac. Ce n'est donc pas assez que vous ayez voulu abbatre autrefois le vol de ceste belle plume, à qui les François ne peuvent dénier l'obligation toute entière qu'ils luy ont de la politesse de leur langue : ny les orateurs refuser à ses ouvrages le même respect que les Poëtes rendent à la Mémoire de Monsieur de Malherbe, il faut encore qu'après dix ans de silence, au mespris de vostre habit et au scandale de vostre profession, en un temps que l'on vous croyoit destaché de toutes ces vanitez et revenu en une parfaite resipiscence, vous repreniez vostre vieille marotte et que vous importuniez vostre amy de vous donner des chansons (sans dire si c'est à boire ou à danser) à l'heure mesme que vous le scavez occupé à ce grand mariage, et qu'il faict accepter à une fille pour mary celui qui le jour mesme a tué son père. Vous me permettrez de vous dire que vos persécutions estoient bien grandes, puisque vous l'avez obligé à rompre l'alliance qui estoit entre ces trois sœurs la Poésie, la Musique et la Peinture : qu'il appelle la seconde folle et hipocondrique, préférant comme un autre Midas, au hazard d'avoir les mesmes oreilles, la fluste grossière de Pan à la lyre d'Apollon et aux airs de Guédron et de Boisset ces mauvaises poésies dont il nous persécute à tout propos ; mais il est facile à juger que vostre amy n'a pas tant pris cette mauvaise occasion pour aucune antipathie qu'il eust avec cette belle Déesse, que pour prendre subject de publier ses mérites et de s'estendre sur ses louanges. Cette insupportable vanité dont il nous persécute depuis tant de temps et la peine qu'il prend tous les jours pour nous persuader qu'il est homme hors du commun m'ayant donné la curiosité de lire sa pièce du *Cid*, m'a

donné quant et quant la cognoissance et de son peu de
valeur et de l'imbécilité du personnage. J'avoue que les
sentimens de ses amis pour ce poëme avoient préoccupé
mon esprit devant que j'en eusse faict la lecture, je donnois
quelque chose à l'approbation du peuple, encor que, je le
cogneusse mauvais juge, mais je m'apperçeus bien tôt après
que c'estoit l'ignorance et non pas sa beauté qui causoit son
admiration.

Je fis donc résolution de guérir ces idolâtres de leur
aveuglement et le dessein que j'avois de les désabuser me
faisoit prendre la plume quand un autre plus digne observateur m'a prévenu, qui me l'a faict tomber des mains et qui
s'en est acquitté avec beaucoup plus d'honneur que je
n'eusse pu faire ; je ne sçaurois pourtant m'empêcher de
l'accuser icy de peu de soin. Car encore qu'il ait remarqué
huit cents plaies sur ce beau corps, je trouve toutefois qu'il
en a négligé pour le moins huit cents autres qui méritoient
bien d'estre sondées. Nombre suffisant pour demander une
plus exacte censure : mais je me persuade qu'il a voulu
l'estourdir et non pas l'assommer et qu'il s'est contenté
d'estre son vainqueur sans vouloir estre son meurtrier.
Pour ce qui est de la lettre qu'il vous adresse, *Ariste* et qui
demande sa place à l'hopital des fous incurrables, je
croy que le sieur Corneille pense trouver son excuse en
ce qu'un Poëte excellent se licentie quelque fois dans ses
propres loüanges et se peut dispenser de cette retenüe qui
fait parler les autres avec plus de modestie d'eux mesmes ;
nous en avons des exemples dans les ouvrages d'Homère,
de Virgile, de Ronsard, de Malherbe et de quantité d'autres
grands hommes qui ont parlé de leurs génies en termes
avantageux. On le souffroit parce qu'ils faisoient voir la
vérité dans leurs sentimens et qu'ils s'accomodoient à la
vénération que tout le monde rendoit à leurs divines plumes ;
mais s'il fut jadis permis de dire vray à ces messieurs là,
ce n'est pas à dire qu'il soit permis de mentir à celui-cy.
Donnons toutes fois ces fumées à l'amour que ce Narcisse a
pour lui-mesme.

Et venons à ceste lettre Apologétique, où il se met la
couronne sur la teste, où il se dresse un trône d'où il
regarde ceux à qui il avoit faict auparavant l'honneur de

s'esgaller au-dessous de son marche-pied et où il dit, par une présomption qui dégénère en folie, *qu'il ne tient pas* à son observateur que du premier lieu où beaucoup d'honnestes gens l'ont mis, il ne l'ait fait descendre au-dessous de Claveret ; je voudrois bien sçavoir qui sont ceux qui l'ont si bien placé et s'il se trouve bien à son aise en ce lieu là, et par quels dégrez il y auroit peu monter ? Pauvre esprit qui voulant parestre admirable à chacun se rend ridicule à tout le monde et qui le plus ingrat des hommes n'a jamais recogneu les obligations qu'il a à Sénèque et à Guillen de Castro, à l'un des quels il est redevable de son Cid et à l'autre de sa Médée. Il reste maintenant à parler de ses autres pièces qui peuvent passer pour farces et dont les tiltres seuls faisoient rire autrefois les plus sages et les plus sérieux, il a faict voir une *Mélite*, la *Galerie du Palais* et la *place Royale*, ce qui nous faisoit espérer que Mondory annonceroit bientôt le cimetière Saint-Jean, la Samaritaine et la place aux Veaux.

L'humeur ville de cet auteur et la bassesse de son âme n'est pas difficile à cognoistre dans les sentimens qu'il donne aux principaux personnages de ses comédies, il rend les uns fourbes, artificieux et faict commettre aux autres des laschetés dont lui mesme, quelque profession publique qu'il fasse de poltronnerie, ne pourroit pas s'empescher de rougir si je luy remettois devant les yeux, et certes il est bien difficile qu'il peust rendre ses acteurs plus vaillans, puisque luy mesme n'a pas sitost la permission de prendre une espée qu'il se déclare par une lettre imprimée indigne de la porter et à peine a-t-il reçeu celles de noblesse qu'il fait une action assez infâme pour l'en dégrader. Voilà ce grand poète qui dit en parlant de son Cid *Nescio quid majus nascitur Illiade*. J'aurois eu assez de discrétion pour cacher les vices de vostre amy et les vostres si vous n'aviez pas eu assez de complaisance pour mesdire d'une personne que vous ne cogneustes de vostre vie ; mais afin que vous ne tombiez plus en semblables extravagances, j'ay bien voulu vous apprendre par ceste lettre de ne forcer plus une personne au ressentiment qui n'a pas songé à vous offencer, ADIEU. »

Quel est l'auteur de ce factum ? Ni M. Marty-Laveaux, ni

aucun des biographes ou des critiques de Corneille n'ont connu son nom. J'ai regretté moi-même de ne pas l'avoir trouvé tout de suite, bien que j'aie assez longtemps erré à sa découverte. En parlant de l'énigmatique personnage de condition appartenant à la Normandie, qui semble être cet auteur, que les adversaires de Corneille, dans la polémique du *Cid*, lui reprochent d'avoir gravement offensé et qui aurait menacé le poète de coups de bâton dans un jeu de paume de Rouen, j'ai même écrit de guerre lasse que je laissais les érudits normands et M. Bouquet en particulier prononcer le dernier mot de cette curieuse énigme. L'auteur de la *Troupe de Molière à Rouen* m'ayant obligeamment fait savoir qu'il ne connaissait rien de particulier sur ce point, j'ai essayé d'être meilleur devin que je ne l'avais été tout d'abord, et je crois avoir découvert enfin quel est le nom de ce compatriote de l'auteur du *Cid*, intervenu dans la célèbre querelle, et resté innommé jusqu'à ce jour.

Je ne dois qu'à moi seul toute ma découverte.

Je regrette seulement de ne pas l'avoir faite plus tôt ; mais ce qui me console c'est d'être encore arrivé le premier, comme pour Mme de La Calprenède, à dénouer les cordons du masque de cet inconnu (1).

Il s'agit tout simplement de Charleval, de Jean-Louis Faucon de Ris, seigneur de Charleval, le poète normand bien connu, qui aimait tant à coqueter, l'ami de Scarron et de Sarrasin, qui lui adressa son célèbre sonnet sur Adam et Ève.

(1) M. Lormier, qui, alors qu'il présidait la société des Bibliophiles normands, a donné une édition de la *Deffense du Cid*, où il a cité plusieurs passages de l'*Apologie pour Mairet*, et qui, en outre, a consacré tout un travail à cette polémique, (Précis des travaux de l'Académie de Rouen, 1879, pp. 256-296), était notamment mieux à portée que moi de débrouiller, sur place, cet épisode de l'histoire littéraire de la Normandie.

Mairet l'a nommé lui-même sans en avoir l'air. Il représente dame Corneille, dans un jeu de paume de Rouen,

Tremblant sous la main du Faucon (1)

et il ajoute tout aussitôt qu'il a su les détails de la scène par une lettre de M. de Charleval (2).

C'est donner aisément à entendre que *Faucon* de Charleval est le héros de l'aventure.

D'après cette indication, ce doit être sans aucun doute Charleval qui a menacé Corneille de le bâtonner dans un jeu de paume à Rouen, et cela, dit Mairet, pour avoir eu l'impudence d'avoir médit, par lui-même ou par ses amis, d'une maison qui peut se vanter d'une noblesse de quatre à cinq siècles. C'est donc que Charleval se croyait visé par Corneille ou par quelque *Corneillien*, pour parler comme Tallemant, dans la *Lettre pour Monsieur de Corneille contre ces mots de la lettre sous le nom d'Ariste.* C'est donc qu'il est le personnage de qualité que Mairet dans son *Epître familière* reproche à son adversaire d'avoir offensé dans ce

(1) Si je m'étais rappelé plus tôt ce nom patronymique de *Faucon* que portait Charleval, je n'aurais pas hésité un instant à reconnaitre en lui le personnage de condition, appartenant à la Normandie, qui fut un des adversaires de Corneille. Ce nom a été le trait de lumière qui m'a dévoilé le mystère. — Les Faucon ne devaient leur nom de Charleval qu'au célèbre château, situé dans la commune du même nom, à quelques lieues de Rouen et des Andelys.

(2) V. *Suprà* p. 113. Mairet ajoute en note, p. 28 de l'*Apologie* : « le sieur Corneille comprendra cette allusion, s'il lui plaît. »

« Contentez-vous que j'ay sceu l'advanture par une lettre d'un gentilhomme qui vraysemblablement en doit bien estre informé. C'est M. de Charles-Val, que je cite d'autant plus hardiment que je suis assuré qu'il n'y va rien du sien et qu'il ne vous craint que médiocrement; il vous estime encore moins si je ne me trompe » *Apologie* p. 28. C'est encore au même Charleval que parait se rapporter un autre passage de l'*Apologie*, p. 31, où l'auteur dit qu'il pourra bien aller à Rouen « vérifier sur les lieux certains mémoires qu'il a reçus d'un *gentilhomme* de ses amis » qui connait Corneille jusque dans le foye. pour ne pas dire jusque dans le cœur.

libelle. C'est donc enfin que Corneille ou ses amis l'avaient tout d'abord considéré comme l'auteur de la *Lettre à ,*, sous le nom d'Ariste*, qui attaquait à la fois l'auteur du *Cid* et le feuillant André de Saint-Denys. C'est donc lui qu'ils avaient pris à partie dans leur première réponse.

Voilà enfin découvert, si je ne me trompe, le nom de la personne de condition, de haute qualité, qui dans la ville de Rouen fut l'adversaire de Corneille, et joua ou du moins fut réputée jouer dans cette triste querelle un rôle presque aussi important que Mairet et Claveret.

Les Charleval occupaient une grande situation en Normandie et étaient de haute noblesse parlementaire. Ils appartenaient à une « illustre » famille, qui donna au XVIIe siècle quatre premiers présidents au parlement de Rouen, après en avoir antérieurement donné un au parlement de Bretagne. Le gentil poète fut à la fois neveu, frère et oncle de premiers présidents du parlement de Rouen, qui occupèrent successivement cette haute fonction. Tallemant a donné plus d'un renseignement sur ses frères, et sur sa sœur ; cette dernière avait épousé en 1629 Scipion Marc, sr de La Ferté, maître des requêtes en 1633, frère du futur évêque du Mans, et dont le fils fut lui-même à son tour président à mortier au parlement de Rouen. Corneille, rattaché au parlement par sa charge d'avocat à la table de marbre, connaissait d'autant mieux cette famille, que lorsqu'il avait été reçu avocat, il avait prêté serment en cette qualité, le 18 juin 1624, entre les mains du premier président Alexandre Faucon (1).

Charleval, bien qu'il passât la plus grande partie de son

---

(1) Un autre des Faucon, également contemporain de Corneille, après avoir été conseiller au parlement, maître des requêtes en 1636, devint également premier président du parlement de Rouen et mourut le 1er mars 1663. Boisrobert a dédié *La Belle Plaideuse,* en 1655, à Mme de Ris, première présidente du parlement de Normandie. Il fait l'éloge de son mari, et dit cette comédie née à l'ombre des « belles palissades de Charleval. »

temps à coqueter auprès des jolies femmes et à fréquenter
les ruelles, même celle de Ninon, avait le goût des lettres
et beaucoup de prétentions au rôle de bel esprit. Somaize
lui a donné place dans son *Dictionnaire des précieuses* sous
le nom de *Cléonyme* (1). Il partageait son temps, dès sa
jeunesse, entre la Normandie et Paris, où il voyait les beaux
esprits d'alors, Boisrobert, Sarrasin, Maynard, Conrart,
Chapelain, etc. Il se bornait en réalité à n'être qu'un amateur
de lettres, un dilettante, un illustre paresseux. Boisrobert
dit que, même en amour, il n'avait que des attachements
coquets. Auteur seulement à ses moments perdus, il se
considérait comme trop « homme de qualité », ainsi que le
qualifie Somaize, pour se faire imprimer. Aussi n'y eut-il
qu'un petit nombre de ses vers à se produire discrètement
dans les recueils de Serey et de Barbin (2).

Avec son goût pour les lettres, et pour une publicité
discrète, rien d'étonnant à ce que Charleval dans
toute l'ardeur de la jeunesse ait pris part, mais sans se
nommer toutefois, à la querelle qui divisait les lettrés d'alors
et à laquelle avait donné lieu le premier grand succès

(1) « *Cléonyme* est un homme de qualité, fréquentant les alcôves et
chérissant les gens d'esprit ; il fait fort bien des vers et ses œuvres
courent parmy les ruelles et ornent les tablettes des plus spirituelles.»
Dictionnaire des précieuses, édition Livet I, 62, II, 194. Il était « de la
caballe » dit aussi le recueil de Barbin de 1692, t. IV, p. 327.

(2) Après sa mort, le premier président de Ris, son neveu, ne voulut
pas non-plus, pour le même motif, publier le recueil de lettres et de
poésies qu'il laissait en manuscrit. Voir sur Charleval et ses œuvres,
le recueil de Barbin de 1692, t. IV, pp. 305-360; ses *Poésies*, publiées en
1759, in-12, précédées d'une notice par Lefèvre de Saint-Marc ; l'abbé
Goujet, t. XVIII, p. 342 ; les Mélanges d'histoire et de littérature de
Vigneul-Marville, t. I, p. 280 ; le dictionnaire de Moréri ; Titon du Tillet
Parnasse François, p. 453 ; le journal de Normandie, 1785, p. 375 ;
Lebreton, *Biographie normande*, t. I, 193. Le manuscrit d'Antoine-
Joseph Guiot de Rouen, dit le *Moréri des Normands*. (Bibliothèques de
Caen et de Rouen), et celui d'Adrien Pasquier, *Biographie Normande*,
t. IV ; (Bibl. de Rouen), ne contiennent sur Charleval aucuns rensei-
gnements inédits.

inattendu de son compatriote (1). Dans le restant de sa longue carrière, il devait se permettre, mais discrètement toujours, plus d'une épigramme. On pourrait même dire que le goût des *libelles* n'était pas étranger à sa famille, puisque son père en avait écrit en 1624 contre le surintendant La Vieuville (2) Rien d'étonnant après tout cela qu'il ait voulu, comme bien d'autres, comme des partisans de Corneille même, tels que le soi-disant Bourgeois de Paris, marguillier de sa paroisse, rabaisser la vanité exubérante de l'auteur du *Cid* et lui reprocher de s'être dressé un trône dans son *Excuse à Ariste* et dans sa *Lettre Apologétique* (3).

Les allégations des Cornéliens, qui ont trait à son factum, n'ont rien qui ne puisse rapporter à sa personne. On le traite deux fois de jeune homme. Charleval n'est encore âgé que de 24 à 25 ans. On parle de cinq ou six mauvaises pièces rimées qu'il dit avoir faites, d'un bagage trop léger pour être admis au nombre des auteurs et juger de la bonté ou de la fausseté d'une pièce de théâtre. Cela répond bien au caractère du poète amateur tel que nous le connaissons. Qu'il fut ami de Scudéry, qu'il ait fréquenté sa maison à Paris, rien de plus naturel. Scudéry, né en Normandie et faisant étalage de sa qualité de gentilhomme, était une relation toute indiquée pour un jeune normand de qualité qui voulait se frotter à la littérature. Que Charleval ait même un instant recherché l'amitié de Corneille, son compatriote, cela se conçoit également bien. Le ton, et les idées du libelle sont aussi ce qu'ils doivent être d'un tel personnage. Charleval connait la littérature latine et fait ses délices

(1) Bien d'autres que lui ne signèrent pas leurs factums, et il ne lui eut guère profité du reste de se faire connaitre.

(2) V. Tallemant de Reaux, t. vi, 497, ii, 265.

(3) La *Lettre à **** sous le nom d'Ariste est postérieure à la *Lettre apologétique* de Corneille ; ce n'est donc pas là le factum que désavoue l'Auteur du *Cid* dans sa *lettre apologétique*.

d'Horace ; l'auteur du libelle est familier avec Homère et Virgile, comme avec Malherbe et Ronsard. Ce qu'il dit du *sieur* Corneille, de sa poltronnerie, de son caractère fort peu en harmonie avec sa récente noblesse, et les grands airs qu'il prend pour le dire, tout cela sent d'une lieue son jeune gentilhomme.

Une seule phrase de la réponse émanée des Cornéliens reste obscure et c'est celle-là même qui a motivé les allusions de Mairet et la menace des coups de bâton de Charleval. « Celuy que j'attaque est un peu plus fortuné de biens que Claveret ; mais il faut apporter de la foi quand il s'agit de son origine, j'aime mieux paroistre obscur que médisant. » Il faudrait sans doute être un Tallemant, qui ne respecte rien, pas même un secret d'alcôve, pour savoir à quoi fait allusion cette regrettable personnalité d'un ami de Corneille trop ardent et maladroit, et dont l'auteur du *Cid* eut bientôt à se repentir.

Bien que le libelle de Charleval fut anonyme, Corneille ou du moins ses amis n'ignorèrent ni d'où était parti le coup, ni quel en était son auteur. La *Lettre pour Monsieur de Corneille contre les mots de la lettre sous le nom d'Ariste* fut leur réponse. L'affaire fit probablement du bruit dans Rouen ; Charleval et sa famille se considérèrent comme offensés. Corneille alors ou ses amis, pour les apaiser et leur donner le change, eurent recours à un dérivatif, et écrivant la *Réponse de..... à .*. *sous le nom d'Ariste*, où cette fois c'était Mairet et non plus Charleval qui était regardé comme l'auteur de la *Lettre à .*. *sous le nom d'Ariste* et se voyait directement en butte aux attaques des Cornéliens. Les explications précises de l'auteur de la *Sophonisbe* dans l'*Apologie pour M. Mairet contre les calomnies du s^r Corneille de Rouen* (p. 27), plus nettes encore que celles de son *Epistre familière*, offrent une vraisemblance plus grande que les dénégations et le désaveu de Corneille dans l'*Avertissement au Besançonnois* et projettent sur les différents factums dont je viens de parler une lumière, qui, sans elles me paraîtrait faire complétement défaut.,

Que Corneille ne soit pas l'auteur des deux libelles qu'il désavoue, qu'ils émanent de ses amis, soit : on peut fort bien admettre ce désaveu ; mais qu'il ait ignoré qui son ami a dépeint dans le premier d'entre eux, c'est ce qu'il est difficile de concevoir.

Les artifices auxquels l'auteur a recours pour faire croire que ce premier libelle visait Mairet, après avoir dit que Corneille ignorait qui y était dépeint, son affirmation que ce factum n'attaque personne de la province de Normandie, bien qu'il ait dit qu'il ne sait pas qui il vise, ne servent même qu'à rendre plus vraisemblable l'explication de l'auteur de la *Sophonisbe*. Corneille a non-seulement désavoué prudemment son ami, il a fait le possible pour dérouter les soupçons, mais sans pouvoir y réussir. L'aventure du jeu de paume de Rouen montre que malgré cette savante retraite, pour ne pas la qualifier autrement, il eut à se repentir des attaques inconsidérées, lancées par un ami trop compromettant, qui tout « galant homme » qu'il le fasse avait eu le tort de mêler d'inconvenantes et de grossières personnalités à une querelle littéraire.

On conçoit aussi, après ce que Corneille avait dit, dans son *Avertissement*, de la soi-disant « explication impertinente » de Mairet, que ce dernier n'ait pas voulu désigner plus explicitement Charleval, comme le personnage visé par les Cornéliens, et qu'il ait eu recours à un biais, à un habile artifice pour le nommer, sans avoir l'air de le faire. Ce n'est hélas ! que deux siècles et demi après cette lutte que je crois avoir trouvé la clef de son adroit subterfuge et éclairci le mystère de l'intervention de Charleval. Le jeune poëte normand, s'il ne s'était pas cru visé par les Cornéliens, ne se fut pas porté certes contre l'auteur du *Cid*, par pure amitié pour Scudéry, aux menaces qu'a fait connaitre Mairet. Il a fallu bien du temps, on le voit, pour porter la lumière sur ce point, qui eut du tout particulièrement intriguer les curieux et les lettrés Rouennais (1).

Du reste si la querelle du *Cid* est connue dans son ensemble, il faut avouer, contrairement à l'opinion généralement reçue, qu'elle est loin d'avoir été étudiée dans tous ses détails. On ne sait encore le nom d'aucun des amis de Corneille intervenus en sa faveur ; toutes leurs pièces, sont anonymes. On ne sait qui vise le *jugement du Cid composé par un Bourgeois de Paris, marguillier de sa paroisse*, lorsqu'il parle du « pédant qui a pris la cause de Corneille et semble avoir eu plus de soin de défendre son affiche de la morale de la cour et de paroistre grand logicien, que de rien faire à l'avantage de l'auteur du *Cid* ». M. Lormier, en rééditant *la Défense du Cid*, eut bien dû dans son introduction chercher à lever les voiles sous lesquels se sont dérobés les principaux Cornéliens (2).

(1) Il est vrai que, sauf MM. Bizos et Lormier, personne n'avait fait connaissance avec l'*Apologie pour M. Mairet*, à cause de sa rareté ; mais personne aussi n'avait cherché à résoudre l'énigme.

(2) Voir *la défense du Cid*, reproduite d'après l'imprimé de 1637 ..., précédée de remarques sur quelques écrits publiés à l'occasion de la querelle du Cid, par C. Lormier, Rouen, XXIV et 42 pages in-8°, imp. Boissel, 1879, Société des bibliophiles normands. (J'ai dû la connaissance de cette réimpression à l'obligeance de M. Emile Picot, que je suis heureux de remercier ici des nombreux témoignages de courtoisie qu'il m'a donnés depuis longtemps déjà.) M. Lormier, dans sa préface, de même que dans son intéressante étude publiée par l'académie de Rouen, a été vraiment bien sobre de renseignements sur l'épisode de la querelle auquel se rapporte la *Défense*. Il n'a parlé ni de son auteur ni de son origine, si ce n'est pour indiquer qu'il la croit imprimée à Paris.

Ce n'est pas là, certes, le factum dont Corneille dit à l'adresse de Scudéry dans sa *lettre Apologétique* : « je n'ai point fait la pièce qui vous pique ». Il reste à savoir de quelle pièce il a voulu parler ; ce qui aiderait à connaître définitivement la personne de haute condition (M. de Belin ?) à laquelle il fait allusion, dont il n'a pas l'honneur d'être connu et qu'il se défend d'avoir voulu offenser. (*Œuvres de Corneille*, x, 399). *La Lettre apologétique* étant antérieure, je le répète, à l'intervention de Charleval, il ne s'agit là non-plus, ni de ce dernier, ni des réponses qui furent adressées à son factum. Il faudrait pouvoir mieux dater

Cependant, ainsi que je l'ai dit, les écrits des adversaires de Corneille sont encore ceux qui, jusqu'à ce jour, sont restés le plus dans les ténèbres. Les factums de Mairet et de Claveret demeurent en grande partie inédits à l'heure qu'il est. Seules les *Observations* de Scudéry ont été reproduites comme œuvre de critique littéraire ; mais les pamphlets, qui contiennent des révélations sur la personne de Corneille et ont chance aujourd'hui de nous intéresser davantage, se sont vus laisser de côté, non-seulement à cause de leur rareté, mais par suite de la violence des injures lancées contre l'auteur du *Cid* par ses adversaires.

C'est que de bonne heure cette triste querelle avait franchi de part et d'autre les limites assignées à une polémique courtoise et la réserve du style qu'on est en droit d'appeler honnête. Le *Rondeau* de Corneille contre Mairet en est la preuve. La querelle s'échauffant et étant arrivée à l'état aigu, les deux camps ne gardèrent plus aucune mesure. On est bien obligé de trouver les écrits de l'auteur du *Cid* « dignes de reproches par leur verdeur et même leur violence » et trop remplis de « blâmables personnalités (1). » Mais il faut déclarer bien haut que Corneille avait été provoqué, harcelé par les injustes critiques de ses adversaires. Les humiliations profondes et blessantes qu'ils

qu'on ne l'a fait jusqu'ici, ranger dans leur ordre de publication, puis grouper et comparer entre eux tous ces factums « criés par les Gazettons du Pont-Neuf », et dont, au début de la querelle, l'auteur du *Discours à Cliton*, disait p. 102, « je ne scay combien de feuilles volantes ont esté jettées au public presque en même temps sur le sujet du Cid et de son observateur. » Ce n'est qu'après ce travail d'ensemble qu'il sera possible de pénétrer tous les secrets de la polémique.

(1) Voir ce qu'en dit M. Lormier dans sa préface et M. Bizos dans son livre sur Jean de Mairet pp. 41-42. « L'attitude de Corneille devant les premières attaques, son caractère parfois un peu acerbe n'ont ils pas envenimé le débat», écrivait-on récemment à Rouen? (*Précis des travaux de l'Académie de Rouen*, 1879, p. 219.) Chapelain lui-même, dans une lettre, du 8 décembre 1640, à Boisrobert, parle de « l'esprit bourru de Corneille », *Lettres de Chapelain*, t. I, p. 732.

entreprirent de lui faire subir à la fin de la lutte, les honteuses injures qu'ils lui lancèrent alors à la face vont jusqu'à la dernière limite de la violence et de la bassesse et font oublier les personnalités qu'avait eu tort de se permettre de son côté l'auteur du *Cid*, enivré de son triomphe.

La postérité, dans son admiration pour l'éblouissante tragi-comédie du *Cid*, s'est plu pendant longtemps à ne pas se rappeler la polémique qu'elle avait fait naître. « Presque tous les écrits traitant de cette querelle disparurent, écrivait hier M. Lormier ; ceux qui avaient attaqué furent rejetés comme mensongers et pleins d'une haine odieuse. » Mais à notre époque de curiosité on éprouve le besoin de tout connaître et de ramener à la lumière les pièces qu'avait fait rentrer dans l'ombre la gloire éclatante de Corneille. M. Emile Picot, dans son excellente *Bibliographie Cornélienne* (1876) a dressé l'inventaire et donné des extraits d'un bon nombre de pièces de la polémique restées inconnues jusqu'à lui. Une pourtant avait échappé à ses recherches lors de la rédaction de son livre ; son titre n'a même jamais été mentionné jusqu'à ce jour. C'est elle que je viens faire connaître et reproduire aujourd'hui à l'adresse des curieux et des amateurs de pièces rarissimes. C'est *La Suitte du Cid en abrégé ou le Triomphe de son Autheur en despit des envieux, A Villiers Cotrets, chez Martin Baston, A l'enseigne du Vert-Galand, vis à vis la rüe des mauvaises paroles,* 8 pp. in-8°.

Nul doute que la virulence de l'attaque n'ait été cause de la destruction et de la rareté de ce libelle. Je le reproduis d'après un exemplaire, sans doute unique, de la Bibliothèque de Caen. Il fait partie d'un volume qui contient d'autres pièces rares de cette querelle (1).

(1) Après ce factum, la pièce la plus rare de ce recueil, qui en contient une douzaine, est *l'accomodement du Cid et de son Censeur*. Les deux lettres de Claveret, les factums de Mairet etc., se retrouvent dans

Ce doit être un des derniers pamphlets de la lutte, l'*ultima ratio* des adversaires de Corneille à bout d'arguments, et voulant lui infliger une humiliation suprême. J'ai déjà dit que cette *Suitte du Cid en abrégé* était la menace pour le poète de cinquante coups de bâton bien appliqués.

Le bâton jouait souvent alors et même au siècle dernier, dans l'histoire littéraire, un rôle dont notre temps a heureusement fait justice. On sait qu'il n'épargnait pas même les épaules des membres de l'Académie, et que ceux qui n'avaient pas honte de descendre jusqu'à employer un pareil procédé de discussion ne s'en tenaient pas toujours à la menace, comme dans le cas dont il s'agit (1).

Le grand Corneille ne fut pas le seul poète de sa taille à se voir en butte à de pareilles menaces. On les infligeait de même, plus de vingt-cinq ans après, à Molière. Robinet, dans le *Panégyrique de l'Ecole des femmes*, dit que pour punir Molière (Elimore) de ses moqueries à l'adresse des marquis, il serait à souhaiter qu'on lui fît payer les offenses dont il s'est rendu coupable, et qu'on pourrait composer une pièce intitulée « *Zoïle bourré ou le beau sexe vengé sur les épaules de Zoïle* » (2). Villiers et de Visé ne se sont pas fait faute du reste de recourir à cette provocation aux coups de bâton dans les pièces qu'ils composèrent contre l'*École des femmes*, et, il est aussi question de gourdin dans *Elomire hypocondre*.

Dans l'*Apologie pour M. Mairet*, on a vu que Corneille avait

les divers recueils que j'ai consultés dans les bibliothèques de Paris, à l'Arsenal, à Ste-Geneviève et à la Bibl. nationale. La bibliothèque de Caen possède aussi le recueil factice de Cardin Besongne de 1637 dont j'ai parlé.

(1) Voir M. Fournel, *du rôle de coups de bâton dans les relations sociales et dans l'histoire littéraire*, Delahays 1858. Boissat, Bautru, Boisrobert ne furent pas alors les seuls *patients*. V. p. 60, ce que M. Fournel dit de Boileau, de Racine et de Molière.

(2) Voir la reproduction de cette satire contre Molière dans la *collection Moliéresque* publiée chez Jouaust.

été menacé de coups de bâton par Charleval dans un jeu de paume à Rouen. A la fin du même factum il est encore question de menaces du même genre ; l'auteur invite Corneille à se garder de mettre la patience de Mairet « à de nouvelles espreuves par de nouvelles calomnies ; car, *me hercle*, en telle veruë le pourriez vous prendre,

> Qu'ayant beaucoup d'amis à la ville où vous estes
> Et des plus aparents
> Lui mesme iroit vous voir et vous chanter goguette
> A la barbe de vos parents. »

Il lui conseille aussi de ne pas venir passer ses quartiers d'hiver à Paris, où l'auteur ne manquerait pas d'aller le voir pour lui apprendre qui il est (1).

Cette menace du bâton formait un argument *ad hominem*, passé dans les mœurs, on peut le dire, et n'était pas quelque chose d'aussi anormal, d'aussi énorme qu'aujourd'hui. Cela est si vrai que l'auteur du *Souhait du Cid en faveur de Scudéri*, qui intervient en faveur de Corneille dans la querelle des deux poëtes, dit de lui-même pour expliquer l'absence de son véritable nom au bas de ce factum : « Pour

---

(1) Il est encore fait allusion dans l'*Apologie*, p. 26, à une autre aventure dont un ami de Corneille aurait été la victime. L'auteur de ce factum dit à l'auteur du *Cid* en lui parlant de l'*Epistre familière* de Mairet : « Ses railleries n'y picquoient autre chose que l'excès de cette avarice qui vous fit imprimer le *Cid* contre la foy promise aux Comédiens à la male heure pour vostre honneur et *les vertèbres d'un de vos meilleurs amis*, qui s'estant ingéré de demander en vostre nom la somme de cent bonnes livres pour le regain de cette éclatante facétie voulut s'acquitter de sa charge en termes impératifs, cominatoires et dignes de la majesté d'une si haute commission, de sorte qu'il se vit luy-mesme typographiquement imprimé dans la boüe in-f°, c'est à dire tout de son long *en grand Saint-Augustin* de lettres grosses comme les deux poings d'un fort bourgeois de Paris, qui n'est pas des plus petits. Chacun n'entendra pas cette historiette si bien que vous, n'importe « *qui potest capere, capiat.* » *Le grand Saint-Augustin* fait allusion au nom de l'imprimeur Augustin Courbé.

moy, *n'estoit que je pense faire une lascheté de corriger les fautes d'autruy autrement qu'avec le baston,* on mettroit icy avec une grande liberté mon seing. »

Bien qu'on n'eut encore jamais fait allusion aux menaces de Charleval et de Mairet, ni au pamphlet que je viens révéler aujourd'hui, on pouvait fort bien se douter que Corneille avait été en butte à des injures de cette sorte. Boisrobert écrit en effet à Mairet, le 5 octobre 1637, d'après l'ordre du cardinal de Richelieu : « Tant que son Eminence n'a conneu dans les escrits des uns et des autres que des contestations d'esprit agréables et des railleries innocentes, je vous avoue qu'elle a pris bonne part au divertissement ; mais quand elle a reconneu que de ces contestations naissoient enfin *des injures, des outrages et des menaces,* elle a pris aussitost résolution d'en arrester le cours.... Craignant que des *tacites menaces, que vous lui faistes vous ou quelques uns de vos amis, n'en viennent aux effets,* qui tireroient des suites ruineuses à l'un et à l'autre, elle m'a commandé de vous escrire que si vous voulez avoir la continuation de ses bonnes grâces, vous mettiez toutes vos injures sous le pied... (1) ». Il était grand temps que le cardinal intervint, sans quoi les menaces de voies de fait eussent couru risque d'être réalisées. En face de ces blessantes injures, on ne pourra qu'admirer encore davantage Corneille d'avoir obtempéré de son côté, « par respect » (2), à la défense que lui faisait le cardinal de répondre à ses adversaires et d'avoir laissé à la conscience publique et aux applaudissements de la cour et de la ville le soin de le venger des offenses de ses insulteurs.

Voici ce pamphlet de *La suitte du Cid.* Il est en vers pour la plus grande partie et il est court. Il contient diverses particularités relatives à la physionomie de Corneille, à sa

(1) *Œuvres de Corneille,* t. III, p. 42.

(2) Voir lettre de Corneille à Boisrobert, du 23 décembre 1637. *Œuvres de Corneille,* t. X, p. 432.

famille, à sa noblesse, autant de renseignements dont on est très friand à notre époque.

La suitte | du Cid | en abrégé | ou | le Triomphe de son | Autheur en despit | des envieux | A VILLIERS COTRETS, CHEZ MARTIN BASTON, A l'enseigne du | Vert-Galand, vis à vis la rüe des | mauvaises paroles.

Au lecteur,

« AMY LECTEUR, le bien heureux succez du Cid qui ne fut jamais qu'une hapelourde, soit en Espagnol soit en François, accreut tellement la vanité naturelle de son traducteur qu'il obligea monsieur de Scudéry par ses insolences imprimées, à descouvrir les défaux de cette farce sérieuse, par des observations qui sont généralement approuvées de tous les bons esprits désintéressés ; après cela le Sieur Corneille au lieu d'acquiescer aux arguments qui le convainquent ou de respondre en habile homme emprunta le génie et le style des harengères de Rouen, pour s'en servir généreusement comme il a faict, contre quantité d'honnestes gens, à cause seulement qu'ils sont amis de son Correcteur ou partisans de ses raisons ; sa rage s'est particulièrement estendue sur les sieurs Mairet et Claveret dont il attaque tous les jours la réputation et la naissance avec des impostures et des calomnies, qui me font vous dire que cinquante coups de baston bien appliquez feront justement LA VÉRITABLE SUITTE DU CID, Adieu.

Advertissement en forme de prédiction à très bredouillant (1)
poète comique (2) *Messire Mathurin Corneille, surnommé*
Le Noble à la Rose (3);

RONDEAU

Vous le verrés cet hyver dans Paris
Bien estrillé comme un cheval de pris

(1) En appelant Corneille *très bredouillant,* ce pamphlet ne fait que
confirmer ce qu'on savait de ce défaut physique de notre grand poète
tragique. Fontenelle a écrit à propos de son oncle : « Sa prononcia-
tion n'était pas tout-à-fait nette. » Il y a longtemps que le *Ménagiana,*
t. II, p. 162, nous a montré Boisrobert disant à Corneille qu'il *barbouil-
lait* ses vers, et tout le monde connait ce que le grand poète a écrit de
lui-même.

> « Et l'on peut rarement m'écouter sans ennui
> Que quand je me produis par la bouche d'autrui. »

Dès la fin de 1633, il écrivait déjà, à propos de son bégayement, dans
son *Excusatio* adressée à l'archevêque de Rouen :

> « Vix sonat a magno divulsa camœna theatro,
> Blœsaque nil proprio sustinet ore loqui. »

L'apologie pour M. Mairet, p. 29, parle aussi d'une façon par trop
naturaliste d'autres défauts physiques de l'auteur du *Cid,* que je me
dispense de citer, parcequ'ils ont été rappelés par M. Lormier dans
son introduction à la *Défense du Cid,* p. 12.

On peut voir, dans l'édition de Corneille de M. Marty-Laveaux, les
différents témoignages réunis de Fontenelle, La Bruyère, Segrais,
Charpentier, Vigneul-Marville sur l'extérieur de Corneille. Voir *Œuvres
de Corneille* I, XXX ; III, 68, 254 ; X, 477. Il faudra désormais y joindre
les allusions contenues dans les différentes pièces de vers reproduites
ici, en n'oubliant pas qu'il s'agit d'une satyre poussée jusqu'à la cari-
cature.

(2) Corneille avant le *Cid,* qu'il intitule Tragi-comédie, n'avait encore
abordé qu'une seule fois la scène tragique dans *Médée,* et n'avait ainsi
guères fait que des pièces comiques. Il a écrit à propos du *Menteur :*
« D'ailleurs étant obligé *au genre comique de ma première réputation,*
je ne pouvois l'abandonner tout-à-fait sans quelque espèce d'ingratitude. » Plus tard (6 mars 1649), en parlant à M. de Zuylichem du premier volume de ses œuvres, contenant ses premières pièces depuis
Mélite jusqu'à l'*Illusion comique* il dit lui-même : « Ce sont les péchés

Ce noble Autheur que tout le monde hue.
Il enflera dessoubs la paume nue
De deux ou trois qui l'ont bien entrepris.

Là, comme un chat qui guette la souris,
MAYRET lui mesme et certains Laquais gris
L'attraperont au coin de quelque rue,
    VOUS LE VERREZ.

Alors bon Dieu que de pleurs et de cris
Pour ces mauvais et médisants escris
Où l'imposture est partout reconnue.

de ma jeunesse et les coups d'essais d'une muse de province.... » *Œuvres de Corneille*, X, 449.

La lettre du sieur Claveret à monsieur de Corneille renferme, pp. 3 et 4 un curieux passage sur les prétendues risées qui accueillaient les vers de Corneille à Rouen avant *Mélite* : « lors de la représentation de vostre Mélite les judicieux pensèrent que, comme ceux de vostre païs pour estre accoutumez à ne boire que du cidre, s'enyvrent facilement lorsqu'ils boivent du vin, de mesme vostre esprit, qui, bien loin des applaudissements, *n'estoit accoustumé qu'aux risées que l'on faisoit de vos vers dans vostre pays, où les petits enfans vous couroient comme l'on fait icy le Cousin, ne manqueroit jamais à se perdre dans l'approbation que les ignorans faisoient de vostre pièce.* »

(3 *de la page précédente*) La récente noblesse de Corneille donna lieu contre lui, dans cette querelle, à de nombreuses attaques de chacun de ses adversaires, qui lui reprochent de déroger par sa pusillanimité à sa noblesse de fraiche date.

Je ne reproduirai pas ici ce qu'a dit tout particulièrement l'auteur de la *Lettre à* *** *sous le nom d'Ariste.* C'est surtout Claveret, attaqué par Corneille dans sa naissance et dans sa famille, qui, dans ses deux lettres presqu'encore inédites, a plaisanté le plus longuement « Monsieur du Cid » sur ce chapitre, et l'a invité à ne pas effacer son blason encore tout frais. Comme en le voyant adresser ces reproches à l'auteur du *Cid*, on eut pu lui répondre que Corneille, dans sa pièce, exaltait si bien le sentiment de l'honneur qu'il le relevait dans toutes les âmes, Claveret prévenait pour ainsi dire l'objection. Après avoir écrit que Corneille n'est pas « cavalier », qu'il ne pourra servir le Roi de son épée contre les ennemis de la couronne, après s'être inquiété de la manière dont il pourra jamais porter cette épée, « elle ne manquera point de le gêner, dit-il, *lui qui ne gardant rien de tant de vaillance qu'il prête à ses héros, fait profession publique de poltronnerie.*» —Plus tard Sarrasin dira que, par le moyen de la poésie, Corneille est devenu *gentilhomme de deux mille écus de rente,* (Lettre à Balzac citée par Cousin, *La Société française au XVII*e *siècle,* t. II, p. 382, 2e édition in-12.)

Après cent coups, si l'asne mord, ou rue (1)
Ses Aloyaux auront encore pis.
VOUS LE VERREZ (2).

AU MESME

RONDEAU

Certainement il seroit bien changé,
Si d'encoulure il s'estoit deschargé
Et retranché six grands doits de l'oreille
Ce gros cheval dit Mathurin Corneille,
Qui de machoire est si bien partagé.

Je ne scay pas quel foin il a mangé ?
Mais on m'a dit qu'il avoit outragé
Un qui bien tost luy rendra la pareille
CERTAINEMENT.

Le gros Pegaze où diable a-t-il songé
De faire ainsi contre tous l'enragé ?
S'il n'est battu ce sera grand'merveille,
Desjà partout le baston s'appareille
Dont son grand dos doit estre endommagé
CERTAINEMENT.

(1) Ce n'est pas la première fois qu'il est parlé d'âne à propos du *Cid*. Déjà dans l'*Apologie*, p. 28, Mairet, disait : « Quand vous me donneriez autant de petits Cids qu'un asne en pourroit porter. »

(2) En rapprochant ces menaces et celles du rondeau suivant de la fin de l'*Apologie pour Mairet*, où il est aussi question de ce qui attend Corneille venant prendre ses « *quartiers d'hiver à Paris*, » en comparant les basses injures que contiennent ces deux factums, il y a tout lieu de craindre, pour l'honneur de Mairet, qu'il ne soit le complice de ces vers, qu'on préfèrerait savoir émanés de quelque croquant de poète de bas étage.

L'HOROSCOPE DU MESME.

Vous estes advocat à la table de marbre,
D'où vient que vostre charge estant sujette aux bois,
Un Astre assez malin qui luy en forme d'arbre
Menace vostre dos, en signes bien exprès
D'une influence de cotrets (1).

BALADE GÉNÉALOGIQUE

A CORNEILLE.

Esprit de fange, âme de Savetier
Dont les Parens ont mené la charrüe,
Sans faire plus crier ton nom parmi la rüe,
Reconnois ta bassesse et reprens leur mestier : (2)

(1) La charge d'advocat à la table de marbre de Rouen ne parait pas avoir attiré grand respect à Corneille. Ses adversaires l'appellent toujours en goguenardant « Monsieur l'advocat à la table de marbre. » Ces éloges ironiques viennent sans doute de la trop grande vanité qu'il tirait de ce modeste office. Il avait été pourvu de cette charge, qui ne l'engageait pas à grand'chose, par lettres du roi du mois de janvier 1629, par suite d'une double résignation en sa faveur de la fin de l'année précédente. La juridiction de la table de marbre connaissait des eaux et forêts. Le père de Corneille avait exercé pendant vingt ans l'office de maitre particulier des eaux et forêts dans le vicomté de Rouen, mais avait donné sa démission en 1620. Voir M. Marty Laveaux *Œuvres de Corneille* I, XXI, et LXIV, et surtout *Particularités de la vie judiciaire de Corneille*, par E. Gosselin, *Revue de Normandie* 1865, p. 414 et suiv.

(2) Ces vers sont peut-être les plus répugnants de toute cette odieuse diatribe. Il faut les rapprocher d'un des passages de la fin de l'*Apologie pour Mairet*, qui en est comme le pendant en prose. L'auteur, s'adressant à Corneille, lui dit que Mairet pourrait être tenté d'aller à Rouen « vérifier sur les lieux certains mémoires qu'il a receus d'un gentilhomme de ses amis qui vous connoit jusque dans le foye, je ne veux pas dire jusque dans le cœur de peur de mentir. S'il dit vray (comme je n'en doute point,) il faut avouer que tout le corps de vostre race à la considérer depuis le front jusqu'à la plante des pieds est d'une bien extravagante et bien extraordinaire disposition ; car nonseulement il en est comme de ces insectes où l'on ne voit aucune

Que si pour tes vers pleins d'amphase,
Tu mérites quelque loyer,
Apollon qui veut t'employer
Te retient pour penser Pegase,
Accepte cet illustre employ,
Digne d'un faquin comme toy.

AU MESME

MADRIGAL.

On verra quelque jour ton audace estouffée
Perdre l'insolence et la voix ;
Et ta lire en ce temps comme celle d'Orphée
Te fera suivre par du bois. »

J'en ai fini avec ce débordement de basses injures qui soulèvent le cœur. La gloire de Corneille a effacé toutes ces souillures et le *Cid* a triomphé des aboiements de la meute d'insulteurs ligués en vain contre lui. Après deux siècles et demi il est toujours aussi brillant de jeunesse, aussi

apparence de parties nobles, mais comme de ces vilains animaux de l'*isle* de Cuba *vel* Cubas en qui les naturalistes en descouvrent peu qui ne soient honteuses ; sur cet advis je prens congé de vostre noblesse prétendue. » Cela montre comment, lorsqu'on se laisse aller aux injures, on arrive à descendre tous les degrés de l'abjection.

Sur la famille de Corneille, c'est-à-dire sur son père Pierre et sa mère Marthe Le Pesant, voir M. Marty-Laveaux. *Œuvres de Corneille*, I, p. 1 et suiv. ; Taschereau, *Histoire de la vie et des ouvrages de P. Corneille* ; les documents révélés pour la première fois par M. Floquet et insérés par M. Guizot dans *Corneille et son temps*, p. 283 et surtout *Pierre Corneille le père* par E. Gosselin, *Revue de Normandie*, 1864. On sait peu de chose de ses grands parents Pierre Corneille et Barbe Houel. Le père de Corneille, reçu avocat, avait été d'abord commis au greffe du parlement. François Le Pesant, père de la mère du poète, est également dit avocat en 1602, au moment du mariage de sa fille.

éblouissant qu'au premier jour. L'admiration de la postérité a été le véritable triomphe de son auteur *en dépit des envieux*. C'est éternellement le privilège du génie d'être attaqué par l'envie, et de n'être pas entamé par ses morsures. Elles n'en sont cependant pas moins cruelles à l'heure de la lutte. Seuls les poètes à l'âme fortement trempée, comme celle de Corneille, peuvent les endurer sans douter d'eux-mêmes. Seuls ils s'en vengent en produisant de nouveaux chefs-d'œuvre, au lieu de se renfermer dans le silence et de briser leur plume à jamais. Corneille foulant aux pieds les insultes de ses impuissants rivaux, ne se laissant pas abattre par elles, et leur répondant par *Horace, Cinna et Polyeucte*, c'est là un spectacle fortifiant qui console des outrages avec lesquels ils voulaient avant tout lui fermer la bouche.

J'arrête ici cette longue excursion à travers les pamphlets de cette polémique encore trop peu connue. Si Rotrou y prit part un instant, on a pu voir qu'à la différence de Scudéry et de Mairet il s'en est tiré l'honneur net, n'ayant à se reprocher ni sentiment d'envie, ni injustice, ni injures et pouvant, après comme avant, donner la main à Corneille sans remords, et le regarder sans honte. Bien d'autres n'en sont pas sortis sans reproches, et leurs bustes (sans parler d'un honneur auquel ils ne sauraient prétendre à d'autres titres), ne pourraient endurer le voisinage de celui de Corneille, comme le fait glorieusement et amicalement celui de Rotrou au foyer de la Comédie française (1).

Puissè-je, en ayant réveillé le souvenir de cette polémique.

---

(1) On les a aussi rapprochés d'une autre façon sur la scène du Théâtre français. Voir *Corneille et Rotrou*, comédie en un acte et en prose de MM. La Boullaye et Cormon, Paris, Marchant, 1845, in-8° de 12 p. C'est une pure mise en scène de la légende. On y montre Rotrou seul des cinq auteurs défendant Corneille, devinant son génie et aidant auprès du Cardinal à décider son mariage avec Marie de Lampérière.

Au lieu de ces fables, il serait grand temps de dire le dernier mot des rapports vrais de Corneille et de Rotrou.

donner à d'autres l'idée de nous l'exposer dans tous ses détails. Que les deux savants Cornéliens qui naguère ont eu, je le sais grâce à la confidence de l'un d'eux, la pensée de publier et d'annoter ces curieux factums, veuillent bien réunir leurs efforts pour parfaire cette œuvre toute à l'honneur de Corneille ; elle leur revient de droit à tous les deux. Puissent-ils, un éditeur aidant, réaliser à bref délai ce qu'ont pu faire les Moliéristes, qui en exhumant les pamphlets contre Molière, ont contribué à donner à sa gloire plus d'éclat, au lieu de l'obscurcir. Si Molière a ses dévots, l'auteur du *Cid* lui aussi n'a-t-il pas les siens ? N'est-il pas de ceux dont il faudrait sans cesse, à l'heure présente, mettre en vedette le nom et les grandes œuvres ? N'avons nous pas besoin d'entendre le mâle clairon de Corneille sonner un éclatant *sursum corda*, qui vienne relever les caractères et retremper les cœurs dans notre France ?

ADDITIONS ET ERRATA

Page 6, ligne 25, et note 3. Bibliographie, *lisez* : Bibliothèque.
— 10, —   2. Vers la fin de 1639, *lisez :* Vers le commencement.
— 13, Sur la famille et les sœurs de Rotrou, voir p. 178 et sur Pierre
Rotrou, voir aussi pp. 16, 63, 194, et les *Papiers de Pierre
Rotrou de Saudreville*, publiés par M. Person, Paris, Cerf,
1883. — En 1662 Pierre de Rotrou, conseiller et maître d'hôtel
du roi, agissant au nom d'Hilarion de Fromentières, vend aux
religieuses de Bonlieu, la terre de la Grisardière, sur les
limites du Maine et de la Touraine. Sa femme, Louise Noël,
était née d'un premier mariage d'Anne Collinet, qui avait
épousé en secondes noces Hilarion de Fromentières. Voir
Inventaire des Archives de la Sarthe, t. IV, abbaye de Bonlieu.
— 21, Sur le roman de l'*Histoire amoureuse de Cléagénor et de
Doristée*, voir p. 195-199.
— 29, vers 4ᵉ, *lisez :* Dieu seul *ravit* mes sens.
— 34, — 13ᵉ, *ajoutez :* Et, au commencement du vers.
— 37, Voir les vers en tête de l'*Uranie* de Bridard (1631), p. 144.
— 45, Voir p. 180, la mention dès 1718 de la légende des fagots, dans
le manuscrit de Jean de La Plane, d'après le *Dictionnaire
des grands hommes*.
— 49, Sur l'identité de *Célimène* et de *Florante* et sur le manuscrit de
Mahelot, voir p. 199-201.
— 55, Les *Œuvres du sieur Gaillard*, dont la *première* partie contient
la comédie *de Gaillard et de Braquemard*, où se lit p. 33,
acte II, scène II,
Rotrou fait bien *des* vers, mais il est poète à gages,
ont paru sans privilège, mais renferment des lettres datées du
milieu de l'année 1634.
— 56, vers 9ᵉ, *supprimez :* Du, au commencement du vers.
— 10ᵉ, *ajoutez :* Depuis, au commencement du vers.
— 57, note 2, On lit plus souvent de la sorte le vers de l'*Excusatio*, que

j'ai cité d'après l'édition de M. Marty-Laveaux :

Me pauci *his* fecere parem *nulli* que secundum.

Page 65, vers 4e, Garnerus, *lisez :* Garnerius.

— 69, *ajoutez :* à la note sur les cinq auteurs, la fin de la note 2 de la page 172.

— 74, La pièce représentée pendant le carnaval de 1636, à l'hôtel du cardinal de Richelieu, fut sans doute la *Cléoriste* de Baro, jouée le 5 février par les deux troupes réunies de l'Hôtel de Bourgogne et du Marais ; voir la *Gazette* du 9 février, citée par les frères Parfait, V, 168. Quant à la représentation de 1638, il est probable que celle de la comédie qui fut jouée le 13 février, d'après la lettre de Chapelain à Silhon du 14 (*Lettres,* t. I, p. 201), eut également lieu au même hôtel. — Voir aussi ce que Chapelain dit de Mondory dans ses lettres des 22 mars et 28 avril, pp. 216 et 229. Ce ne fut qu'en avril, après Pâques (*ibidem,* p. 226) que fut représenté le *Scipion* de Desmarets, dont l'*Aspasie* avait été solennellement représentée en 1636, devant le duc de Parme.

— 75, Sur la dette de reconnaissance de Rotrou à l'égard de Richelieu, voir p. 187-188.

— 78-82, L'élégie en tête de la *Célimène,* que j'ai vainement cherchée, ainsi que des vers de Rotrou, parmi les poésies de Lestoile, Colletet, Boisrobert, Scudéry, Desmarets etc, pourrait bien être de Desmarets. Dans la dédicace au cardinal de sa tragi-comédie de *Roxane,* imprimée en 1640, avec un privilège de 14 mars 1639, on voit exprimées des idées analogues à celles de l'*Elégie* adressée à Rotrou. Desmarets avoue qu'il se sent bien indigne de l'approbation qu'il a plu au cardinal de lui accorder, puis il ajoute : « *Ma plus grande joye est quand je pense au bonheur que j'ay d'estre né du temps du grand Richelieu et d'avoir esté cognu de ce sublime Génie,* qui me force à trouver dans mon imagination des choses qui puissent approcher en quelque sorte de ce qui seroit capable de luy plaire. » N'est-ce pas là un écho en prose des vers de l'*Elégie?*

— 89, ligne 23, peut, *lisez :* pût.

— 102-115, *rapprochez* de ce qui est dit à cette place les *Documents inédits sur la querelle du Cid,* pp. 228-258 et supprimez la dernière ligne de la page 111 et les deux premières de la p. 112.

— 116, note 3, 1636, *lisez :* 1637.

— 175, Scudéry a droit à être mentionné parmi les poètes qui ont célébré mesdemoiselles de Clermont d'Entragues. Dans ses

Poésies diverses, 1640, in-4°, p. 188 se trouve un sonnet adressé à Mlle de Clermont :

  Avoir de la douceur, avoir de la beauté...

Page 175, M. Person a récemment analysé le *Martyre d'Adrien* du Père Cellot, dans son appendice des *Papiers de Rotrou,* pp. 108-123.

— 178, Sur l'*Amarillis* de Rotrou, (sa *Célimène* primitive retouchée et habillée en pastorale, par Tristan en 1652), et sur sa représentation à Saint-Fargeau, à la cour de Mademoiselle, voir *Nouvelles françoises* de Segrais (1656), II, p. 178.

TABLE DES MATIÈRES

CHAPITRE SIXIÈME.

APPENDICE.

Mamers. — Typ. G. Fleury et A. Dangin. — 1884